그 봄 대한민국이 울었습니다.
그의 영전에 꽃 한 송이 바치며 울고 또 울었던 당신에게 이 책을 바칩니다.

일러두기
- 노무현 전 대통령의 공식적인 호칭은 '대한민국 제16대 대통령 노무현'과 '노무현 전 대통령'이어야 하나 책 안에서 이 원칙을 꼭 고집하지는 않았다. '전(前)'은 생략된 곳이 많으며 존칭이 생략된 곳도 많다. 이는 특별한 의도를 갖지 않은 서술상의 편의 때문이다.

내 마음속 대통령
노무현, 서거와 추모의 기록 I

2009년 10월 7일 초판 1쇄 발행
2009년 10월 21일 초판 5쇄 발행

지은이	노무현재단 기록위원회
펴낸이	오영교
펴낸곳	도서출판 한걸음·더
	서울특별시 중구 필동 3가 26
	전화 02)2260-3482~3, 2264-4707~8
	팩스 02)2268-7851
	book@dongguk.edu ǀ www.dgpress.co.kr
편집	김윤길, 심종섭, 김덕희
	이희선 (미들하우스)
마케팅	김용구, 최옥향
디자인	nabi (이세영, 김창건)
인쇄	서진인쇄
	등록 2007년 11월 15일 (제2-4748)
	ISBN 978-89-93814-12-5

© 2009, 사람사는세상 노무현재단

이 책의 내용이나 사진자료에 대해 전부 또는 일부를
이용하고자 하는 경우에는 반드시 저작권자와
도서출판 한걸음·더의 서면동의를 받아야 합니다.

노무현,
서거와 추모의 기록 I

내 마음속 대통령

사람 사는 세상 노무현재단

한겨레

아, 어떻게 우리가 이 작은 장미를 기록할 수 있을 것인가?

베르톨트 브레히트

아, 어떻게 우리가 이 작은 장미를 기록할 수 있을 것인가?…………갑자기 검붉은 색깔의 어린 장미가 가까이서 눈에 띄는데…………아, 우리가 장미를 찾아온 것은 아니었지만…………우리가 왔을 때 장미는 거기에 피어 있었다. …………………………………………………………………………………………………

…………………………………………………………………………………………………

……………………………장미가 그곳에 피어 있기 전에는 아무도 장미를 기대하지 않았다.……………장미가 그곳에 피었을 때는 아무도 장미를 믿으려 하지 않았다.……………아, 출발도 한 적 없는 것이 목적지에 도착했구나.……………………하지만 모든 일이 원래 이렇지 않은가.

책을 펴내며

2009년 봄, 우리에게 무슨 일이 벌어졌는지 돌아보았습니다.
우리는 '바보 노무현'을 떠나보내고, '수백만의 바보 노무현'을
만났습니다.
그 과정을 시간 흐름대로 기록해 보았습니다.

기록은 쉽지 않은 일이었습니다.
충격, 슬픔, 노여움, 감동 이런 꿈틀거림으로부터 자유롭기에는
아직 시간이 더 필요한 듯합니다.
그러나 그것 역시 그 봄의 일부라고 여기고 사실과 감정의 자연스러운
흐름을 따라 기록했습니다.

방대한 자료를 감당하기도 쉽지 않았습니다.
서거에 이르는 과정에서 일어난 수많은 사건들,
추모의 과정에서 뿌려진 수많은 눈물과 처연한 비통을 찬찬히
살펴보는 것만 해도 벅찬 일이었습니다.

사람사는세상 동호회 '역사를 기록하는 사람들' 회원들이
5개월 동안 헌신적으로 자료의 수집과 분류,
분석에 참여하지 않았더라면 이나마의 기록을
정리하는 것도 어려웠을 것입니다.
그 방대한 작업을 여기에 다 반영하지는 못했습니다.
온라인으로 정리해 공개할 계획입니다.

·

노무현 대통령이 마지막으로 남긴 두 편의 미공개 자료를 싣습니다.
하나는 이명박 대통령에게 보내기 위해 쓴 편지입니다.
결국 보내지 않고 노 대통령의 컴퓨터에 보관되어 있던 것입니다.
다른 하나는 〈추가진술 준비〉라는 제목의 개인 메모입니다.
검찰의 부당한 수사로부터 스스로를 지키기 위해
사실과 논리를 메모해 둔 것입니다.
그는 이제 아무 말도 할 수 없습니다. 여기 그가 자신을 지키기 위해
마지막까지 하고 싶었던 말을 기록으로 남깁니다.

공개 여부를 두고 고민이 없지는 않았지만,
노 대통령이 마지막까지 하고 싶었던 말을 전하는 것은
선택의 문제가 아니라 남은 사람들의 의무라고 생각했습니다.

이 기록에 부족한 점이 있으리라고 짐작합니다.
사실과 다르거나 중요한 데도 빠진 내용이 있을 수 있습니다.
지적해 주시면 앞으로 고쳐 나가도록 하겠습니다.
본의 아니게 가시 돋친 말도 더러 들어 있습니다.
기록이 필요하다고 생각한 내용은 이런 점을 두루 살피지 않고
포함시켰습니다.
널리 양해해 주시기 바랍니다.

기록은 여기서 끝이 아니라 이제 시작입니다.
기록을 정리하면서 새삼 확인한 것이지만 2009년 봄 서거와 추모는
하나의 사건이 아니라 한 편의 역사입니다.

그 속에는 수많은 이야기와 의미, 교훈이 담겨 있습니다.
이번에는 큰 흐름과 줄기를 이 정도로 정리해 두고, 못다 한 이야기,
드러나지 않은 이야기, 새겨야 할 이야기는 앞으로 기록해 나가려 합니다.
그 역사의 장면을 기억에 담아 두고 있는
많은 시민들의 참여를 부탁드립니다.
노무현재단 공식 사이트 '사람사는세상'을
통해 참여해 주시기 바랍니다.

•

이 기록이 '바보 노무현'의 넋을 달래고,
'수백만 바보 노무현'의 눈물을 닦는 데 작은 보탬이 되었으면 하고
기대해 봅니다.

•
•

2009년 10월 7일
사람사는세상 노무현재단 운영위원장
문 재 인

● 목차

책을 펴내며 — 006

1부
눈물의 강 분노의 바다

1 **그날 아침**
- 믿을 수 없었다 — 018
- '뛰어내리셨다' — 021
- 인터넷으로 시작된 헌화 — 023
- '너무'라는 말의 무게 — 025
- 분노의 시작 — 027

2 **지쳐 드리지 못해 미안합니다**
- 덕수궁 대한문 앞 사람들 — 029
- 그들의 고해성사 지·못·미 — 033
- 봉하로 달려가는 사람들 — 035

2부
침묵의 봄

1 **대통령의 5월**
- '차비 대 드릴 테니 부디 돌아오소서' — 042
- 대통령의 꿈 — 044
- 미완의 회고록 아직 '할 수 있는 일'은 있었다 — 051
- 잔인한 4월, 유폐된 대통령의 봄 — 055
- 대통령의 담배 — 060

2 **불안한 증후의 서막**
- 갈등의 시작 — 066
- 대통령기록물 사건 — 069

3 **타깃을 향해 달려가는 칼**
- 나올 때까지 턴다, 먼지떨이의 등장 — 082
- 이른바 '박 게이트' 수사 — 091
- 이상한 수사 — 099
- 대통령의 마지막 외출 — 107
- 부치지 않은 편지와 중단된 글 — 111
- 검찰에는 무슨 일이 있었을까? — 121

4 **'노무현 죽이기'의 화려한 재림**
- 왜, 누가 노무현을 죽이는가 — 127
- 그들의 마지막 공격 — 132
- 집요한 하이에나, 조선일보 만평 — 139
- 그 봄의 집단 린치, 누군들 자유로우랴 — 147

3부
지·못·미

1 **무거웠던 5월의 하루**
- 부엉이바위 밑에 지다 — 156
- '혹시 대통령님의 뜻일지도 모른다' — 163
- 아무런 징후도 없었다 — 166
- 긴 하루의 시작, 봉하로 돌아오다 — 168
- 정치권의 반응, 그들의 계산법 — 172
- 반쪽이 무너지는 슬픔, 그리고…… — 175
- 슬픈 공화국, 바보들의 행진 — 177
- "여기가 어디라고 왔느냐" — 181
- 국민장이냐, 가족장이냐 — 183
- 최악의 취재조건 — 186

2 **봉하마을과 전국의 봉하마을들**
- 대한문 앞의 봉하마을 — 190
- 수많은 이야기가 만들어지다 — 194
- 그들의 기록화 작업 — 202
- 바보 노무현을 위한 노래 — 206
- 강남역에 부는 뜨거운 바람 — 214
- 대한민국은 슬프다 — 220
- 해외 분향소, 나라 밖이라 더 서러웠다 — 235

3 **작별을 준비하며**
- '공소권 없음' — 240
- 국민장이 결정되다, 그리고 긴 갈등 — 242
- 봉하의 참여정부 — 250
- 돌아오는 동지들 — 253
- 노사모, 그 이상의 시민군단 — 257
- 500만 송이의 국화 — 262
- 다시 대한문 시민분향소 — 270
- 거절당한 추도사 — 274
- 100만 개의 '아주 작은 비석' — 276

4부
내 마음속의 대통령

1   노란 비행기 날다
- 노란 길, 마지막 길 — 282
- 부디 대통령 하지 마십시오 — 289
- 상록수처럼 푸른 역사가 되어 — 294
- 돌아오소서, 돌아오소서, 돌아오소서 — 297
- "못 가십니다" — 300

2   봉화산 기슭에 잠들다
- '삶과 죽음이 모두 자연의 한 조각 아니겠는가?' — 302
- 아주 작은 비석 — 304

부록
- 2009년 4월 19일, 부치지 않은 편지 — 310
- 2009년 4월 하순, 중단된 글 — 315
- 2009년 5월 29일, 영결식 조사 — 319
- 노무현 대통령 퇴임에서 서거까지 — 325

사진 기록 — 332

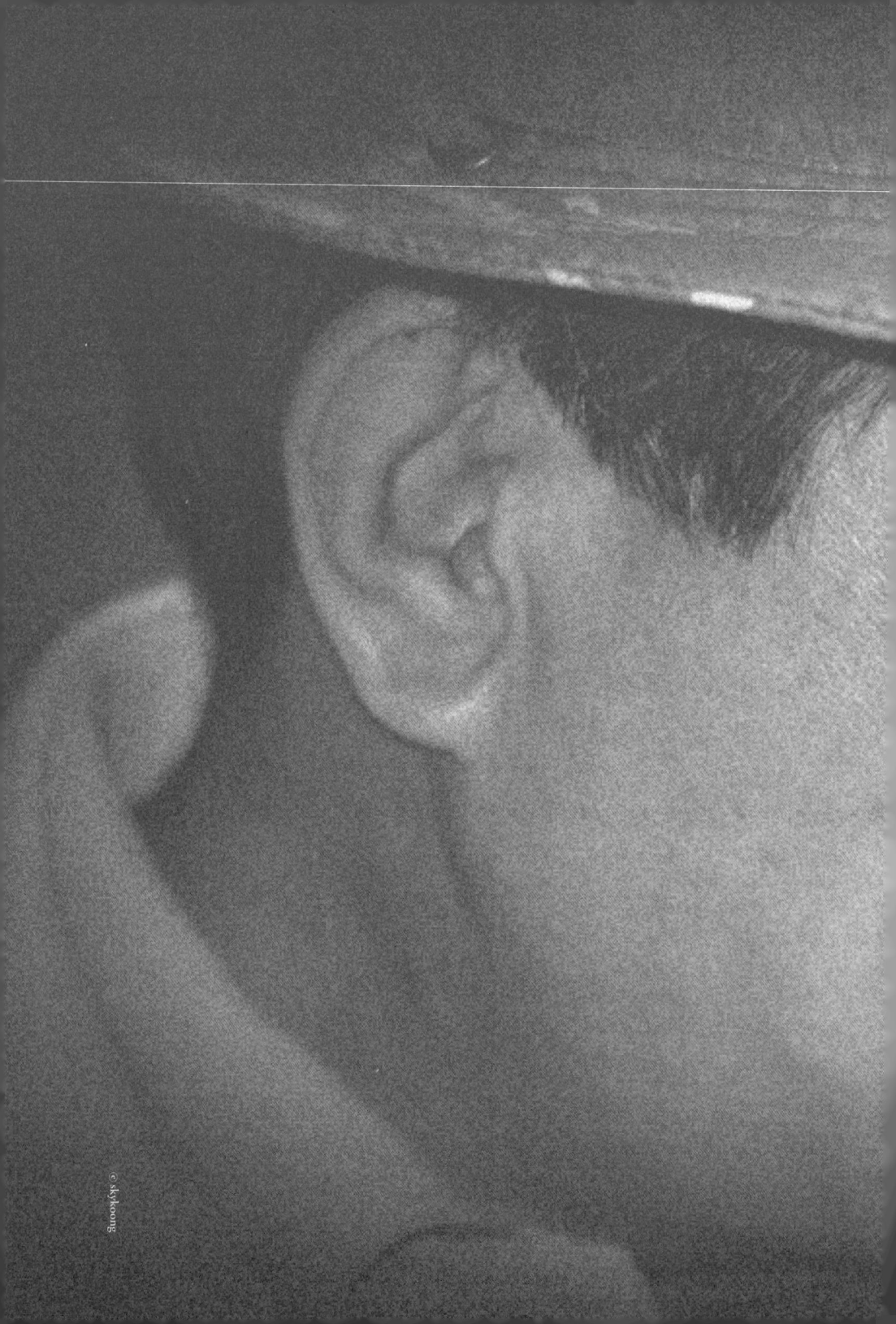

01

내 마음속 대통령

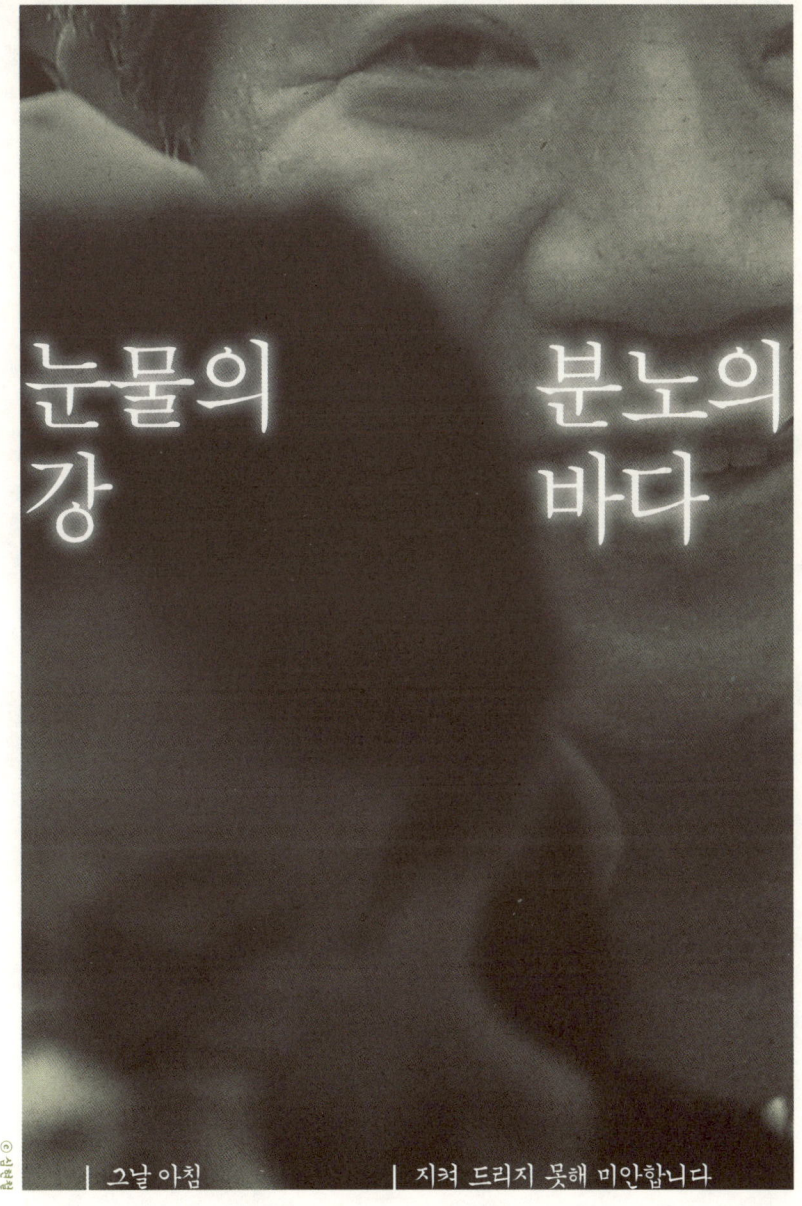

눈물의 강 분노의 바다

| 그날 아침 | 지켜 드리지 못해 미안합니다

1 그날 아침

믿을 수 없었다

2009년 5월 23일. 주말 아침은 여느 때처럼 평온했다. 그날 아침 한 TV에서는 중동의 어느 나라를 여행하는 프로그램이 한창이었다. 어느 시리아인 가족이 올리브 나무 아래 모여 즐겁게 식사를 하고 있다. 식사를 마친 그들은 전통가요의 선율에 맞춰 춤을 추기 시작한다. 바로 그때, TV 화면 하단에 나타난 큼직한 속보 자막. 오전 9시 24분이었다. 당시 KBS의 최초 자막은 '노무현 전 대통령 병원 입원'이었다.

'속보'라는 글자가 주는 심상찮음, 그럼에도 전임 대통령의 단순한 신병치료 입원 정도일 것이라는 덤덤함도 없지 않았다. 그러나 속보 자막은 다시 '노무현 전 대통령 뇌출혈 입원'으로 바뀌었다. 그리고 채 1분도 되지 않아 '의료진 심폐소생술 시도'라는 속보가 떴다. 분명 일이 터졌다는 신호였다. 그때부터 시작된 대혼란. 사람들은 TV 채널을 계속 바꿔 보고, 인터넷을 켜고, 전화기를 꺼내들고 여기저기 전화를 해 대기 시작했다. 모두가 경황없고 혼란스러운 몇 분이었다. 방송사의 보도는 계속 '음독자살설'이나 '뇌출혈' 등과 같은 단편 정보를 오가며 갈팡질팡했다.

분명한 것은 노무현 전 대통령의 신변에 뭔가 이상이 생겼다는 점이었다. 그리고 얼마 후, 인터넷과 방송에서는 '노무현 전 대통령 사망' '노무현 전 대통령 자살'이라는 뉴스가 쏟아져 나오기 시작했다. 순간 대한민국은 엄청난 공황 상태에 빠졌다.

노무현 대통령의 서거 소식을 처음 전한 건 연합뉴스였다. 연합뉴스의 김영만 기자는 5월 23일 오전 9시, "노무현 전 대통령께서 건강 이상으로 인해 양산 부산대병원에 입원했으나 병원 측이 입원 여부를 확인해 주지 않고 있다."라는 내용의 기사를 송고한다. 그리고 21분 뒤, "노무현 전 대통령이 자살을 기도한 것으로 추정돼 경찰이 확인 중에 있다."라고 제2보 기사를 보낸다. 이어 연합뉴스는 9시 37분, "노무현 전 대통령이 비서관 1명과 등산을 하던 중, 산 아래로 떨어져 병원으로 긴급 이송됐으나 숨을 거둔 것으로 알려졌고 경찰은 정확한 경위를 조사 중"이라며 노무현 대통령의 서거를 속보로 전했다.

방송사들 중에서는 SBS가 가장 먼저 속보를 냈다. SBS는 정규방송 도중인 오전 9시 19분경 '노무현 전 대통령 건강 이상설⋯⋯ 병원 입원'이라는 자막 속보를 내보냈다. 그리고 9시 26분 정규방송을 중단하고 뉴스 속보를 전했다. 누구도 예측하지 못한 상황, '자살' '사망'이라는 격에 맞지 않는 표현이 그대로 전파를 타고 있었다. KBS의 경우 정규방송 도중 속보 자막을 내보낸 후 9시 30분 정규 뉴스를 통해 이 소식을 보도했으며, 9시 44분부터는 계속해서 뉴스 속보를 방송했다. MBC도 9시 36분께 자막을 내보내고, 9시 55분부터 뉴스 속보를 통해 서거 소식을 전했다. 이후 언론사들은 특보 체계를 가동하여 시시각각 속보를 내보냈다.

　속보들은 분명 '사망'이라는 사실을 기정사실화하고 있었지만 어느 누구도 노무현 대통령의 급작스런 서거 사실을 믿으려 하지 않았다. 봉하마을 역시 마찬가지였다. 당시 봉하마을은 모내기 준비가 한창이었고, 마을에는 여느 때와 마찬가지로 노무현 대통령을 찾아온 40여 명의 방문객이 있었다. 서거 소식이 알려지자 들에 나갔던 주민들이 마을회관으로 몰려들기 시작했다. 그 주민들 옆에서 방문객들은 그 자리에 얼어붙은 듯 어찌할 바를 몰랐다. 아무나 붙잡고 어떻게 된 일인지 묻고 또 물었다. 도무지 믿을 수 없어서였을 것이다. 그렇게 계속 누군가에게 확인이라도 해야 믿을 수 있겠다는 듯, 사람들은 연거푸 전화를 걸고 또 걸었다.

　분명 서거는 사실로 굳어 가고 있었다. 확인의 순간이 거듭되며 약속처럼 분노의 표현이 터져 나오기 시작했다. 여기저기에서 노 대통령을 사지로 몰고 간 검찰과 언론에 대해 험한 욕을 퍼부었다. 그러나 이 분노는 시작에 불과했다.

　오전 10시, 봉하마을의 마을회관 스피커에서는 진혼곡이 흘러나오기 시작했다. 낮고 조용한 진혼곡이 마을을 감싸고 흘렀다. 들판의 무논은 일손을 잃었고, 새들만 무심하게 하늘 높이 비상했다. 늦봄의 싱그러움도 봉하마을을 피해 갔다. 그러나 이 짧은 진혼도 오래 가진 못했다. 오전 11시경 드디어 국내외 취재진들이 봉하마을로 몰려들기 시작했다. 참여정부 인사와 노사모 회원을 비롯한 조문객들도 몰려들기 시작했다.

　슬픔은 나누면 작아진다고 했던가. 그러나 사람들이 몰려오자 슬품은 증폭되었다. 거대한 눈물의 바다가 요동치기 시작했다. 하지만 이때까지만 해도 그 누구도 예측하지 못했다. 7일간의 장례 기간 동안 100만 명이 넘는, 그리고 안장식이 봉해진 49재까지 무려 200여 만 명의 조문 인파가 50가구가 모여 사는 이 작은 마을에 몰려오리라고는.

'뛰어내리셨다'

●

공식적인 발표는 오전 11시에 있었다. 문재인 전 청와대 비서실장은 양산 부산대병원에서 기자회견을 통해 노무현 대통령의 서거 소식을 국민들에게 발표한다.

2009년 5월 23일 오전 11시
양산 부산대병원

"대단히 충격적이고 슬픈 소식입니다. 노무현 전 대통령께서 오늘 오전 9시 30분경 이곳 양산 부산대병원에서 운명하셨습니다. 대통령께서는 오늘 새벽 5시 45분경에 사저를 나와 봉화산 등산을 하던 중 6시 40분쯤에 봉화산 바위 위에서 뛰어내린 것으로 보입니다. 당시 경호관 1명이 수행을 하고 있었습니다. 그래서 그 즉시 가까운 병원으로 후송을 했지만 상태가 위독해서 양산 부산대병원으로 다시 옮겼고, 조금 전 9시 30분경 돌아가셨습니다. 대통령께서는 가족들 앞으로 짧은 유서를 남기셨습니다."

쉴 새 없이 카메라 플래시가 터졌다. 노무현 대통령이 평소에 "노무현의 친구 문재인이 아니라 문재인의 친구 노무현"이라고 표현했던 사람, 그가 평생의 친구이자 동지였던 사람의 서거 소식을 전하고 있었다. 문재인 전 실장의 얼굴은 담담했고 표정 변화도 없었다. 목소리도 떨리지 않았다. 그 순간의 심경을 문재인 전 실장은 이렇게 말한다.

"나에게는 이제까지 했던 일 중 가장 힘들고 고통스러운 일이었습니다. 대신 발표할 사람을 찾아보자고도 했습니다. 할 수만 있다면 피하고 싶었던 순간입니다."

발표문은 지극히 절제되어 있었다. 발표문의 초안을 작성한 건 김경수 비서관이었다.

"과연 '그 순간'을 어떻게 표현해야 할까, 스스로 목숨을 끊으셨다고 해야 하나, 정말 막막했습니다. 고민하다가 결국 '뛰어내리셨다'는 표현을 썼습니다. 그 순간 제가 찾아낸 단 하나의 어휘가 그것이었습니다. 문 실장님이 발표하실 때 혹 격에 맞지 않는다 생각해 바꾸실까 싶었는데, 결국 그 표현을 그대로 쓰셨습니다. 뛰어내리셨다, 그냥 그게 제가 생각해낸 전부였습니다. 그게 이 상황 전부를 표현해 줄 거라고 생각했습니다. 뛰어내리셨다……"

문재인 전 실장의 발표로 모든 것이 뒤바꿀 수 없는 사실이 되었다. 그 아침 몇 시간 내내 언론 보도가 수없이 확인해 준 사실, 그리고 수많은 사람들에게 확인하고 또 확인한 사실, 그러면서도 설마 하고 품었던 한 가

닥 기대마저 이제 물거품처럼 사라지고 말았다. '문재인 실장이 말했지 않은가, 운명하셨다고.' 이제 정말 사실이 된 것이다. 뒤바꿀 수 없는 사실이.

인터넷으로 시작된 헌화

서거 소식이 전해지면서 인터넷 주요 포털과 커뮤니티는 순식간에 애도의 물결에 휩싸였다. 인터넷 포털 '다음'의 아고라에는 23일 오전 노 대통령의 명복을 빈다는 추모 서명란이 잇따라 개설되었고, 오전 10시 45분경에 이미 1만 3천여 명에 달하는 누리꾼의 추모 글이 달렸다. 처음에는 "설마" "제발 꿈이길" "거짓말"과 같은 믿을 수 없다는 표현이 주를 이뤘다. 뒤를 이어 "날벼락" "비통" "분노" "울분" 등의 표현이 나오기 시작했다. 이미 처음부터 슬픔은 분노의 감정으로 곧장 연결되고 있었다.

서거와 관련된 언론 기사에도 삽시간에 수천 개의 댓글이 달렸다. '다음'의 경우 노 대통령의 서거가 확인되고 나서 한 시간여 만에 6천여 개의 댓글이 달렸으며, 누리꾼들이 몰리면서 댓글 게시판 접속이 잠시 중단되기도 했다. 뿐만이 아니다. 각 개인 홈페이지와 커뮤니티 카페에도 추모 글들이 수십 개씩 올라왔다.

노 대통령의 홈페이지인 '사람사는세상'과 노사모 홈페이지는 트래픽이 증가하여 접속이 중단되기도 했다. '다음'에 개설된 노사모 팬카페에도 접속이 폭주하였고, "노무현 대통령님께서 생을 달리하셨다니 사실이냐?" "거짓말이다, 믿을 수 없다." "가슴이 찢어질 것 같다."라는 등의 글이 잇따랐다. 이들 사이트는 당일 정오께 메인 화면을 '謹弔(근조)'로 바꿔 올렸다. '사람사는세상'에는 "대한민국 제16대 노무현 대통령이 5월 23일 오전 서거하셨습니다. 당분간 '사람사는세상'에 대통령님 추모 공간을 마련하오니 여기에 추모 의견을 남겨 주십시오."라는 공지 글이 떴다.

오후 4시경부터는 다음, 네이버 등 인터넷 포털 사이트들도 초기 화면을 회색으로 바꾸고 추모 로고와 함께, 특별 추모 페이지를 개설했다. 네이버, 다음, 야후, 네이트 등은 고인의 명복을 비는 화면을 속속 띄웠다. 네이버는 "노무현 전 대통령님 서거를 애도합니다."라는 문구를 메인 화면 왼쪽에 올려놓은 뒤 클릭을 할 경우 "우리는 당신을 기억할 것입니다. 홀연히 떠난 당신을 애도합니다."라는 화면으로 연결되도록 했다. 다음은 "노무현 전 대통령의 명복을 빕니다."라는 검은색 문구와 함께 흑백 국화꽃을 메인 화면 왼쪽 위에 실었다. 네이트는 "삼가 고인의 명복을 빕니다."라는 문구에다 노 대통령의 유서를 메인 화면의 오른쪽 위에 올려놓기도 했다. 야후 코리아 역시 "노무현 전 대통령 서거" 문구를 메인 화면 왼쪽에 올려놓았다.

인터넷 추모 글에는 '근조', 그리고 상장(喪章) 모양의 이모티콘인 '▶◀'과 삼베 무늬인 '▩' 기호를 글머리에 달기도 했다. 인터넷의 추모 열기는 흡사 봇물이 터진 듯했다. 1초당 40여 건씩 추모 글이 올라올 정도였다. 추모 글 대부분은 슬픔과 분노를 동시에 표현한 것이었다. 23일 이날 하루 네이버의 특별 추모 게시판에는 총 100만 건의 추모 글이, 다음의 추모 게시판에는 총 26만 건의 글이 올라왔다.

'너무'라는 말의 무게

노무현 대통령의 마지막 유언은 봉하마을 사저의 컴퓨터 바탕화면에 〈나로 말미암아 여러 사람의 고통이 너무 크다〉라는 파일명으로 저장되어 있었다. 이 마지막 글을 처음 발견한 사람은 박은하 비서관이었다. 이를 노 대통령의 조카사위 정재성 변호사가 오후 1시경 양산 부산대병원에서 경찰에 전달했다. 이 문서는 23일 새벽 5시 26분에 처음 저장되었다가, 최종적으로 5시 44분에 수정 저장된 것으로 드러났다.

〈 나로 말미암아 여러 사람의 고통이 너무 크다 〉

너무 많은 사람들에게 신세를 졌다.
나로 말미암아 여러 사람이 받은 고통이 너무 크다.
앞으로 받을 고통도 헤아릴 수가 없다.
여생도 남에게 짐이 될 일밖에 없다.
건강이 좋지 않아서 아무것도 할 수가 없다.
책을 읽을 수도 글을 쓸 수도 없다.

너무 슬퍼하지 마라.
삶과 죽음이 모두 자연의 한 조각 아니겠는가?
미안해하지 마라.
누구도 원망하지 마라.
운명이다.
화장해라.

그리고 집 가까운 곳에 아주 작은 비석 하나만 남겨라.
오래된 생각이다.

　이 짧은 글에서 노 대통령은 '너무'라는 낱말을 수차례 사용한다. 그 '너무'라는 말 속에 노 대통령이 당시 느꼈을 고통의 무게가 전해진다. 그는 이미 서거 직전 겨우 하루 한 끼 정도의 식사만 하고 있었고, 비서진과의 대화조차도 피했다고 한다. 비서진은 우울증을 걱정하며 입원을 고려할 정도였다. 고통은 이미 짙게 드리워져 있었다.
　검찰 수사가 진행되는 동안 노무현 대통령은 주변 사람들에게 종종 미안한 마음을 드러냈다. '사람사는세상' 사이트에 강금원 회장과의 오랜 인연을 소개하고, "강금원 회장은 모진 놈 옆에 있다가 벼락을 맞은 것이다. 이번이 두 번째다. 미안한 마음 이루 말할 수가 없다. 면목 없는 사람 노무현"이란 글을 올렸다. 그리고 친구였던 정상문 비서관이 구속되자 2009년 4월 22일 "사람사는세상 홈페이지를 닫아야 할 때가 온 것 같습니다."라는 글을 마지막으로 올린다.

　　제가 무슨 말을 더 할 면목도 없습니다. 그는 저의 오랜 친구입니다. 저는 그 인연보다 그의 자세와 역량을 더 신뢰했습니다. 그 친구가 저를 위해 한 일입니다. 제가 무슨 변명을 할 수가 있겠습니까?

　　이상 더 노무현은 여러분이 추구하는 가치의 상징이 될 수가 없습니다. 자격을 상실한 것입니다.

　　저는 이미 헤어날 수 없는 수렁에 빠져 있습니다. 여러분은 이 수렁에 함께 빠져서는 안 됩니다. 여러분은 저를 버리셔야 합니다.

그러면서 '사람사는세상'의 문을 닫는 게 좋겠다고 마무리를 했다. 그리고 한 달 후, 노무현 대통령은 정말로 사람 사는 이 세상과의 문을 스스로 닫아 버렸다.

분노의 시작

"슬퍼하지 마라, 미안해하지 마라, 원망하지 마라."라는 노 대통령의 마지막 당부는 첫날부터 지켜지지 못했다. 아니 지켜질 수가 없었다. 사람들은 슬픔과 죄책감, 그리고 원망과 분노로 들끓었다. 슬퍼하지 말라고 했으나 슬픔은 샘솟아 흐르고, 미안해하지 말라고 했으나 사람들의 가슴은 미안함으로 저몄으며, 원망하지 말라고 했으나 그 역시 참을 수 없는 분노로 이어졌다.

서거 소식을 듣고 양산 부산대병원으로 황급히 내려온 유시민 전 장관은 차에서 내리자마자 얼굴이 온통 흐르는 눈물로 범벅이 되었다. 몰려드는 카메라 앞에 선 안희정 최고위원은 격앙된 목소리로 작정한 듯 소리쳤다. "이명박 대통령, 당신이 원하던 게 이것입니까? 검찰, 당신들이 원하던 게 이것입니까? 조중동, 당신들이 원하는 게 이것입니까?" 주변에 있던 사람들의 입에서 통곡소리가 터져 나왔다.

사람들 대부분은 봉하마을에 도착하기 전부터 이미 눈이 충혈되어 있었다. 그들은 서로 아는 얼굴만 봐도 눈물부터 쏟아냈다. 우는 사람과 마주치면 자기의 슬픔에 그의 슬픔까지 보태 더 크게 울었다. 벽이나 나무를 붙잡고 연거푸 하늘을 쳐다보며 하염없이 통곡을 하는 사람도 눈에 띄었다. 충격과 슬픔과 분노가 뒤엉킨 거대한 도가니, 그 도가니 안에서 그 모든 것이 뒤엉킨 채 끓어오르기 시작했다.

2. 지켜 드리지 못해 미안합니다

덕수궁 대한문 앞 사람들

●

　　23일 오후 3시경, 예닐곱 명의 청년이 서울시청 앞 광장에 모였다. 서거 소식을 듣고 나온 인터넷 동호회 회원들이었다. 이들은 시민들이 노 대통령을 가까이서 추모할 수 있도록 공개된 공간에 분향소를 설치하려 했다. 서울시청 앞 서울광장이 가장 적합하다는 판단을 하고 그곳을 둘러보기 위해 이들이 막 광장으로 발을 들여놓는 순간, 곧바로 전경들이 달려왔다. 전경들은 순식간에 이들을 광장 밖으로 밀쳐냈다. 이어 경찰은 전경대를 동원해 서울광장을 점령했다. 곧이어 전경버스가 광장을 에워싸기 시작했다. 잠깐 사이였다. 순식간에 광장은 차 벽으로 완벽하게 차단돼 버렸다.

　　같은 시각, 서울광장과 청계광장 주변 그리고 덕수궁 대한문 근처에는 수많은 사람들이 모여 서성이고 있었다. 한두 명씩 모인 사람들이 이내 500여 명으로 불어났다. 서울광장은 이미 차 벽으로 차단된 상태. 어찌할 바를 모르고 서성이던 사람들은 4시 30분경 대한문 앞에 임시분향소를 설치한다. 검은 천을 덮은 조그만 테이블 위에 영정사진, 그리고 조화 등으로 꾸민 '임시분향소'였다. 인터넷 동호회 회원들이 마련한 영정사진은 밀짚모자를 쓴 노 대통령이 환하게 웃는 얼굴이었다. 모여 있던 시민들이 삼삼오오 분향을 시작했다.

2009년 5월 23일 오후 5시경
덕수궁 대한문 앞

분향소 설치 논의의 출발은 인터넷 공간이었다. 다음 아고라에 올라온 '노무현 전 대통령의 명복을 빕니다'라는 추모 서명에는 당일 오후 3시 30분까지 6만 782명의 누리꾼이 서명에 참여했다. 그리고 오프라인 공간에서도 추모식을 열자는 제안이 올라오기 시작했다. "광화문, 시청이나 청계천 등지에서 모여 노 전 대통령을 추모하자."라는 글들이었다. 아고라에 청원을 신청한 한 누리꾼은 "모든 짐을 홀로 지고 가셨다, 뭐라 할 수 있겠습니까. 공과는 역사에 맡기고 그분의 추모를 위해 모이기를 바랍니다."라고 제안했다. 아고라에 올라온 추모 촛불집회 청원은 이날 오후 2시까지 7개였는데, 거기마다 "촛불 추모식이 열리면 당연히 참석하겠다."라는 수백 건의 댓글이 뒤를 따랐다. 인터넷에서 처음 제안된 장소는 서울광장이었다. 또 다른 청원에는 청계광장에 모여서 추모하자는 제안도 있었지만, 역시 대세는 서울광장이었다. 서로가 서로를 부르는 문장은 짧았다.

"시청 앞에서 국화 한 송이 들고 만납시다!"

서울광장이 차 벽으로 막혔다는 사실을 안 후, 한 동호회 커뮤니티는 이날 오후 4시 덕수궁 대한문 앞에 분향소를 차릴 계획이라고 알렸다. 이 소식은 누리꾼들이 자신이 속한 커뮤니티로 퍼 나르며 퍼져 나가기 시작했다. 하지만, 그때만 하더라도 상주도 아니고 유족도 아닌 일반 시민이 분향소를 차리는 게 맞는 일이긴 한지, 필요한 물품은 어떤 형식으로 마련해야 할지, 그리고 무엇보다 얼마나 많은 사람이 모일지 확신할 수가 없었다. 그런데 이런저런 논의는 아이러니하게도 경찰의 대응 때문에 쉽게 정리돼 버렸다.

이미 서울광장은 차 벽으로 막힌 상태. 인터넷 동호회 회원들은 일단 소박하게 우리의 마음이라도 표현하자며 대한문 앞에 '故 노무현 전 대통령 추모 분향소'를 설치하려 했다. 그 순간 경찰이 민첩하게 움직였다. 대한문 앞 인도에 진압 장비를 갖춘 전경들이 사방 1.5미터 간격으로 늘어서더니 마치 논에 모라도 심어 놓은 듯 일정하게 간격을 맞춰 서서 시민들이 모이지 못하도록 무력시위를 시작했다. 분노가 터져 나오는 건 당연했고, 시민들이 애초에 가졌던 소박한 추모의 마음이 이제는 '지켜내야 할 추모'가 되어 버렸다.

검은 옷을 입고 국화 한 송이를 손에 들고 나왔던 시민들은 그렇게 서 있는 전경들 사이사이에 낀 채 그대로 바닥에 주저앉기 시작했다. 이미 대한문 앞 차도는 전경버스로 차 벽이 설치돼 있었다.

50~60명의 시민이 경찰에 봉쇄된 채 땅바닥에 주저앉아 농성에

들어갔다. 이들 중에는 인터넷 커뮤니티 '쌍코'와 '소울드레서'의 회원들도 있었다. 그들은 검은 원피스나 검은색 투피스 정장 차림에 긴 머리를 뒤로 묶고 손에는 하얀 국화 한 송이씩을 들고 있었다. 옅은 화장을 한 그들은 모두 눈이 뻘겋게 충혈되어 있었다. 그 충혈된 눈에서 눈물이 계속 흘렀다. 울음소리는 나지 않았다. 국화 한 송이조차 바칠 수 없게 하는 이 황당한 상황 앞에서 그들은 입을 앙다문 채 계속 그렇게 눈물만 흘렸다.

경찰의 포위망은 점점 더 견고해져 갔다. 경찰은 이들을 5열로 둘러싸고서, 밖으로 나갈 수는 있어도 밖에서 들어올 수는 없게 막아 버렸다. 경찰의 포위 속에 갇힌 추모 시민들은 울부짖으며 호소했다. 그들은 추모와 분향을 가로막는 경찰의 처사에 분노했고, 대통령 서거 앞에 마음대로 추모조차 할 수 없는 현실에 분통을 터트렸다. 그러나 할 수 있는 일이라고는 없었다. 이들의 항의를 들어 주는 경찰은 아무도 없었다. 목석처럼 둘러싸고 서 있는 전경들 사이로 이곳에 모여 있는 시민들을 전원 연행한다는 소문도 들렸다. 하지만, 대한문 앞의 시민들은 주저앉은 채 움직이지 않았다. 그렇게 약 세 시간이 넘는 대치가 계속되었다.

그 와중에 시민들이 분향소에 치기 위해 천막을 가져왔다. 천막을 막 펼치려 하자 전경 수십 명이 달려들어 천막을 강제로 빼앗아 갔다. 경찰과 시민 사이에 한때 몸싸움이 벌어지기도 했다. 시민들은 밀짚모자를 쓴 노 대통령의 사진을 부둥켜안고 "영정을 지키자."라고 호소했다. 한쪽에서는 계속해서 경찰에 거세게 항의했다. 그러나 경찰은 빼앗아 간 천막을 돌려주지 않았다. 현행 '집회 및 시위에 관한 법률' 규정상

'추모제'는 신고 대상이 아니므로 추모 모임을 강제 해산할 법적 근거는 어디에도 없었다.

항의가 거세지자 경찰 관계자는 "분향소를 옥외에 설치하는 것은 불법의 소지가 있어 일단 철거했다. 다만, 지금 설치된 임시분향소는 그대로 놔두겠다."라고 말했다. 그리고는 임시분향소 주위에 경찰 16개 중대 2천여 명을 배치하고 차 벽으로 주변을 완전히 둘러싸 버렸다. 시민들의 조문 자체를 막아 버린 것이다. 흥분한 일부 조문객들이 경찰에게 "차벽을 빼라."고 거세게 항의하는 등 곳곳에서 크고 작은 충돌이 이어졌다. 경찰은 취재 나온 기자들에게 "민주노총, 전교조 등 시위대들이 몰려들 수 있어 출입을 막았다."라며 궁색한 설명을 달았다.

경찰의 봉쇄도 시민들의 추모 열기를 막지 못했다. 분향은 계속 이어졌고 시간이 갈수록 더 많은 시민들이 대한문 앞으로 몰려들고 있었다.

그들의 고해성사 – '지·못·미'

경찰이 분향소 접근을 통제하자 조문객들은 전경버스 차 벽 밖에 간이분향소 두 곳을 추가로 설치하고 조문을 진행했다. 간이분향소가 된 가로수에는 가판 신문에 나온 노무현 대통령의 사진을 오려 붙여 놓고, 그 앞 맨바닥에 향과 초, 사과, 배 등을 놓고 엎드려 절을 올렸다. 초라하고 초라한 분향소, 그러나 그 분향소를 어찌 초라하다고만 할 것인가. 시민들의 얼굴엔 눈물이 흘러 넘쳤고, 아스팔트 위에서 국화 송이는 하얗게 빛났다. 경찰의 포위 속에 차려진 분향소, 분위기는 엄숙하고 비장했다.

분향을 마친 시민들은 돌아갈 줄 몰랐다. 메모할 수 있는 종이마다 추모 글을 남겨 여기저기 붙이기 시작했다. "더 믿고 지켜 주지 못해서 미안합니다." "노무현 대통령 할아버지 하늘나라에서 행복하게 사세요." "당신과 함께할 수 있어서 행복했습니다." 등의 글들이 하나둘 쌓여가기 시작했다. 붙일 수 있는 곳이면 어디든 시민들은 글을 붙였다. 누군가는 차 벽을 친 전경버스에 국화 송이를 꽂아놓기도 했다.

너무나도 자연스럽게 촛불이 등장했다. 2008년의 대대적인 촛불시위 때 결성된 '시민악대'도 나왔다. 시민들은 그들의 연주에 맞춰 〈상록수〉 〈함께 가자 우리 이 길을〉 등의 노래를 불렀다. 노래는 북받쳐 오르는 설움에 파묻혀 채 한 소절을 이어가지 못했다.

어느 순간, 임시분향소를 찾은 20대 중반의 한 시민이 "당신을 싫어했지만 존경했다. 그런데 이렇게 가면 안 되잖아."라고 울부짖으며 큰 소리로 울기 시작했다. 그 울음을 신호탄으로 이전까지 차마 소리 내어 울지도 못하고 흐느끼기만 하던 시민들의 울음소리가 동시에 터져 나왔다. 자리를 지키던 조문객 100여 명의 울음소리는 통곡으로 변해 갔다.

눈물 뒤로 분노가 찾아왔다. 검찰의 저인망식 싹쓸이 수사와 이명박 정부에 대한 비난이 빗발치듯 쏟아져 나왔다. 그러나 시민들은 알고 있었을까. 그것은 세상에 대한 분노나 정치에 대한 분노만은 아니었다. 가장 큰 분노는, 바로 노무현 대통령을 지키지 못한 것에 대한 분노였다.

자책의 분노였다. 아무런 행동도 하지 않은 무기력한 자신에 대한 분노였다. 마치 약속이라도 한 듯 거의 모든 추모객이 동시에 남긴 말, "지켜드리지 못해 미안합니다."라는 말이 그 모든 것을 대변하고 있었다. '지못미'라는 말은 추모객들의 공통 언어였다.

그것은 다시 돌아오지 못할 길을 떠난 노무현 대통령에게 바치는 국민들의 고해성사였다. "우리가 당신을 지켜 드리지 못했습니다. 그래서 미안하고 또 미안합니다." 그 깊은 자책감이 그 모든 눈물의 바다를 설명할 수 있는 단 하나의 비밀이었다.

그 눈물의 바다를 경찰이 포위하고 있었다. 이날 경찰은 서울에만 92개 중대 1만여 명을 배치하고 시민들의 추모 물결을 주시했다. 경찰은 이날 오후부터 서울광장과 청계광장 등 도심에서 사람이 모일 수 있는 주요 광장을 모두 전경버스 차 벽으로 가로막아 버렸다.[1]

봉하로 달려가는 사람들

그날 오전 10시 30분, 화계사 주지 수경 스님과 문규현, 전종훈 신부님이 이끄는 '사람의 길, 생명의 길, 평화의 길을 찾아가는 오체투지 순례단'은 서울 서대문을 지나 막 홍제동 고개를 넘어가고 있었다. 세 걸음을 걷고 길바닥에 엎드려 이마가 땅바닥에 닿도록 절을 하며 지리산에서부터 올라온 오체투지 순례단은 느리게 느리게 북

---

[1] 덕수궁 대한문 앞 시민분향소는 영결식이 끝난 직후인 5월 30일 새벽 경찰에 의해 강제 철거된다. 이후 시민들은 49재까지 분향소를 유지하겠다며 재설치했다. 그러나 6월 24일 보수 우익단체 회원들의 습격으로 다시 철거되고 만다. 보수단체인 '애국기동단'과 '고엽제전우회' 회원 50여 명으로 구성된 이들은 흡사 민병대처럼 사제 군복을 입었고, 새벽 5시 40분께 이 '작전'을 감행했다. 그들은 이날 빼앗은 노 대통령의 영정사진을 봉하마을에 택배로 보냈다.

쪽을 향해 기어가고 있었다. 이 순례단에도 비보는 날아들었다. 이날 순례단을 배웅하기 위해 오체투지에 따라나섰던 박경훈 씨(40세, 경기도 용인)는 지인으로부터 "노무현 대통령이 자살했다."라는 전화를 받는다.

"쉬는 시간에 전화가 왔는데 울먹울먹하면서 무슨 얘긴지 못 알아듣겠더라고요. 이미 제 주변에 있던 사람들도 여기저기서 울기 시작하고……. 그때만 해도 '아직 돌아가신 건 아니다. 위독하다.' 라고 했어요. 그래서 제가 우는 분들에게 '아직 돌아가신 건 아니랍니다. 위독한 거랍니다.' 라고 했는데, 그 다음에 받은 전화로 사망 확인 소식을 듣고……. 그래도 어찌할 바를 모르고 하던 오체투지를 하는데 눈물이 그치지를 않는 겁니다. 계속 울면서 몇 번 더 오체투지를 했습니다. 그런데 그게 되겠어요? 오체투지가 중단됐고요. 그리고 그 순간 내려가야지 하는 생각이 들었습니다. 그냥 내려가 봐야 한다는 생각이 들더라고요. 내가 가서 진짜인지 내 눈으로 확인이라도 해야 믿겠다는 심정이었을지도 모릅니다. 그 길로 봉하마을로 내려갔습니다."

박경훈 씨는 2002년 대선 때 노사모에 가입했다. 하지만, 그것으로 끝이었다. 이후 그는 노사모 활동에 관심이 없었다. 스스로를 '배신한 노사모'라고 말하기도 했다. 그런 그가 봉하마을로 달려간다. 그곳에서 그는 자신이 한때 '노짱'이라고 불렀던 사람, 그 사람의 죽음이 엄연한 현실임을 깨달았다. 그는 봉하마을에서 조문을 마친 뒤 다시 새벽길을 달려 올라왔다. 그리고 그날부터 서울 대한문 앞 시민분향소에서 7일 동안 자원봉사를 했다. 박경훈 씨는 2008년 촛불집회를 경험하고 나서 '건강하고 바르게 살자!'는 모토를 내건 인터넷 커뮤니티에 가입하여 누리꾼으로 활동하는 회사원이었다.

'2008 부산 비엔날레 바다미술제' 전시감독이던 독립 큐레이터 전승보 씨(47세, 경기도 고양시)는 이날 오전 11시경 운전 중 라디오를 통해 서거 소식을 처음 접했다. 전시 행사를 앞두고 정신이 없었던 전씨는 급하게 일을 처리하고, 그 길로 차를 몰아 봉하마을로 향했다. 그는 2002년 대선에서 노무현 후보에게 투표했다. 부산이 고향인 그는 부모 형제와 지인들이 부산에 거주했고, 이들을 만나면 '노무현에 대한 욕'을 들어야만 했다. 어디 부산뿐이겠는가. 하루가 멀다고 노무현 대통령을 비난하고 반대하고 조롱하는 언론 기사가 술자리의 안줏거리로 이어졌다. 처음에는 항변하다 서서히 지쳐 갔다. 그는 그 모든 게 불편했다. 그 뒤로는 침묵했고, 그보다 더 한참 뒤엔 그 자신이 노무현을 잊었다.

"그냥 조문을 가야 한다는 생각뿐이었어요. 사실 따져보면 나는 내가 할 만큼은 했거든요. 진짜 나는 내 할 만큼은 했거든요. 그런데 몰라요. 그냥 어떤 빚이 있다는 생각이 있었나 봅니다. 영 개운치가 않은 겁니다. 그래서 정신없이 일 마감시켜 놓고 그 길로 달려가는데, 가는 데만 다섯 시간, 도착하니까 밤 11시가 조금 넘었더라고요. 거기서부터 저 앞 분향소 마당까지 가는데 또 다섯 시간. 겨우겨우 내 차례가 돼 앞에 갔는데, 절하는 데 딱 5초. 그리곤 다시 바로 밤길로 네다섯 시간을 달려 올라왔습니다. 결국 그 5초 분향하려고 급한 일 다 제쳐놓고 고속도로를 왔다갔다 죽어라 달린 셈인데, 사람들도 다 나와 같은 마음이지 않았나 싶어요. 그날 밤부터 사람이 정말 많았거든요. 물론 부산이나 인근에서도 왔겠지만, 전라도에서도 오고 서울에서도 오고. 그날부터 기다리는 데만 다섯 시간이 걸렸으니까요. 올라오는데 그런 생각이 들더라고요. 나는 내 할 만큼은 했다 생각했는데, 진짜 내 할 만큼은 했던 것인가……."

그날 시민들이 몰려드는 양상은 이미 노 대통령의 시신이 안치된 양산 부산대병원에서부터 시작됐다. 모여든 시민 중에는 '노사모' 회원 등 노 대통령 지지자뿐만 아니라 일반 시민도 많았다. 그들은 무리 지어 곧 봉하마을로 들어갔다. 가까운 부산이나 창원, 마산 등지에서 서거 소식을 듣고 달려온 사람도 있었지만, 서울, 수원, 광주, 여수, 전북 등 전국에서 온 사람들이었다. 회사원, 음식점 종업원, 가정주부, 개인택시 운전사, 학생, 자영업자 등 직업도 나이도 천차만별이었다.

일반 시민이 그 정도였으니 노사모 회원들이 받은 충격은 더 말할 나위 없었다. 전국에서 한때 노사모였거나 여전히 노사모인 회원들이 봉하마을로 달려왔다. 이들은 봉하마을에 들어서자마자 통곡을 했다. 참여정부 내내 언론으로부터 '노빠'라는 조롱을 받았던 사람들, 그러나 그들 중에는 이미 더 이상은 노사모가 아닌 자칭 '배신한 노사모'가 더 많았다.

그러나 그 '떠났던 노사모들'이 일시에 돌아오고 있었다. 그들은 가게 문을 닫고 봉하로 달려왔고, 미처 가족에게 알리지도 못하고 황망히 봉하로 차를 돌린 이도 있었다.

양산 부산대병원에서 노무현 대통령의 유해가 봉하마을로 운구

되어 온 시각은 오후 6시 28분경이었다. 봉하로 몰려든 수천 명이 노 대통령을 통곡으로 맞이했다. 그렇게 7일간의 봉하, 그 눈물의 대장정이 시작되고 있었다.

2009년 5월 23일 오후 6시 35분
봉하마을

낮에는 국화가 산을 이뤘고, 밤에는 촛불이 별처럼 떠올랐다. 길목 어귀마다, 나무 등걸마다, 보이는 벽마다에 노란 풍선이 달리고 노란 리본이 매달렸다. 한때 '노짱'이라 불렸던 사람, 대한민국 제16대 대통령 노무현은 그렇게 시민들 품으로 다시 돌아오고 있었다.

02

| 대통령의 5월 | 불안한 징후의 서막

침묵의 봄

| 타깃을 향해 달려가는 칼 | '노무현 죽이기'의 화려한 재림

1 대통령의 5월

'차비 대 드릴 테니 부디 돌아오소서'

추모 열기가 점점 더 고조되어 가던 5월 27일, 전 청와대 정책실장으로 참여정부 초기 경제정책을 만들었던 경북대 이정우 교수의 칼럼이 『한겨레』에 기고 형태로 실렸다. 〈학자 군주 노무현을 그리며〉라는 제목을 단 이 짧은 칼럼은 노무현 대통령의 죽음에 대해 많은 점을 시사해 주고 있다.

노무현 전 대통령 서거라는 청천벽력 같은 소식을 접한 지 며칠이 지났건만 흐르는 눈물을 감출 수 없다. 금방이라도 저쪽 모퉁이를 돌아 웃으며 불쑥 나타나실 것만 같다. '삶과 죽음이 모두 자연의 한 조각'일지 모르지만, 그분이 이 세상에서 홀연 자취를 감추었다는 건 정말 믿기지 않는다.

노 대통령은 많은 지지자와 많은 거부자를 동시에 가진 분이었다. (……) 노무현을 거부하는 이유 중에는 말실수와 학벌이 반드시 들어간다. 대통령은 자신을 학벌사회, 연고사회의 바다에 떠 있는 외로운 돛단배로 비유한 적이 있다. 그러나 학벌과 학식은 다르다. 노 대통령은 가난 탓에

학벌은 낮았지만 학식은 높았다. 아니 오히려 학자 군주에 비견할 만했다. (……) 노 대통령은 책 읽는 것을 좋아했고, 위원회를 설치해서 학자들과 대화했다. 정책을 만들 때도 인기보다는 논리적 타당성과 진정으로 국민을 위한 정책인지를 먼저 생각했다. (……)

봉하에 내려간 학자 노무현은 더 열심히 공부했다. 주경야독, 그야말로 평생학습의 실천자였다. 그는 국가가 할 일이 무엇인가란 주제를 놓고 책을 쓰고 있었다. 올해 초 몇 달은 오로지 독서와 집필 말고는 다른 생각은 없는 듯 보였다. 지난번 찾아뵈었을 때, "이 교수, 차비 대 드릴 테니 자주 오세요."라고 웃으며 하시던 말씀이 아직도 귓가에 쟁쟁하다. 노 대통령이 남긴 유서에 "책을 읽을 수도 글을 쓸 수도 없다."는 말이 너무 가슴 아프다.

아, 이런 훌륭한 대통령이 일찍이 있었던가? 퇴임 후 고향에 돌아가 농사 짓고 책 읽는 대통령이 일찍이 있었던가? 부엉이바위에서 내려다본 내 집과 고향 마을은 과연 어땠을까? 이렇게 빨리 가실 줄 몰랐는데…… 후회가 가슴을 저민다. 좀 더 자주 찾아뵐 것을. 이익보다 인의를 앞세웠던 그분이 그립다. 평생을 양심 하나로 살아온 그분이 그립다. 눈물이 앞을 가린다.

셜운 님 보내옵나니 가시난닷 도셔오소서!
차비 대 드릴 테니 부디 돌아오소서!

사실 노무현 대통령에게는 비판자도 많았지만 참으로 동지도 많았다. 그에게는 역대 대통령 중 그 누구보다도 충성도 높은 지지자들이 있었다. '차비 대 드릴 테니 부디 돌아오시라'며 가슴을 치는 그 수많은 동지를 뒤로 한 채 그는 떠나 버렸다. 왜 그는 그 모든 이들을 뒤로 한 채 차비도 없는 길을 떠나야 했을까.

　　이정우 교수는 노 대통령의 유언 중 특히 "책을 읽을 수도 글을 쓸 수도 없다."라는 대목에 눈물을 흘리고 있다. 노무현 대통령을 알았던 사람들은 모두 '책을 읽을 수도 글을 쓸 수도 없는' 상황이 그에겐 얼마나 큰 형벌인지를 알고 있다. 기실 그를 죽음으로 몰아간 것은 분노도 아니고 원망도 아니었으며, 오직 그 '책을 읽을 수도 글을 쓸 수도 없는' 상황이었다. 대통령의 죽음의 이면에는 그 한마디가 감춰져 있다.

대통령의 꿈

　　노 대통령은 책을 쓰고자 했다. '진보'를 내용으로 하는 책이었다. 2009년 3월, 한국미래발전연구원의 학자들을 봉하마을 사저로 초청하였을 때 그는 '한국판 유러피언 드림'을 써보겠다며 강한 의지를 나타냈다. 제레미 리프킨이 쓴 『유러피언 드림』에 빗댄 말이었다. '한국판 유러피언 드림'을 쓰겠다는 노 대통령의 의지는 사실 이미 오래전부터 준비된 생각이었다. 노 대통령은 퇴임 직전인 2007년 10월, '벤처 코리아 2007' 행사장에서 이런 연설을 한 바 있다.

　　"제대로 된 시민민주주의 사회가 답입니다. 민주주의에는 진보주의가 내재돼 있는 것이죠. 그래서 진보적 시민민주주의, 이런 것을 참여정부가 추구해 왔고, 앞으로 제가 개인적으로 추구해야 될 정치적 노선이라서 저는 그렇게 생각합니다. (……) 이 공부 끝나고 나서 더 높은 책을 추천

하시라고 하면 제가 직접 한 권 써드리겠습니다."

그 순간 좌중에서 웃음이 터져 나왔다. 그 웃음이 대통령의 익살스러운 말투 때문이었는지, 아니면 그런 좋은 책이 나오지 않고 있다는 대통령의 유머 섞인 비판이라고 생각해서였는지는 알 수 없다. 웃음이 가라앉자 대통령은 이어 말했다.

"단편 단편 여러 가지 좋은 책은 있는데 모두 모아서 체계적으로 잘 정리를 해야 되고, 또 어떤 새로운 것도 좀 많이 있는데, 글 쓰는 재주는 모자라고, 시간도 없어서 저는 못 냈습니다. 앞으로 이것보다 수준이 더 높은 것을 찾으실 때 제가 책을 하나 써서 내드리겠습니다."

대통령은 진심을 말하고 있었다. 그의 저술 계획은 매우 구체적이었다. 노 대통령은 그 책을 학술서가 아니라 실증적 지표를 중심으로 진보와 보수를 포괄적으로 대비하는 '대중적 교양서'로 만들어 보고자 했다. 그러자면 '우선 읽기 쉽고, 재미있고, 읽은 내용을 남에게 옮기기 쉬워야 한다는 것과 분량도 많지 않아야 할 것'이라는 구체적인 형식까지 내놓았다. 그런 형식을 완성해 가기 위한 대안으로 노 대통령은 '인터넷 협업'이라는 안을 제시했다. 그런 대중적 교양서는 결코 개인적인 글쓰기로는 얻을 수 없다는 판단에서였다. 노 대통령은 '인터넷 협업으로 책쓰기'의 성공적 사례를 만들고자 했다.

미디어든, 인터넷이든, 연구소든, 출판이든 어디를 보아도 우리가 열세입니다. 그냥 열세가 아니라 형편없는 열세입니다. 이런 열세를 딛고 세상을 바꾼다는 것은 역사의 진운이 함께할 때에만 가능할 것입니다. 우리는 역사가 돈의 편이 아니라 사람의 편으로 가고 있다는 믿음을 가지고 이 길을 가는 것입니다. 다만, 그 막강한 돈의 지배력을 이기기 위해서는 우리가 가진 모든 힘을 다 짜내고 이를 지혜롭게 조직해야 할 것입니다. 인터넷으로 하는 협업, 우리가 좋은 성공의 본보기를 만들어 낼 수 있기를 바랍니다.

〈좋은 책을 만들어 보자는 것입니다〉 중에서.
2009. 3. 9. '민주주의 2.0'에 올린 글

모든 사람이 인정하듯 노 대통령은 누구보다도 인터넷을 잘 알고 이해하는 사람이었다. 그는 인터넷의 장점 못지않게 한계도 알고 있었다. 그러나 그 한계를 인터넷 밖에서 찾는 것의 무력함 또한 알고 있었다. 그래서 '인터넷 협업'이라는 아이디어가 나왔다. 그는 "인터넷은 정보는 넘치지만 내용이 부실하고, 분노와 증오는 넘쳐나지만 사실과 논리는 부족하고, 깊이도 모자라고, 비슷한 생각끼리도 서로 앞뒤가 맞지 않아 충돌하고 있다. 그래서 좋은 책이 필요하다."라며 책 발간에 애착을 보였다. 책의 내용에 대한 구체적인 생각도 정리되어 있었다.

진보주의에 관한 책을 만들어 보자는 것입니다. 앞으로 상당기간 세계의 역사는 진보와 보수의 갈등을 중심으로 전개될 것입니다. 그리고 미래의 역사는 진보주의가 제시하는 방향으로 가게 될 것입니다. 한국에서는 진보와 보수의 문제가 사회적 논쟁의 중심 자리를 차지해야 지역주의를 넘어설 수 있을 것입니다. 그래서 진보주의에 관한 이야기를 하자는 것입니다.

〈좋은 책을 만들어 보자는 것입니다〉 중에서.
2009. 3. 9. '민주주의 2.0'에 올린 글

이를 위해 봉하마을에 출판팀이 구성됐다. 참여정부 비서진과 몇몇 학자들이 모인 가운데 진보주의에 대한 '공동연구'가 추진되기 시작했다. 비공개 인터넷 홈페이지를 만들어 참모들과 함께 질문을 던지고 의견을 덧붙이고 자료를 올리고 책도 추천하면서 주제에 접근해 갔다. 비서진 중에는 윤태영 전 대변인과 양정철 전 비서관, 이송평 씨, 신미희 전 행정관이 참여하였고, 참여정부 시절 국가균형발전위원장을 지낸 성경륭(사회학), 정책실장을 지낸 김병준(행정학), 정책특보를 맡았던 이정우(경제학), 홍보수석을 지낸 조기숙(정치학), 국정홍보처장을 지낸 김창호(철학) 등 전·현직 교수가 참여했다.

노 대통령은 이들을 배웅할 때마다 "같이 공부합시다. 월급은 못 주고 차비는 드릴 테니 자주 오세요."라고 말하곤 했다. 이정우 교수가 앞의 칼럼에서 말한 바로 그 '차비' 얘기다. 대통령은 그들에게 미안했던 것일까? 그러나 그것은 대통령의 기우였다. 처음 시도되는 새로운 방식의 글쓰기는 그들에게도 각별했다. 논의는 점점 확대되고 심화되어 갔다. 출판팀의 김창호 전 국정홍보처장은 이 과정을 두고 "처음에는 나와 소수의 사람이 책과 참고자료를 지원하는 수준에서 시작했지만, 점차 참여하는 분이 늘어나면서 인터넷 소통 공간도 마련되고 시스템화되었다."라고 말한다.

노 대통령의 연구 과정은 철저히 오픈된 상태에서 진행됐다. 그가 책을 보는 장소도 개인 공간이 아니었다. 그는 독서의 공간까지도 비서관들과 함께하려 했고, 책을 볼 때도 의도적으로 개인 서재가 아닌 회의실에서 봤다. 독서 방법은 주제에 관련된 여러 가지 책을 찾아보는 식이었다. 줄기를 따라 이 책 저 책을 비교해 가며 정독, 속독을 했다. 그리고 즉각적인 토론을 즐겼다. 참모들은 참모들대로 자유롭게 자신이 읽은 책을 권했다. 2009년 초, 토론은 수시로 '인간이 무엇이냐'라는 철학적 주제로까지 확대되어 가곤 했다. 사회생물학 쪽으로도 관심이 확대되었다. 사회 시스템을 움직이는 것은 결국 인간인데, 그 인간을 규정하는 것이 무엇이냐는 것이었다. 철학과 정치가 결합된 토론이었다. 사상가 단계로의 전환이랄까. 그 끝에서 그는 현실 정치인이 아니었다면 철학 공부를 했을 거라는 말을 하기도 했다. 윤태영 전 대변인의 글을 보면, 그 당시 노 대통령의 독서 편력이 잘 드러나 있다.

> 독서가 대통령의 문제의식을 더욱 치열하게 하고 생각을 더욱 심화시키고 있었다. 한 가지 주제를 이야기하기 시작하면 끝도 없이 그 주제 속으로 파고들어 애초의 줄거리에서 일탈하는 경우도 한두 번이 아니었다. 예전엔 그다지 흔치 않았던 일이다. 작은 주제 하나를 이야기하는 데 인용되는 책의 숫자도 기하급수적으로 늘어나고 있었다. 인간의 기원으로부터 유전자, 국가의 기원과 역할, 지나간 우리 역사에 대한 회고에 이르기까지 대통령이 탐구하는 주제와 소재들은 방대했다. 방대한 넓이만큼이나 그 천착의 깊이도 땅속으로 끝없이 내려가는 큰 나무의 뿌리와도 같았다.

말 잘하는 대통령이란 세평이 있지만, 대통령은 확실히 말보다 글을 선호했다. 독서를 좋아하는 것 이상으로 글도 잘 쓰고 싶어 했다. 글에 대한 욕심이야말로 대통령의 수많은 욕심 가운데 최대의 것이었다. 사람들과 이야기를 나누다 보면 기막힌 카피도 종종 튀어나오고 또 말을 하면서 생각을 정리하는 스타일이었지만, 그래도 대통령은 컴퓨터 앞에 앉아 글로 정리하는 것을 즐겼다. 소박하면서도 서민적인 언어를 구사하다가 수많은 공격을 받아 시달린 경험 탓이었을까? 대통령은 말로써 사람을 설득하기보다는 한 권의 책으로 설득하는 것이 더욱 효율적이고 근본적인 수단이라고 생각했다. 집착 이상의 것이었다. 글을 잘 정리하는 사람을 옆에 앉혀두고서라도 반드시 이루어야겠다는 집념이었다.

대통령은 홈페이지에 카페를 열고 시스템을 만들어 공동창작을 모색했다. 시스템을 만들고 그 안에서 각종 문제를 제기하고 댓글을 다는 순간, 대통령은 분명 미래를 꿈꾸며 사는 살아 있는 사람이었다. 공동창작을 위한 시스템이 뼈대를 갖추던 날, 사저의 모든 비서들이 참으로 오랜만에 대통령의 생기를 느낄 수 있을 정도였으니.

〈대통령의 외로웠던 봄〉 중에서, 윤태영

퇴임 후 그는 종종 "이제 시민으로 돌아왔다."라고 말했지만 사실 그는 분명 '보통 시민'은 아니었다. 그는 대통령이었다. 그가 상대해야 하는 사람은 하나의 이념에 공감하는 한 계파가 아니라 5천만의 인구 전체였고, 그 인구의 삶을 디자인하고 책임져야만 하는 대통령이었다. 무엇보다 그의 재임 기간 중 대한민국의 경제력은 세계 11위였다. 그에게는 '보통 시민'이 경험할 수 없는 대한민국이라는 규모와 그 현실의 총체적인 실재가 있었다. 그래서 그의 철학은 공허하지 않았다. 그의 철학은 강단의 철학이 아니었다. 그는 자신의 그 '경험'을 대한민국에 내놓고 싶어 했다. 그의 저술 계획은 그 실천의 연장이었다. 노무현 대통령이 당시 연구 과정에서 남긴 메모를 보자. 메모는 단편적인 문장들로 되어 있지만,

그 사유의 폭과 고민의 깊이를 충분히 짐작할 수 있다.

세계는 진보의 시대로 가는가? 진보주의의 미래?

오늘날 경제의 위기와 그 이후 세계의 질서는?
세계는 어떻게 대응하고 있는가?
진보진영의 전략은 새로운 경쟁의 환경과 경쟁주의를 어떻게
극복할 것인가?……

한국은 지금 몇 시인가? 한국에도 진보주의의 역사가 있었는가?
김대중 정부, 노무현 정부는 진보의 정권이었는가?

제3의 길, 유럽의 진보주의의 기준으로 평가해 보자. 그래도 한계는 분명하다. 무엇이 발목을 잡았을까?
- 한국의 이념 구도, 신자유주의의 세계적 조류, 제3의 길 노선의 세례,
  위기와 극복을 위한 비상대책, 정치세력의 한계
- 소수파 정권, 여론을 주도하는 조직적 세력의 열세,
  진보주의의 분파와 분열과 갈등……

한국은 어디로 가야 하는가? 이 연구를 하는 이유이다.

노무현 대통령, '진보의 미래' 연구 관련 메모 중에서.
2009. 3. 20.

그러나 이 메모를 남긴 지 두 달여 만에 그는 그 모든 꿈을 접고 부엉이바위로 오른다. 도대체 왜 그는 그 새벽 부엉이바위로 올라야만 했던가. 문재인 전 비서실장의 이야기를 들어보자.

"왜 돌아가셨는가, 그걸 어떻게 한두 마디로 설명할 수 있겠습니까. 다만 유서를 보면 '책을 읽을 수도 글을 쓸 수도 없다.'는 말씀이 있습니다. 건강이야 추슬러서 회복하면 될 것입니다. 결국 글을 쓸 수 없다는 것은 대통령이 퇴임 이후에 자신이 해야 할 과제를 할 수 없다는 것이기도 한데요. 그러니까 민주주의에 대한 연구, 대통령님이 생각하신 민주주의는 그 속에 진보주의가 내포되어 있다고 봤거든요. 그래서 다른 표현으로 '진보적 미래' 이런 표현도 썼었어요. 그런 부분에 대해서 연구하고 진보적 학자와 서로 담론하고 토론하여 진보적인 미래를 찾아 나가고자 했습니다.

그래서 당신은 앞으로 정치활동을 할 수는 없는 것이지만 앞으로 진보적 진영에서 정치활동을 하려고 하는 사람들한테 하나의 자양분을 제공해 주고 정책적 토대 같은 것도 제공해 주고 싶어 했습니다. 그렇게 되려면 글을 써서 사람들을 설득할 수 있는 도덕적인 권위나 신뢰가 필요하단 말이에요. 그런데 그것이 무너진 거죠. 그것이 무너졌으니 나는 이제 글도 쓸 수 없다고 하신 겁니다. 그래서 '나는 이제 기여할 수 있는 일이라고는 없고 다른 사람에게 짐이 되는 일밖에 더 남았나?'라고 하신 거죠. 그것이 대통령님이 지탱할 힘을 잃게 만들지 않았느냐, 그렇게 생각합니다. 심정적으로."

미완의 회고록
– 아직 '할 수 있는 일'은 있었다

●

그즈음, 노무현 대통령의 집필 계획은 '진보주의 연구'에서 '회고록'으로 전환됐다. '노무현의 이야기, 성공과 좌절'이라는 가제도 잡았다. 최소한 그때까지만 해도 문재인 전 실장이 말한 "책을 읽을 수도 글을 쓸 수도 없다."는 단계는 아니었던 셈이다. 김경수 비서관은 당시 상황을 이렇게 전한다.

"검찰 수사가 진행되면서 실질적인 '진보주의 연구' 토론 모임은 중단하셨다고 보면 됩니다. 그리고 회고록 형태의 글을 준비하기 시작하셨습니다. 전체적인 얼개도 다 잡힌 상태였습니다. 힘들어하시긴 했지만, 회고록의 초록을 보면 최소한 그때까지만 해도 유서에서 말씀하셨던 '책도 읽을 수 없고 글도 쓸 수 없는 상태'는 아니었던 것 같습니다. 회고록에도 적잖은 의욕을 보이셨거든요."

노무현 대통령의 회고록 초록은 20여 페이지 분량으로 남아 있다. 초록은 다음과 같은 단락으로 시작된다.

지난 이야기를 쓴다. 왜 지난 이야기인가?

회고록은 한참 후에 쓰기로 했다. 아직 인생을 정리하기에는 너무 이르고 아직 하고 싶은 일이 많이 남아 있었다. 봉하마을 가꾸기, 시민광장, 정책 연구. 그래서 우공이산(愚公移山)[2]을 표구하여 붙여 놓고 이런저런 일을 시작했다.

그런데 여러 가지 장애가 생겼다. 일이 돌아가지 않는다. 마침내 피의자가 되었다. 이제는 일도 할 수가 없게 되었다. 이제 할 수 있는 일은 지난 이야기를 쓰는 일뿐인 것 같다. 왜 써야 할까? 할 수 있는 일이 이것뿐이다.

---

[2] 노무현 대통령은 『열자列子』에 나오는 우공이산 愚公移山을 바꾼 노공이산 盧公移山을 인터넷상의 닉네임으로 썼다. 90에 가까운 나이인데도 산을 돌아다녀야 하는 불편을 덜고자 산을 옮기려 했다는 우공의 일화를 차용한 닉네임으로, 노무현 대통령의 철학이 그대로 반영된 닉네임이기도 했다.

"할 수 있는 일이 이것뿐이다." 그러나 이 말을 뒤집어 보면 그에게는 아직 '할 수 있는 일'이 있었다는 뜻이기도 하다. 초록은 대통령 재임 기간의 정책과 대통령으로서 하고자 했던 일, 그리고 미래 비전을 아우르고 있다. 그러나 그런 의욕과 동시에 곳곳에 '좌절'의 문장들이 박혀 있다. 그는 특히 '정치'라는 직업, 그리고 '대통령'이라는 직업에 대해 깊은 회의감을 표현한다. 그 몇 가지 문장들만 뽑아 보자.

> 대통령이 되려고 한 것이 오류였던 것 같다.
> 부러운 친구들. ○○○
> 인간으로서 실패의 길이 아닐까.
> 정치 하지 마라.
> 빚이 많은 사람, 혼자서는 아무것도 할 수 없는 직업.
> 대책 없는 사람, 생활비를 설명할 수 없는 사람들.
> 그래도 품위와 모양을 갖추어야 하는 사람들.
> 노후 대책이 없는 사람들.
> 친구도 고향도 다 잃어버린 사람들.
> 유혹에 빠지기 쉬운 직업, 거짓말 안하고 살 수 없는 사람.
> 싸움이 직업인 사람, 적이 많은 직업, 욕먹는 직업, 상처가 많은 사람.

노무현 대통령이 그즈음 친구나 동지들에게 "당신은 정치 하지 마라."라는 말을 자주 했다는 사실은 이미 여러 차례 알려진 바 있다. 그만큼 정치인과 대통령으로서 받은 상처와 좌절이 컸던 것이다. 그럼에도, 노 대통령은 곳곳에 당시 자신을 옥죄고 있던 '도덕성'이라는 화두에 대해 견해를 밝히고자 하는 의지를 드러내기도 한다.

대통령 이전부터 해답을 찾으려고 노력했으나 답을 찾지 못한 이야기들.
인간의 도덕적 역량은 스스로의 파멸을 막을 만큼 현명한 것일까?
일국적 대응으로 해결하기가 곤란한 문제들.

정치의 승패가 도덕성 하나에 의지하는 것은 아니다.

그런가 하면 의외다 싶을 정도로 평소 그의 글답지 않은 문장도 등장한다. 그러나 그 문장 뒤에는 꼭 단서가 붙었다. 그의 결벽성을 증명하는 문장들이다.

너그럽게 용서하고 따뜻하게 포용해 주기를 바란다.
그러나 민주주의와 역사의 진보에 부담이 되지 않았으면 좋겠다.

나는 변명하고 싶다.
그러나 그럴 수는 없다.

용서와 포용과 변명을 말하면서도 동시에 그것이 역사에 부담이 되지 않는 선이어야 할 거라고 선을 긋고 있다. 그는 그런 사람이었다. 그 결벽성이 그를 진퇴양난의 사지로 몰고 간 것일까. 그러나 회고록 초록에는 "사법절차의 결정을 운명으로 받아들일 준비를 하고 있다."라는 문장도 분명히 등장한다. 어떻든 이때까지만 해도 그는 죽음이 아니라 삶의 쪽에 서 있었다.

그런데 그는 왜 갑자기 삶에서 죽음으로 건너뛰어 가버린 것일까? "할 수 있는 일이 이것뿐이다."라고 했지만, 그래도 분명히 '할 수 있는 일'이 있었던 그가 왜 갑자기 '글도 쓸 수 없고 책도 읽을 수 없는' 상황에 빠지고 말았던 것일까?

잔인한 4월, 유폐된 대통령의 봄

2008년 12월 5일, 쌀쌀한 겨울바람이 불고 있었지만 햇살이 좋았다. 그날도 사저 앞에는 수십 명의 사람들이 모여 서서 "대통령님, 나와 주세요!"라고 외치고 있었다. 잠시 후 그가 모습을 드러냈다.

"오늘 인사로 금년 인사를 마감했으면 좋겠습니다. 오늘 인사를 마지막 인사로 하고요, 내년에 날씨 좀 따뜻해지면 그때 다시 인사드리러 나올 겁니다."

2008년 12월 5일
봉하마을 방문객 마지막 인사

그날은 노건평 씨가 구속 집행된 다음날이었다. 그것을 의식한 듯 그는 인사말에 이어 말했다.

"전직 대통령으로서의 도리도 있겠지만, 가족으로서 형님의 동생으로서의 도리도 있기 때문에 당장은 사과하기가 어렵습니다. 형님이 혐의를 완강히 부인하고 있는데 여기서 사과를 해 버리면 형님의 피의 사실을 인정해 버리는 결과가 될 수 있습니다. 양해해 주시기 바랍니다."

그 말을 끝으로 그는 사저로 들어갔다. 그것이 방문객에 대한 그의 마지막 인사였다. "내년에 날씨 좀 따뜻해지면 다시 인사드리러 나올 것"이라고 했지만, 해가 바뀌고 따뜻한 봄이 돌아와도 다시는 노 대통령의 환한 얼굴은 볼 수 없었다. 이후에도 방문객들은 여전히 그의 사저 앞에 몰려서 "대통령님, 나와 주세요!"를 외치고 있었지만, 그는 나오지 않았다. 아니, 그는 나올 수가 없었다. 그의 사저는 '집'이 아니라 '감옥'으로 변해 가고 있었다.

그 얼마 후부터 사저는 서서히 언론사의 취재차량으로 포위되기 시작했다. 언론의 집요한 취재 때문에 공식 행사는커녕 개인적 외출도 거의 하지 못했다. 2009년 4월에 접어들자 아예 수십 명의 언론사 기자들이 카메라를 설치해 놓고 상주하다시피 했다. 곳곳에 포진된 카메라가 사저 안팎의 일거수일투족을 쫓고 있었다. 사저 안마당에 나와 맨손체조라도 할라치면 그 모습이 어김없이 카메라에 잡히곤 했다.

대통령의 사저는 안채와 사랑채, 집무실 등이 하나로 이어져 있지 않고 각각 독립된 구조였다. 사랑채와 안채가 구분돼 있던 한옥의 가옥 구조를 옮긴 것이었다. 그래서 대통령이 식사를 하려면 안채에서 밖으로 나가서 부엌 쪽으로 가야 했다. 한옥의 가옥 구조를 좋아해 그렇게 지은 것인데, 이제 그게 족쇄가 됐다. 식사를 하려고 이동하는 대통령의 모습까지 카메라에 잡혀 신문에 실리기에 이른 것이다. 방문객이라도 찾아올라치면 그 사람이 사저로 들어간 시간과 나온 시간까지 체크되었다. 그리곤 "그는 왜 왔을까?" "사법처리 대책을 논의한 듯"과 같은 소설이 쓰였다. 그는 방문객들의 내방마저 만류해야만 했다.

대통령 가족이 겪는 고통도 고통이지만 농사철에 접어든 봉하마을 주민들의 불편도 여간 큰 게 아니었다. 마을의 골목길은 언론사들의 취재차량으로 주차장이 되었고, 기자들은 지나는 주민 아무나 붙잡고 질문을 퍼부어 댔다. 여기저기 대놓은 차들 때문에 농기계를 움직이는 것도 불편할 지경이었다. 결국, 참다못한 주민들이 일어섰다. 4월 18일, 주민들은 기자회견을 열고, 과도하고 편파적인 언론 보도와 검찰 수사를 비난하기에 이른다. 기자회견을 마친 주민들은 펼침막 하나를 만들어 사저 앞에 쳤다. 사저를 찍으려고 고정해 놓은 언론사의 카메라를 막기 위함이었다. 흥분한 주민들은 트랙터를 몰아 기자들을 내쫓기도 했다. 노무현 대통령의 친구였던 이재우 씨(진영 단감조합장)는 당시 상황을 생각하면 분통부터 터진다며 울분을 토했다.

"4월 초부터 언론 기자들이 마을에 몰려와서 진을 치고 있었어요. 여기 와 봤으니 알 거 아닙니까? 가구 수라고 해 봐야 쉰 채 남짓밖에 안 되는 이 손바닥만한 마을에 수십 명씩 몰려와 그렇게 죽치고 있으니 그게 뭔 난리였겠소. 안 그래요? 오죽했으면 마을 사람들이 몰려가 기자들에게 항의를 했겠어요.

그때 내가 한 말이 그거요. 사람을 열 명 넘게 죽인 강호순을 잡았을 때 경찰이나 검찰이 어떻게 했어요? 모자 씌우고 마스크 씌우고 피의자 인권을 지킨다고 하지 않았어요? 그런데 전직 대통령에 대해서는 어떻게 했습니까? 사자바위며 부엉이바위까지 올라가 카메라를 펼쳐놓고 일거수일투족을 생중계하다시피 했어요. 내가 기자들을 잡고 항의를 하니까 뭐라고 하는 줄 압니까? '우리도 먹고 살라고 하는 일입니다.' 합디다. 먹고 살기 위해서 하는 일이 다른 사람에게 피해를 주고, 죽음으로까지 몰고 간다면 그게 사람이 해야 할 일입니까? 검찰 조사를 받으러 갈 때도 그래요. 방송사에서 헬리콥터를 띄워 중계방송 했어요. 조사 받으러 가는 것이 그렇게 생중계할 정도로 국민들이 알아야 할 사안입니까? 사람을 몰아도 유분수지……."

2009년 4월 21일, 노무현 대통령은 마침내 '사람사는세상' 홈페이지에 글 하나를 올린다. 〈저의 집 안뜰을 돌려주세요〉라는 제목의 글은 차라리 애원에 가까웠다.

언론에 호소합니다. 저의 집 안뜰을 돌려주세요.
한 사람의 인간으로서 부탁합니다.
그것은 제게 남은 최소한의 인간의 권리입니다.
저의 집은 감옥입니다. 집 바깥으로는 한 발자국도 나갈 수가 없습니다.
저의 집에는 아무도 올 수가 없습니다.
카메라와 기자들이 지키고 있기 때문입니다.
아이들도, 친척들도, 친구들도 아무도 올 수가 없습니다.
신문에 방송에 대문짝만하게 나올 사진이 두렵기 때문입니다.
아마 이상한 해설도 함께 붙겠지요.

오래되었습니다.
이 정도는 감수해야겠지요. 이런 상황을 불평할 처지는 아닙니다.
저의 불찰에서 비롯된 일이기 때문입니다.
그러나 그렇다 할지라도
인간으로서 지켜야 할 최소한의 사생활은 또한 소중한 것입니다.
창문을 열어 놓을 수 있는 자유, 마당을 걸을 수 있는 자유,

이런 정도의 자유는 누리고 싶습니다.
그런데 저에게는 지금 이만한 자유가 보장이 되지 않습니다.
카메라가 집안을 들여다보고 있기 때문입니다.

며칠 전에는 집 뒤쪽 화단에 나갔다가 사진에 찍혔습니다.
잠시 나갔다가 찍힌 것입니다.
24시간 들여다보고 있는 모양입니다.
어제는 비가 오는데 아내가 우산을 쓰고 마당에 나갔다가 또 찍혔습니다.
비 오는 날도 지키고 있는 모양입니다.
방안에 있는 모습이 나온 일도 있다고 합니다.
그래서 우리는 커튼을 내려놓고 살고 있습니다.
먼 산을 바라보고 싶을 때가 있습니다.
그런데 가끔 보고 싶은 사자바위 위에서 카메라가 지키고 있으니
그 산봉우리를 바라볼 수조차 없습니다.
이렇게 하는 것은 사람에게 너무 큰 고통을 주는 것입니다.

언론에 부탁합니다.
제가 방안에서 비서들과 대화하는 모습, 안뜰에서 나무를 보고 있는 모습,
마당을 서성거리는 모습, 이 모든 것이 다 국민의 알 권리에 속하는 것일까요?
한 사람의 인간으로서 간곡히 호소합니다. 저의 안마당을 돌려주세요.
안마당에서 자유롭게 걸을 수 있는 자유,
걸으면서 먼 산이라도 바라볼 수 있는 자유,
최소한의 사생활이라도 돌려주시기 바랍니다.

그 당시의 언론 취재가 얼마나 잔인하고 집요했는지가 그대로 드러
나 있다. 그들 역시 '해도 너무했다'는 생각이 들었던 것일까. 이 글이 게시

되고 나서 봉하마을에 상주하고 있던 취재진들은 기자단을 구성하기로 합의하고 노 대통령의 비서진에게 연락을 취했다. 말하자면 취재에 대한 협정을 체결하자는 뜻이었다. 방송사 카메라, 신문사 카메라, 지방지 1사로 구성된 기자단은 비서진과 만나 사저 내부는 촬영하지 않기로 약속했다. 그리고 비서진은 방문객 일정이 있으면 기자단에게 통보해 줄 것을 약속한다.

대통령의 담배

그즈음 노 대통령은 비서진에게 "감옥이 따로 없다."라고 말하곤 했다. 말 그대로 사는 게 아니었다. 사저는 유폐됐으며, 그는 위리안치된 패주와도 같았다. 서거 며칠 전부터는 식사를 거르는 일도 잦아졌다. 대통령은 사저 안에서도 집무실에만 칩거했다. 흡연량도 크게 늘었다. 그날 아침, 동행한 경호원에게 "담배 있는가?"라고 물었다는 '마지막 말'이 전해지며 수많은 이들을 눈물짓게 하였던 그 담배였다. 윤태영 전 대변인은 '대통령의 담배'에 대해 이렇게 쓰기도 했다.

봉하마을로의 귀향. 어쩌면 그것은 대통령이 금연을 할 수 있는 마지막 기회였는지도 모른다. 대통령은 담배를 피우고 싶은 생각이 들 때만 비서로부터 한 개비씩 제공받는 제한적 공급에 동의했다. 이 방식이 얼마나 담배를 줄이는 데 기여했는지는 알 수 없다. 하지만, 그나마의 끽연조차도 작년 말 건강진단 후에는 의료진의 강력한 금연 권고 앞에서 다시 중단될 수밖에 없는 위기에 처했다.

건강은 완벽한 금연을 요구하고 있었지만, 작년 말부터 시작된 상황은 대통령의 손에서 담배가 끊어지는 것을 거의 불가능하게 만들고 있었다. 담배, 어쩌면 그것은 책, 글과 함께 대통령을 지탱해 준 마지막 삼락(三樂)이었을지도 모르겠다. 마지막 남긴 글에서 말했듯이 책 읽고 글 쓰는 것조차 힘겨워진 상황에서는 대통령이 기댈 수밖에 없는, 유일하지만 허약한 버팀목이 아니었을까? 그러나 담배로는 끝내 태워 날려 버릴 수 없었던 힘겨움.

지금이라도 사저의 서재에 들어서면 앞에 놓인 책들을 뒤적이다가 부속실로 통하는 인터폰을 누르며 '담배 한 대 갖다 주게.' 하고 말하는 대통령, 잠시 후 배달된 한 개비의 담배를 입에 물고 불을 붙인 채 '어서 오게.' 하며 밝은 미소를 짓는 대통령, 이제는 다시 볼 수 없는 그 모습이 영결식을 앞두고 다시금 보고 싶어진다. 미치도록······.

〈대통령의 외로웠던 봄〉 중에서, 윤태영

얼마 후부터는 문재인, 전해철 변호사 등 사건을 담당하는 실무진 외에는 지인들의 방문마저 거절했다. 위로전화도 받지 않았다. 상황은 점점 더 불길해지고 있었다. 서거 3일 전, 친구였던 이재우 씨가 사저를 방문한다. 지인들의 방문을 막고 있었지만, 동네 사람인 그의 방문만은 막지 않았다. 당시 상황을 이재우 씨는 이렇게 말한다.

"통닭 하나 사 들고 찾아간 건데 사실 그때 힘든 거는 서로 말로 안해도 다 아는 거 아닙니까. 피곤한 기색이 역력했어요. 얼굴도 눈에 띄게 수척했고요. 말없이 앉아 있기만 했는데 내가 자꾸 말을 거니까 '답답하다, 나 때문에 우는 사람이 너무 많다.' 뭐 그런 말을 했던 것 같습니다. 그래도 워낙 강한 사람이니까 잘 이겨내려니 생각했지 설마 그런 생각을 하고 있을 줄 이야 감히 짐작도 못했습니다."

누군들 짐작이나 했을까. 지내놓고 생각하니 다 한스럽고, 그때 어떻게 좀 더 해봤어야 했던 거 아닌가 하고 가슴을 치는 것이지, 당시로선 그저 지켜볼 도리밖에 없었다. 지근거리에 있던 비서관들 역시 마찬가지였다. 대통령이 힘들어하면 할수록 더 조심스러울 수밖에 없었다. 그 봄의 상황은 윤태영 전 대변인의 글에 처연하게 묘사돼 있다.

사저 안마당으로 통하는 작은 대문이 입주한 이래 항상 열려 있었던 기억을 지워버릴 정도로 굳게 닫혀 있었다. 뒤편 가운데 위치한 대통령의 서재는 유난히 어둡고 침침해졌고, 남과 북으로 면한 통창의 절반 이상까지 황갈색 블라인드가 내려져 있었다. 따스한 온기를 담고 지붕 낮은 집을 찾던 남녘의 햇살은 대문 밖에서 서성이거나 안마당 위의 허공을 맴돌았다. 창문 틈의 그림자까지 잡아채려는 취재진들의 렌즈가 내뿜는 날카로운 시선으로부터 사적인 영역을 보호하려는 최소한의 조치가 만들어낸 사저의 분위기였다.

4월 중순, 대통령의 사저는 생기를 잃어 가면서 때로는 적막감마저 휘감고 돌았다. 그 안에 선 대통령은 유난히 머리가 희어 보였다. 사저를 둘러싸고 형형색색의 꽃들이 피어나 울적한 대통령을 위로하려 했지만, 대통령의 시야에 드는 것조차 힘겨워 보였다. 특유의 농담이 사라진 지는 이미 오래, 이제는 부산 사투리의 억양마저 없어진 듯 나지막하고도 담담한 대통령의 어조가 서재 밑바닥으로 조용히 가라앉고 있었다.

홈페이지 '사람사는세상'에는 위로와 격려의 댓글이 줄을 이었다. 그러나 대통령은 오히려 마음의 부담만이 커지고 있는 듯했다. 원래 사람을 좋아했고, 사람들과 같이 있는 것을 좋아했던 사람이기에 기약 없이 계속되는 혼자만의 시간이 더욱 길었을 법하다. 재임 시절 내내 은밀한 독대는 거부하면서 회의실 의자가 동이 나도록 사람들을 불러 모아 이야기하고 싶어 했던 대통령에게 홀로 앉은 텅 빈 서재는 참으로 낯선 풍경이었을 것이다.

4월 초의 어느 날, 대통령을 둘러싼 파란이 시작되기 1주일여 전, 대통령은 구술회의를 마치고 서재를 나서다가 무언가 아쉬움이 남은 듯 출입문 앞에서 갑자기 뒤를 돌아보더니 뜻밖의 이야기를 던졌다.

"내가 글도 안 쓰고 궁리도 안하면 자네들조차도 볼 일이 없어져서 노후가 얼마나 외로워지겠나? 이것도 다 살기 위한 몸부림이다. 이 글이 성공하지 못하면 자네들과도 인연을 접을 수밖에 없다. 이 일이 없으면 나를 찾아올 친구가 누가 있겠는가?"

차마 대답조차 할 수 없는 질문을 남긴 채 서재를 나선 대통령. 그 뒤에서 참모들은 한동안 멍하니 있거나, 아니면 뒤돌아서서 소리 없는 눈물을 삼켜야 했다.

〈대통령의 외로웠던 봄〉 중에서, 윤태영

외롭고 고독한 그 봄이 더는 견딜 수 없었던 것일까. 그 끝에서 그는 부엉이바위로 올랐다. 그러나 그 고독하고 외로웠던 봄에 그는 여전히

'일'을 말하고 있었다. 그런 그가 도대체 왜 그런 결정을 내려야만 했을까? 미완으로 남은 그의 회고록 초록에 남아 있는 또 다른 문장을 보자.

퇴임 후의 상황, 퇴임 후 문화에 대한 오해,
퇴임 후 사업이 불가능한 사회.
위험한 직업.
권력의 속성.
쑥밭이 되고 말았다.

바로 그거였다. 어쩌면 '책을 읽을 수도 글을 쓸 수도 없는' 상황, '쑥밭이 되고 만' 그 모든 상황은 바로 여기에서 비롯된 것인지도 모른다. 그가 보여준 '퇴임 후 문화' '퇴임 후 대통령'은 어쩌면 우리가 최초로 경험해 보는 것이었다. 그는 여전히 젊었고 여전히 의욕적이었으며, 그의 사저 앞에서는 날마다 "대통령님, 나와 주세요!"를 외치는 사람들이 있었다.

처음 경험해 보는 그 '퇴임 후'의 모습은 신선하고도 충격적이었다. 퇴임 며칠 뒤 구멍가게에 나와 앉아 담배를 피우던 사진을 시작으로 이 '퇴임 후의 대통령'은 '노간지'라는 유행어까지 만들어내며 연일 화제가 되었다. 자전거 손잡이에 검정 비닐봉지를 매달고 달려가는 대통령, 논두렁에 앉아 마을 사람들과 함께 막걸리를 마시는 대통령, 손녀딸과 아이스크림을 사먹는 대통령, 장화를 신고 모내기를 하는 대통령, 그 모든 게 처음 본 '퇴임 후의 대통령'이었다. 그는 재임 시절보다 더 큰 인기를 누리는 듯했다. 언젠가 그는 방문객들 앞에서 이렇게 말하기도 했다.

"죽어라 일할 때는 욕을 터지게 하더니, 이제 일 안하고 노니까 좋대요."

그게 화근이었는지도 모른다. 그때 촛불이 타올랐다. 이명박 정부의 지지율은 연일 하락하는 가운데, 그는 봉하에서 여전히 '노간지'가 되어 살고 있었다. 상황이 묘해지고 있었다. 얼마 지나지 않아 봉하마을에 수사의 칼바람이 불어 닥쳤고, 말 그대로 봉하는 '쑥밭'이 되고 만다.

2 불안한 증후의 서막

갈등의 시작

2007년 12월 28일, 이명박 당선인은 청와대를 방문한다. 그때 그는 "전임자를 잘 모시는 전통을 반드시 만들겠다."라고 말했다. 그러나 대통령직 인수위원회의 일방적인 활동으로 인해 파열음이 생기기 시작한다.

일례로 참여정부 임기 말인 2008년 1월 28일, 당시 노무현 대통령은 이명박 당선인의 대통령직 인수위원회의 '정부조직법 개편안'과 관련해 "새 정부의 가치를 실현하는 법은 새 대통령이 서명 공포하는 것이 맞다."라며 실질적인 거부권 행사 의사를 거듭 밝힌다. 당시 노 대통령은 기자회견을 갖고 통일부 등 부처 통폐합의 부당성을 조목조목 반박하였다. 아울러 "정보통신부는 왜 생겼는지 아느냐. 과학기술부는 언제 왜 생겼는지 생각해 보았느냐. 여성부는 왜 생겼고, 왜 여성가족부로 확대 개편됐는지 그 철학적 근거가 무엇인지 살펴보았느냐?"라고 따져 물었다. 그리고 절차 문제와 관련해서도 "참여정부에서 수년에 걸쳐 공들여 다듬은 정부조직에 대해 인수위 출범 20일 만에 개편안을 확정하고, 이를 불과 1~2주 만에 국회에서 처리하자고 한다."면서 "이처럼 큰일이 정말 토론이 필요 없는 일이냐?"라고 물었다. 노 대통령은 특히 "인수위에 충고한다."면서 "인수위는 법에서 정한 일만 하시기 바란다." 라고 일침을 가했다.

그러나 인수위는 각 부처 공무원들에게 참여정부의 정책을 평가하라고 요구하는 한편, 새 정부의 정책을 입안하여 보고하라고 지시 명령한다. 이에 대해 노 대통령은 "이것은 인수위의 권한 범위를 넘는 일이다. 그러나 어느 공무원이 장래의 인사권자에게 부당하다 말할 수 있겠느냐?"라고 따졌다. 그러면서 "참여정부의 가치를 깎아내리는 일, 그것도 공무원으로 하여금 그 일을 하게 하는 일은 새 정부 출범 후에 하시기 바란다."라고 요구했다.

이명박 정부 출범 후 갈등은 더 증폭된다. 한나라당 안상수 원내대표는 2008년 3월 11일 국회에서 열린 주요당직자회의를 통해 "김대중, 노무현 추종세력인 국정 파탄세력이 국가 사회의 중요 자리에 남아 있다." 라고 비판하며 "정권이 바뀌었는데도 그 자리에서 이명박 정부의 발목을 잡고 있는 세력은 하루빨리 사퇴하라."고 주장한다. 참여정부에서 임명된 정부 산하기관장에 대해 지휘감독권을 발동할 것이라고도 했다. 이후 법률적 임기보장 조항을 이유로 사퇴요구를 수용하지 않은 기관장에 대한 감사가 실시된다. 참여정부 시절 임명된 기관장들은 이명박 대통령에 대한 정부부처 업무보고 자리에 참석하지 말라는 지시도 내려왔다. 당시 이명박 정부로부터 사퇴를 강요받은 주요 기관장은 아래와 같다.

- 언론·문화계

박래부 언론재단 이사장, 정운현 언론재단 연구이사(전 오마이뉴스 편집국장), 정순균 방송광고공사 사장(전 국정홍보처장), 장행훈 신문발전위원회 위원장, 강기석 신문유통원 원장, 김윤수 국립현대미술관 관장, 김정헌 문화예술위원회 위원장 등

- 공기업·정부 유관기관

이우재 한국마사회 회장, 이해성 한국조폐공사 사장, 손주석 환경관리공단 이사장, 이재용 건강보험공단 이사장, 김완기 공무원연금관리공단 이사장, 서범석 사학연금공단 이사장, 김삼웅 독립기념관장 등

주요 기관장에 대한 사퇴 압박은 더욱 강화되었다. KBS, YTN 등 언론기관의 사장도 사퇴 압력을 받는다. 법령에 의해 임기가 보장된 기관장 일부가 사퇴를 거부하자 감사원과 검찰의 사정이 이어졌고, 그들은 횡령, 뇌물수수 등의 혐의로 기소된다. 그들이 받았던 혐의는 이후 대부분 무혐의로 입증된다. 그 한 예로 정연주 KBS 사장의 경우, 국세청을 상대로 한 세금 소송에서 법원의 조정 권고를 받아들인 것이 결과적으로 KBS에 1,890억 원의 손해를 끼쳤다는 배임 혐의로 기소됐는데, 이 혐의는 2009년 8월 18일 법원에 의해 무죄로 판명난다. 결국 참여정부 인사에 대한 '솎아내기'인 측면이 강했다.

그 얼마 후 급기야 대통령기록물 유출사건이 터진다.

대통령기록물 사건

"야~! 기분 좋다!"

2008년 2월 25일 퇴임식 후 고향에 도착하여 외친 일성이었다. 경남 김해시 진영읍 본산리 봉하마을, 50여 가구가 모여 사는 이 조그만 마을로 대통령은 돌아왔다.

2008년 2월 25일
봉하마을 퇴임 환영식

노 대통령은 귀향 직후 마을 앞 승수로 정비를 시작으로 화포천 습지 정화활동에 이어 친환경 오리농법으로 '봉하 오리쌀' 재배, 장군차 식재, 마을 뒷산인 봉화산 나무 가지치기 등 환경 정화활동에 주력했다. 김해 지역 장군차 재배지 방문, 진주시 집현면의 우수 조림지 견학, 진주 산림박물관 방문, 함평 나비축제 견학, 강원도 지역 방문 등 농촌 살리기 관련 현장도 방문했다. 그 과정에서 봉하마을 사저는 김해 지역 내에서 최고의 관광 명소로 떠올랐고, 하루 평균 7~8천 명이 방문하기 시작했다. 그러나 평화는 오래가지 못했다.

귀향 4개월여 만인 6월 12일, 마침내 '청와대 기록물 유출 의혹'이 제기된다. 청와대가 "노 전 대통령이 퇴임 후 사저로 가져간 대통령기록물을 모두 반환하라."고 요구하고 나선 것이다. 당시 노무현 대통령은 참여정부의 문서관리 시스템이었던 e-지원 시스템 사본을 가지고 있었다. 노 대통령은 재임 중 각종 보고서를 e-지원 시스템을 통해 열람 처리한 터라 참여정부에서 생산한 대통령기록물을 보기 위해서는 e-지원 시스템을 통해서 볼 수밖에 없었다.

e-지원 시스템 사본을 가져오게 된 경위는 이러했다.

전직 대통령은 재임 중 국정운영 기록을 열람할 수 있는 권한이 법적으로 보장되어 있었다. 그러나 국가기록원 측이 "봉하마을에서 e-지원 자료를 열람하려면 전용선을 설치하는 등 준비 기간만 1년 정도 필요하다."라며 즉시 열람이 어렵다고 했다. 그래서 시스템이 갖춰질 때까지 자료를 열람하기 위해 사본을 갖고 나온 것이었다.

잘 알려져 있다시피 노무현 대통령은 기록물에 대한 애착이 유별났다. 늘 "기록물은 역사이고 역사는 기록하는 자의 몫이기에 역사의 사초가 되는 자산을 철저히 보존해야 한다."라고 말하곤 했다. 노 대통령은 재임 중 국가기록원에 새롭게 대통령기록관을 만들고 역대 대통령이 남긴 기록물 관련 업무를 수행할 수 있는 독립적인 조직 운영을 보장했다. 노 대통령은 이후 대통령기록관에 넘겨질 참여정부의 대통령기록물이 공무원은 물론 연구자와 일반 국민에게 제공돼 국가정책에 대한 이해를 높이는 자산이 될 것이라 확신했다.

이후 임기를 마치며 참여정부가 국가기록원 대통령기록관에 이관한 기록물의 양은 엄청났다. 종류별로 종이 기록이 50만여 건, 전자 기록(웹 기록 포함)이 700만여 건, 시청각 기록 약 70만 건, 역대 대통령 선물

및 박물(대통령 상징물 포함) 5천여 건 등 모두 825만 건에 달한다. 역대 대통령의 기록물을 모두 합친 양이 총 33만여 건에 그친 점을 감안하면 실로 엄청난 양이다. 2009년 2월 현재 대통령기록관이 소장하고 있는 대통령기록물 현황을 보자.

● 대통령기록관 소장 대통령기록물 현황 (2009. 2 기준)

구분	문서류 (간행물 포함)	시청각	전자기록	행정박물	합계 (원 / 건 / 점)
이승만	4,029	3,387	0	0	7,416
허정(권한대행)	172	13	0	0	185
윤보선	1,572	468	0	0	2,040
박정희	25,501	12,046	0	67	37,614
최규하	909	1,283	0	0	2,192
박충훈(권한대행)	66	3	0	0	69
전두환	16,221	26,181	0	133	42,535
노태우	8,476	12,667	0	68	21,211
김영삼	13,812	3,091	0	110	17,013
김대중	149,709	20,466	30,624	15	200,814
노무현	508,901	695,334	7,046,375	5,868	8,256,478
이명박(인수기관)	6,302	118	44,774	33	51,227
합계	735,670	775,057	7,121,773	6,294	8,638,794

- 이 자료는 대통령기록관 홈페이지(http://www.pa.go.kr/index.jsp) → 기록공개 → 기록물 현황에서 확인할 수 있음

이렇게 참여정부의 기록물이 많이 생산되고 이관될 수 있었던 배경은 노 대통령이 직접 개발한 e-지원 시스템이라는 업무관리 시스템 덕분이었다. 이관된 참여정부의 기록물은 대통령의 직무수행 과정 일체를 기록한 e-지원 시스템의 기록물 약 60여 만 건이 포함되어 대통령기록물 관리를 획기적으로 진전시켰다는 평가를 받았다. 이러한 전자기록물을 대통령비서실 기록 관리 시스템에서 영구보존포맷 변환 후

대통령기록관으로 이관한 것이다.

이명박 정부가 갑자기 봉하마을 측에 돌려달라고 요청한 대통령기록물은, 노 대통령이 퇴임 후 연구 등 집필 작업을 위해 참여정부의 대통령기록물 사본을 봉하마을로 가져온 것을 말하는 것이었다. 이명박 정부는 이 기록물에 인사자료 등이 포함되어 있다고 봤다. 청와대는 노무현 대통령이 봉하마을로 가져간 기록물과 관련해 "전임 청와대가 자료를 제대로 넘겨주지 않았다." "인사 파일을 넘겨주지 않아 어려움을 겪었다."라고 비판했다. 이어 "e-지원 기록물 등 대부분의 대통령기록물을 대통령기록관에 이관하도록 했으나, 새 정부에는 청와대 홈페이지와 e-지원 기록물·비전자 기록물의 일부만을 남겼다. 특히 인사 파일, 북핵 문서, 자료 목록 등 국정운영의 필수 자료가 누락됐다."라고 주장했다.

그러나 봉하마을로 가져온 대통령기록물 중 '인사검증 파일'이라는 것은 없었다. 단지 청와대 국정브리핑을 발송하기 위한 e-메일 리스트만 있을 뿐이었다. 당시 노 대통령은 퇴임 뒤 쌍방향 토론 사이트인 '민주주의 2.0' 구축에 힘을 쏟고, 참여정부 출신 학자들로 구성된 싱크탱크 형태의 '연구재단'을 기획하고 있었다. 이런 움직임이 알려지면서 '노무현 대통령의 정치세력화 의혹'이 언론을 통해 확대되어 갔다. 언론은 노 대통령이 구상 중인 '민주주의 2.0' 사이트와 봉하마을로 가져간 국정자료의 연계까지 점쳤다. 이에 대해 당시 김경수 비서관은 한 언론과의 인터뷰에서 이렇게 밝힌다.

"노 대통령님께서 구상하시는 민주주의 2.0 사이트는, 대안 없는 비판으로 사회적 갈등만 조장할 게 아니라 책임 있는 국민적 토론 마당을 열어 주자는 개념으로 만든 것입니다. 그런데 그런 사이트에 국정자료를 연결하는 것은 기술적으로도 어려울 뿐만 아니라, 연결할 생각조차 해본 일이 없습니다. 그리고 이런 내용을 모두 이미 청와대에 누누이 설명도 했습니다. 그럼에도, 정치세력화 운운하는 것이 오히려 그쪽에서 정치적 의도가 있는 공세라고 밖에는 달리 생각되지 않습니다."

노 대통령도 "회고록이나 국정 경험에 대해 글을 쓰자면 자다가도 일어나서 확인해야 한다. 집에서 보게 해 달라는 게 내 요구사항일 뿐"이라며, 오직 집필이 자료 확보의 이유라고 분명히 밝혔다. 하지만, 청와대의 반발은 점점 더 거세졌다. 청와대는 "국가기록물 유출은 불법"이라며, 국가기록원이 이호철 전 민정수석 등 유출 관련 참여정부 인사를 고발하는 등 전방위적 압박에 나선다. 이에 6월 14일 12시게 노 대통령은 사저 회의실에서 이 대통령에게 직접 전화를 한다. 이 통화에서 이명박 대통령은 "불편이 없도록 하는 방법이 뭔지 내가 한 번 챙겨 보겠다."라고 말했다. 그러나 상황은 변하지 않았고, 결국 노무현 대통령은 7월 16일 〈이명박 대통령께 드리는 편지〉를 통해 "기록물을 돌려주겠다."라고 선언한다.

〈 이명박 대통령께 드리는 편지 〉

이명박 대통령님,
기록 사본은 돌려드리겠습니다.
사리를 가지고 다투어 보고 싶었습니다.
법리를 가지고 다투어 볼 여지도 있다고 생각했습니다.

열람권을 보장받기 위하여 협상이라도 해보고 싶었습니다.
그래서 버티었습니다.

모두 나의 지시로 비롯된 일이니 설사 법적 절차에 들어가더라도 내가 감당하면 될 것이라고 생각했습니다. 그런데 이미 퇴직한 비서관, 행정관 7~8명을 고발하겠다고 하는 마당이니 내가 어떻게 더 버티겠습니까? 내 지시를 따랐던, 힘없는 사람들이 어떤 고초를 당할지 알 수 없는 마당이니 더 버틸 수가 없습니다.

이명박 대통령님,
모두 내가 지시해서 생겨난 일입니다. 나에게 책임을 묻되,
힘없는 실무자들을 희생양으로 삼는 일은 없도록 해주시기 바랍니다.
기록은 국가기록원에 돌려드리겠습니다.

"전직 대통령을 예우하는 문화 하나만큼은 전통을 확실히 세우겠다."

이명박 대통령 스스로 먼저 꺼낸 말입니다.
내가 무슨 말을 한 끝에 답으로 한 말이 아닙니다. 한 번도 아니고 만날 때마다, 전화할 때마다 거듭 다짐으로 말했습니다. 그 말을 듣는 순간에는 자존심이 좀 상하기도 했으나 진심으로 받아들이면서 '감사하다'고 말씀드렸습니다. 그리고 은근히 기대를 하기도 했습니다.

그 말씀을 믿고 저번에 전화를 드렸습니다.
"보도를 보고 비로소 알았다." 라고 했습니다.

이때도 전직 대통령 문화를 말했습니다. 그리고 부속실장을 통해 연락

을 주겠다고 했습니다. 그래서 선처를 기다렸습니다. 그러나 한참을 기다려도 연락이 없어서 다시 전화를 드렸습니다. 이번에는 연결이 되지 않았습니다.

몇 차례를 미루고 미루고 하더니 결국 "담당 수석이 설명드릴 것이다."라는 부속실장의 전갈만 받았습니다. 우리 쪽 수석비서관을 했던 사람이 담당 수석과 여러 차례 통화를 시도해 보았지만 역시 통화가 되지 않았습니다.

지금도 내가 처한 상황을 믿을 수가 없습니다.
"전직 대통령은 내가 잘 모시겠다."
이 말이 아직도 귀에 생생한 만큼, 지금의 궁색한 내 처지가 도저히 실감이 나지 않습니다. 내가 오해한 것 같습니다. 이명박 대통령을 오해해도 크게 오해한 것 같습니다.

이명박 대통령님,
가다듬고 다시 말씀드리겠습니다.
기록은 돌려드리겠습니다. 가지러 오겠다고 하면 그렇게 하겠습니다. 보내 달라고 하면 그렇게 하겠습니다.

대통령기록관장과 상의할 일이나 그 사람이 무슨 힘이 있습니까? 국가기록원장은 스스로 아무런 결정을 하지 못하는 것 같습니다. 결정을 못하는 수준이 아니라, 본 것도 보았다고 말하지 못하고, 해 놓은 말도 뒤집어 버립니다.
그래서 이명박 대통령에게 상의 드리는 것입니다.

이명박 대통령님,

질문 하나 드리겠습니다.
기록을 보고 싶을 때마다 전직 대통령이 천 리 길을 달려 국가기록원으로 가야 합니까? 그렇게 하는 것이 정보화 시대에 맞는 열람의 방법입니까? 그렇게 하는 것이 전직 대통령 문화에 맞는 방법입니까? 이명박 대통령은 앞으로 그렇게 하실 것입니까?

적절한 서비스가 될 때까지 기록 사본을 내가 가지고 있으면 정말 큰일이 나는 것 맞습니까? 지금 대통령기록관에는 서비스 준비가 잘되고 있는 것으로 알고 있습니까? 언제쯤 서비스가 될 것인지 한 번 확인해 보셨습니까? 내가 볼 수 있게 되어 있는 나의 국정 기록을 내가 보는 것이 왜 그렇게 못마땅한 것입니까?

공작에는 밝으나 정치를 모르는 참모들이 쓴 정치소설은 전혀 근거 없는 공상소설입니다. 그리고 그런 일이 기록에 달려 있는 것은 더욱 아닙니다.

이명박 대통령님,
우리 경제가 진짜 위기라는 글들은 읽고 계시지요?
참여정부 시절의 경제를 '파탄'이라고 하던 사람들이 지금 이 위기를 어떻게 규정하고 있는지 모르지만, 아무튼 지금은 대통령의 참모들이 전직 대통령과 정치 게임이나 하고 있을 때가 아니라는 사실 정도는 잘 알고 계시리라 믿습니다.

저는 두려운 마음으로 이 싸움에서 물러섭니다.
하느님께서 큰 지혜를 내리시기를 기원합니다.

      2008년 7월 16일
      16대 대통령 노무현

내 마음속 대통령

노 대통령은 위 편지 글을 청와대 부속실을 통해 이명박 대통령에게 보낸 직후, '사람사는세상' 홈페이지에 올린다. 이에 대해 청와대 이동관 대변인은 환영의 뜻을 밝히면서 "거듭 말하지만 이것은 정치적 문제가 아니라 법과 원칙의 문제"라며 "대통령도 법 아래 있는 것이고 그래서 이 대통령도 당선인 시절 BBK와 관련해 검찰 조사에 응했던 것 아니냐."라고 강조했다. 그러나 이것으로 끝난 게 아니었다. 동조가 뒤따랐다. 차명진 한나라당 대변인은 자신의 홈페이지에 논평을 발표한다. 다음은 그 논평의 전문이다.

〈 노무현 전 대통령님께 드리는 편지 〉

노무현 전 대통령님!
뒤늦게나마 가져가신 서류를 돌려주시기로 결심하신 것은 참 잘하셨습니다. 그러나 너무 궁색하게 토를 다신 것이 아닌가 싶습니다.

노무현 전 대통령님! 한 국가를 운영했던 큰 지도자께서 재직 때 기록이 뭐가 그리 아쉽습니까?

재임 시절 기록 중에 혹시나 부담스러운 내용이 있는가요, 아니면 그 기록이 쫓기듯 퇴임한 노 전 대통령님의 정치적 재기를 위한 발판이 된단 말입니까? 그래서 법을 위반해 가며 슬쩍하셨나요?

전직 대통령 예우, 해 드려야지요. 그렇다고 국가기록을 슬쩍하신 범법 행위까지 없던 것으로 치부할 수는 없지요. 장물을 돌려달라고 하는 행위를 정치 게임으로 몰아붙이는 것도 참 궁색합니다.

경제위기 맞습니다. 이 위기의 씨앗이 언제 품어졌나 따져봅시다. 노 전 대통령께서는 세계경제가 호황일 때 오늘의 위기상황을 제대로 준비하셨나요? 그렇지 않으셨다는 것 본인께서 더욱 잘 아실 겁니다.

늦었지만 지금이라도 국가기록물이나 가져가지 마시고 경제위기 극복에 힘을 보태 주실 것을 간곡히 부탁드립니다.

무더위에 항상 건강에 유념하시기를 바랍니다.

2008. 7. 16.
한나라당 대변인 차 명 진

참으로 무서울 것이 없는 조롱이고 저주였다. 임기를 마치고 합법적인 정권이양 후 퇴임한 전임 대통령에게 "쫓기듯 퇴임했다."라는 악의적 표현을 하는가 하면, "법을 위반해 가며 슬쩍했나?"라면서 잡범 취급을 하고 있다. "전직 대통령 예우, 해 드려야지요."라고 비아냥대다 마지막에는 경제 위기에 힘을 보태라는 충고까지 곁들이고 있다.

이틀 후 노 대통령 측은 봉하마을로 가져온 기록물이 저장된 컴퓨터 서버 하드디스크 14개와 카피 14개를 승용차 2대와 승합차 1대에 나눠 싣고 가 경기도 성남의 국가기록원 산하 대통령기록관에 반납한다.
그 며칠 뒤인 2008년 7월 24일, 뉴라이트전국연합은 노 대통령을 비롯한 임상경 대통령기록관장, 전 대통령비서실 기록관리비서관실 전원,

전 국가안전보장회의 요원 중 대통령기록물 인수인계 관련자 및 주식회사 '디네드'를 검찰에 고발한다. 그날 오후, 국가기록원은 노무현 대통령의 비서진을 대통령기록물을 무단으로 외부에 빼돌린 혐의(대통령기록물 관리에 관한 법률위반)로 서울중앙지검에 고발한다. 이후에도 논란은 계속됐다. 그 모든 과정을 일지 순으로 보면 이렇다.

- **대통령기록물 반환 논란 일지**

3월 23일	정상문 전 총무비서관이 김백준 당시 총무비서관을 만나 e-지원 기록물 사본 시스템 구축 경위를 설명.
4월 초순	대통령기록물의 원상 반환 요청(현 총무비서관과 전 총무비서관 간, 당시 대통령 실장과 전 대통령 비서실장 간 전화).
4월 18일	이명박 대통령실, 봉하마을 비서실에 참여정부 생산 대통령기록물의 원상 반환 요청 공문 발송.
4월 22일	청와대, "3월 초 청와대 구 국가안전보장회의 개인 PC 해킹은 참여정부 책임"이라고 발표.
5월 중	문재인 전 실장이 류우익 당시 대통령 비서실장과 3회에 걸쳐 전화로 e-지원 기록물 사본에 대해 협의.
6월 4일	국가기록원, 봉하마을에 대통령기록물 원상 반환 요청 공문 발송.
6월 12일	대통령기록물 불법 반출 사실 언론 보도, 국가기록원장 봉하마을의 e-지원 시스템 가동 중단 전화 요청.
6월 14일	노 전 대통령, 이명박 대통령에게 전화로 e-지원 기록물 사본에 대해 설명하자, 이 대통령은 "챙겨 보겠다."고 함.
7월 7일	청와대, "기록물 유출은 실정법상 명백한 불법행위, 양해할 사안이 아니다."라고 발표.
7월 10일	한나라당, "사이버상 상왕 노릇 하려고 자료 유출" 비난.

7월 12일	보수시민단체 '국민 의병당', 노무현 전 대통령을 절도 혐의로 서울중앙지검에 형사 고발.
7월 18일	노 전 대통령, 기록물이 저장된 컴퓨터 서버 하드디스크 14개와 카피 14개를 일반 승용차 2대와 승합차 1대에 나눠 싣고 국가기록원 산하 대통령기록관에 반납.
7월 20일	청와대 관계자, "도둑이 장물 돌려줬다고 절도죄 없어지나." 발언.
7월 24일	오전 뉴라이트전국연합이 노 전 대통령과 임상경 대통령기록관장, 전 대통령비서실 기록관리비서관실 전원, 전 국가안전보장회의 요원 중 대통령기록물 인수인계 관련자 및 주식회사 디네드를 검찰에 고발. 이날 오후 국가기록원, 노무현 전 대통령의 비서진을 대통령기록물 관리에 관한 법률위반 혐의로 서울중앙지검에 고발.
7월 25일	임상경 대통령기록관장, 직무 정지.
7월 28일	서울중앙지검 첨단범죄수사부에 사건 배당, 수사 착수.
7월 29일	고발인인 국가기록원 관계자 조사 시작.
8월 5일	이날부터 노 전 대통령과 함께 고발된 행정관 및 비서관 10여 명에 대한 본격적인 소환조사 시작되어 10월 중순경까지 사실상 소환조사 마무리.
8월 21일	검찰, 오후 3시경 대통령지정기록물에 대하여 서울고등법원에 영장 청구. 서울고등법원장, 오후 5시경 대통령지정기록물에 대하여 60일간 열람만 허용하는 영장 발부, 사본 제작 불허.
8월 23일	서울중앙지방법원, 지정기록물을 제외한 모든 기록물에 대하여 열람, 사본 제작, 제출 모두 허용하는 영장 발부.
9월 2일	검찰, 국가기록원 대통령기록물에 대한 압수수색영장 집행.
10월 17일	검찰, 11시 국가기록원 대통령기록물에 대한 영장 집행 완료.
10월 29일	동아일보 최우열 기자, 〈검찰 e-지원 시스템 서버에 대한 분석 마치고 노 전 대통령에 대한 소환, 기소 고민〉 보도.
11월 14일	새벽 3시경 동아일보 최우열 기자, 단독 〈검찰 노 전 대통령 방문조사〉 보도. 같은 날 오후 12시 30분경 노 전 대통령 직접 검찰에 출석하여 조사받겠다는 입장 표명.

이날 오후부터 11월 말경까지 이미 소환조사를 마쳤던 행정관 및 비서관들 재소환 조사.

　　검찰은 대통령지정기록물을 제외한 모든 대통령기록물을 모두 압수하여 사본 제작을 하고, 대통령지정기록물까지 전체를 열람하는 전대미문의 거창한 수사를 해 놓고서도, 2009년으로 해가 바뀌어도 이 문제를 매듭짓지 않았다. 이는 대통령기록물 사건이 최종 목적이 아니라, 시작에 불과하다는 것을 알리는 불안한 증후의 서막이었다.[3]

3
대통령기록물 사건은 노 대통령의 경우 서거로 인해 자동으로 공소권 없음 처분되었지만, 사실상 모든 수사가 종료된 지 1년이 다 되어 가는 2009년 9월 27일 현재까지도 검찰은 함께 고발된 행정관 및 비서관 10여 명에 대한 사법처리 여부에 대해 최종 판단을 하지 않은 상태이다.

3 타깃을 향해 달려가는 칼

나올 때까지 턴다, 먼지떨이의 등장

이명박 정부가 들어서자마자 국세청이 움직이기 시작했다. 국세청은 2008년 3월부터 노 대통령의 주변을 조사하기 시작한다. 첫 번째는 정화삼 씨였다. 알려진 바대로 정화삼 씨는 노 전 대통령의 부산상고 동창으로 대선 때 노 대통령을 후원했던 기업인이다. 정치인과 후원자 그 이상도 이하도 아니었다. 국세청은 정화삼 씨가 월급사장으로 재직한 제주도 제피로스 골프장에 대한 세무조사를 한다.

뒤를 이어 6월 2일 검찰이 뛰어든다. 검찰은 국세청으로부터 일체의 세무조사 자료를 넘겨받아 본격적인 수사에 돌입한다. 또한, 검찰은 제피로스 골프장뿐 아니라 제피로스의 실 소유주인 정홍희 씨의 덕일건설, 로드랜드, 스포츠서울 21 등 다른 사업체들에 관한 자료까지 모두 받아 본격적으로 수사하고 있다고 밝힌다.

물론 수사의 종착점이 어디인지도 명확히 했다. 검찰의 수사 목표는 정화삼 씨가 관여한 회사의 비자금이 참여정부 관계자들에게 유입됐는지 여부에 있었다. 정화삼 씨가 목표가 아니라 참여정부 관계자가 수사의 목표란 뜻이다. 그리고 7월 2일, 정화삼 씨를 서울중앙지검 금융조세조사2부로 소환하여 조사를 벌인다.

　　이미 노 대통령 주변 인물에 대한 수사는 광범위하게 전방위적으로 시작되고 있었다. 당시 보도를 살펴보면, 폐기물 처리업체인 부산자원을 비롯해 강원랜드, 태광실업, KTF 등 기업 규모에 관계없이 검찰과 국세청의 수사 대상 업체들은 모두 참여정부 인사들의 연루설이 나돌았다. 특히 검찰 수사는 횡령이나 배임 등 단순한 기업비리가 아니라 '비자금 조성'에 초점을 맞추고 있었다. 사건의 파문이 어디까지 미칠지 누구도 예단할 수 없는 상황이었다. 언론은 검찰이 수사에 착수했다는 소식을 전하면서 '노 전 대통령의 측근', 또는 '참여정부 모 인사와 관련 있는', '구여권의 실세'와 관련이 있는지를 수사하고 있다고 연일 보도했다. 참여정부의 도덕성은 되풀이되고 확대되는 추측 보도로 심각한 타격을 입기 시작했다.
　　이즈음 이해찬·한명숙 전 총리, 이병완 전 비서실장 등 참여정부 고위인사에 대한 수사 움직임이 포착되고, 노 대통령의 후원자인 박연차 태광실업 회장에 대한 국세청 세무조사, 강금원 창신섬유 회장에 대한 검찰 수사가 본격화되었다. 국세청은 노무현 대통령의 후원자인 박연차 태광실업 회장이 운영하는 회사 두 곳을 세무조사했고, 탈세 정보가 포착됨에 따라 법무부에 박연차 회장에 대한 출국금지를 요청했다.
　　노 대통령의 허리수술 등으로 인연을 맺은 '우리들병원'에 대해서도 세무조사에 착수했다. '우리들병원'은 노 대통령이 1990년대 초반 잠시 자문변호사를 맡았던 병원으로, 2006년부터 한나라당은 우리들병원의 특혜 의혹을 주장하면서 국정조사를 요구하기 시작했다. 당시 우리들 병원 관계자는 "의료기관에 대한 세무조사가 비정기적인 점 등으로 볼 때 비자금 조성 등과는 상관이 없다. 그리고 진료의 전 부문이 전산화돼 있는 행정 시스템상 비자금을 조성한다는 것은 현실적으로 불가능하고, 있을 수도 없다."라고 말했다.

참여정부 인사들을 목표로 하는 수사가 진행되면서 언론에서는 빼먹지 않고 '측근'이라는 표현을 꼬박꼬박 붙였다. 이에 대해 노 대통령은 불편한 심기를 한마디로 표현했다. "요즘 보니 내 측근이 참 많더라." 측근은 바로 곁의 가까운 사람을 이르는 말이다. 이는 정치적 지향과 가치, 그리고 같은 길을 가는 사람이어야 붙일 수 있는 말일 것이다. "정화삼 씨만 하더라도 노 대통령과 부산상고 동창이라는 인연과 대선 때 도움을 준 것뿐인데, 그런 정도의 인연을 가지고 측근이라고 표현하는 것은 사리에 맞지 않는다."라고 천호선 전 대변인은 말한다.

이런 식으로 조금이라도 노 대통령이나 참여정부와 관련이 있는 사업체라면 모두 국세청의 조사 대상이 됐다. 심지어 노 대통령이 자주 가던 식당마저 세무조사의 표적이 될 정도였다고 한다. 이러한 표적 세무조사는 검찰 수사로 연결되었다. 일명 먼지떨이식 검찰 수사가 한창이던 2008년 9월, 민주당 백원우 의원은 "뚜렷한 혐의와 물증을 확보해 수사하는 것이 아니라, 일단 집어넣고 터뜨려 보자는 표적사정은 옳지 않다."라며 사정 당국을 강하게 비판했다. 그러나 한나라당 홍준표 당시 원내대표는 "정권이 바뀌니깐 비리첩보가 흘러들어 갔고, 수사를 안할 수 없는 것 아니냐?"라며 당연한 수사라고 반박했다.

그렇다면 실제 수사 사례를 통해 당시 검찰 수사의 성격을 보자.
참여정부의 이강철 전 시민사회수석에 대한 수사의 경우다. 검찰은 2004년 총선과 2005년 국회의원 보궐선거에 출마한 이강철 전 수석의 선거자금에 주목한다. 당시 이 전 수석의 자금 관리인으로 알려진 노모 씨를 통해 사업가 조모 씨에게서 2억여 원을, 조영주 전 KTF 사장에게서 5천만 원을, 그리고 김대중 전 두산중공업 사장과 정대근 전 농협중앙회 회장한테서도 각각 2천만 원과 1천만 원을 받았다는 진술을 확보한다. 이강철 전 수석은 김대중 전 사장과 정대근 전 회장으로부터 3천만 원을 받은 사실은 인정하지만, 사업가 조씨와 조 전 KTF 사장으로부터 직접 돈을 건네받은 일은 없다고 주장한다.

이강철 전 수석 쪽은 검찰의 수사 과정을 문제 삼는다. 실제로 이명박 정부 출범 이후 검찰 주변에서는 이 전 수석에 대한 각종 비리 의혹이 줄기차게 제기됐다. 하지만, 대부분은 사실과 다르거나 근거가 희박한 것으로 밝혀졌다. 말 그대로 '설' 수준에 불과했다.

그런데 일이 이상해진다. 예컨대 조영주 전 KTF 사장이 이 전 수석에게 건넸다는 5천만 원만 해도 2008년 KTF 납품비리 의혹사건이 불거졌을 때는 이 전 수석의 측근 노모 씨가 이 돈을 선거자금으로 받은 사실이 드러났지만, 이 전 수석이 직접 받거나 지시한 사실은 입증되지 않았다. 이게 2009년 2월에는 이상하게 뒤바뀐다. 이 전 수석과 막역한 사이로 알려진 조영주 전 KTF 사장은 2월 26일 노모 씨에게 돈을 건넨 자리에 이 전 수석의 부인인 황씨가 있었다고 말을 바꿨다. 2008년 "노씨만 따로 만났다."라던 자신의 진술과 정면으로 충돌하는 대목이다. 조 전 사장으로부터 선거자금을 건네받는 자리에 황씨가 있었다면, 이 전 수석은 정치자금법 관련 처벌을 피하기 어려워진다.

이 전 수석의 변호사인 이재화 씨는 검찰이 주요 참고인인 사업가 조모 씨, 조영주 전 KTF 사장에 대해 폴리바겐(형량협상)을 통해 허위 진술 유도 등 수사 방향을 원하는 쪽으로 조정했다고 주장한다. 그 근거로 사업가 조모 씨의 알선수재 혐의가 발견되었음에도 검찰은 입건조차 하지 않았고, 조씨의 알선수재와 정치자금 제공 혐의를 봐주는 대가로 검찰이 원하는 진술을 해줬다는 의혹이 있다고 말한다.

도덕성을 공격하는 언론 플레이도 이어졌다. 검찰은 이 전 수석을 구속하면서 그가 정치자금을 불법으로 받았을 뿐 아니라 명절 선물과 개인 기사의 월급까지 후원자에게 대납시켰다고 밝혔다. 그러나 이 전 수석 측이 밝힌 사실 관계는 이러하다. 우선 사업가 조씨가 검찰에서 진술했다는 '명절 한우 선물세트' 200여 개의 경우, 검찰은 이를 6천만 원 상당이라고 주장했다. 하지만, 이 전 수석 쪽은 조씨가 직접 운영하는 도축장에서 소 두 마리를 잡아 전달한 것인데, 검찰이 액수를 부풀리기 위해 이를 백화점 명품 한우 선물세트 가격으로 계산해 언론에 흘렸다고 지적한다. 그리고 운전기사의 월급 대납 부분에 대해서도 이 전 수석 쪽에서는 심하다는 반응이다. 이 전 수석의 측근은 "청와대 시민사회수석을 그만두고 차도 없이 다니는 그를 위해 후원자들이 나서 십시일반 차량 유지비를 모아 마련해 준 것인데, 검찰은 이 전 수석을 후원자에게 먼저 '낯

뜨거운 요구'를 한 파렴치한 사람으로 몰아갔다."라고 주장했다.

　　내사와 수사 과정에서 이 전 수석의 가족과 지인, 기업인 등 100여 명에 달하는 사람에 대해 계좌추적을 했고, 전화 진술 요구, 검찰 소환 등이 뒤따랐다. 심지어 그의 부인 황씨가 운영했던 음식점 고객들이 계산한 신용카드, 수표 등을 추적하여 검찰 수사관이 일일이 연락해 식당에서 식사한 이유와 이 전 수석과의 관계 등을 캐물은 것으로 알려졌다. 말 그대로 '털어서 먼지가 나올 때까지' 털어 가는 먼지떨이식 수사였다.

　　또 다른 대표적인 사례는 안희정 민주당 최고위원과 강금원 회장을 대상으로 한 검찰 수사다.[4] 우선 이른바 '이철상 게이트'라는 한 편의 소설부터 살펴보자. 대전지검 특수부는 2009년 2월, 이른바 '이철상 게이트' 수사에 매달려 있었다. 이철상 게이트는 휴대전화 제조업체 VK의 이철상 전 대표가 국고보조금 유용 등의 방식으로 비자금을 조성하고 나서 이를 안희정 민주당 최고위원 등 옛 여권 386 정치인에게 정치자금으로 건넸다는 의혹에서 출발했다. 이러한 의혹이 집중적으로 양산된 곳은 검찰 주변이었다. 당시 언론보도는 이랬다.

> 검찰은 이씨가 조성한 VK 비자금이 자금세탁을 거쳐 정치권 주변 모 인사의 차명 계좌로 꾸준히 유입됐고, 이 계좌로 강 회장의 자금도 흘러들어온 사실을 확인했다. 이어 검찰은 이 계좌에 입금된 돈이 다시 안희정 씨가 2004년 대선자금 사건 재판에서 선고받은 추징금 4억 9천만 원을 내는 데 사용된 사실을 밝혀냈다.

　　『조선일보』 2009년 2월 16일자

---

[4] 〈검찰 표적수사는 현재도 진행 중〉, 『한겨레21』 제764호, 2009년 6월 12일.

『조선일보』 보도의 '정치권 주변 모 인사'는 윤원철 전 행정관이다. 윤원철 전 행정관은 2000년대 초반 이철상 전 대표가 만든 한 업체에 3년간 근무한 경력이 있었다. 이러한 윤 전 행정관의 경력 때문에 검찰은 '이철상(강금원)-윤원철-안희정'으로 이어지는 밑그림을 그리고 돈거래 의혹을 언론에 흘린 것이다. 언론은 한술 더 뜬다. 『조선일보』 등은 "검찰은 VK의 고속성장 과정에서 이철상 전 대표가 참여정부 인사에게 정치자금을 제공했을 수 있다고 보고 있다."라는 식의 보도를 만들어낸다. 그러나 실상은, VK는 참여정부 출범 이전부터 급성장해 왔고, 오히려 참여정부 시절인 2006년에 부도가 난 회사였다. 이러한 허위사실은 '참여정부 인사' 가운데 핵심인 안희정 최고위원을 게이트에 끼워 넣으려고 검찰 주변에서 가공된 사실을 의도적으로 언론에 유출한 것이라고 볼 수밖에 없다는 게 안희정 최고위원 측의 주장이다.

　검찰 수사는 이철상 씨의 계좌추적을 통해 돈의 행방을 쫓는 데 집중되었다. 그러다 보니 과거 직원이었던 윤원철 전 행정관의 계좌가 발견된 것이다. 그렇다면 문제의 윤 전 행정관의 계좌는 어떤 것일까? 그 계좌는 바로 안희정 최고위원을 돕기 위해 만든 계좌였다. 안희정 최고위원은 2004년 대선자금 재판에서 4억 9천만 원의 추징금을 선고받았다. 안 최고위원으로서는 갚을 길이 없는 거액이었다. 이에 안 최고위원 주변에서는 이 사실을 알고 십시일반으로 돈을 모았다. 이때 모인 돈은 안 최고위원의 측근이었던 윤원철 전 행정관의 계좌로 입금되었다. 안 최고위원을 아꼈던 강금원 회장이 가장 많은 1억 원을 냈고 백원우·서갑원·이광재 의원도 각각 3천만 원씩 낸 것으로 전해졌다. 적게는

10만 원을 낸 사람도 있었다.

검찰은 이 사실을 바탕으로 윤 전 행정관에 대해 4월 말 구속영장을 청구했다. 강 회장이 낸 1억 원을 정치자금으로 규정하고 안 최고위원까지 수사한다는 것이 검찰의 계획이었다. '이철상 게이트' 수사가 어느새 안 최고위원의 정치자금 수사로 번진 것이다. 그러나 안 최고위원과 강 회장을 겨냥하기 위해 우선 윤 전 행정관을 구속하려 한 검찰의 시도는 수포로 돌아갔다. 대전지법 심규홍 영장전담 부장판사가 4월 25일 "아직 혐의가 구체적으로 밝혀지지 않은 다른 범죄 수사를 하려고 영장을 발부할 수는 없다."라며 제동을 건 것이다.

하지만, 검찰은 물러서지 않았다. 6월 1일 윤 전 행정관의 개인 알선수재 혐의를 보강해 구속영장을 얻어낸 것이다. 결국, 윤 전 행정관이 구속됨에 따라 검찰은 그를 매개로 이뤄진 강금원 회장과 안희정 최고위원의 정치자금법 위반 혐의에 대해 수사의 고삐를 쥘 수 있다는 계산이었다.

이후 '이철상 게이트'는 어떻게 됐을까? 우선 '이철상-윤원철-안희정 등'으로 이어지는 돈거래 의혹은 한 편의 소설로 판명됐다. 이철상 씨의 변론을 맡은 손차준 변호사는 재판 과정에서 "국고보조금 유용이라는 혐의로 수사가 출발했는데, 전 정권의 정치인들에 대한 정치자금 유입에 관해 집요하게 수사를 받았다."라며 "운동권 출신 기업인이라는 이유 때문에 검찰이 '털어서 먼지 안 나오겠느냐'는 식으로 수사했다."라고 검찰을 꼬집었다.

이러한 윤원철 전 행정관의 사례는 '표적 수사' '과잉 수사' 논란을 빚는 검찰의 수사 방식을 적나라하게 보여주는 상징적 사건이다.

우선 '표적 수사' 부분을 보자. 대검찰청은 2008년 12월 수사 전반에 대한 가이드라인을 담은 『검찰수사 실무전범』을 발간했다. 이를 보면 최초 수사 대상에서 파생된 별개의 사건을 수사하는 것은 적법하다고 규정했지만, 범죄가 아닌 특정인을 처벌할 목적으로 하는 수사는 금지한다고 명시했다. 하지만, 검찰은 이철상 전 VK 대표에 대한 수사 초기부터 '이철상-윤원철-안희정', 그리고 '강금원-윤원철-안희정' 등으로 이어지는 '개념도'를 미리 그려놓고, 수사의 초점을 안희정 최고위원과 강금원 회장에게 맞췄다는 의혹이 제기된다. "안 최고위원을 반드시 소환할 것"이라는 이야기도 대전지검에서 공공연히 흘러나왔다. 안 최고위원의 측근인 윤 전 행정관에 대해서도, 정치자금 전달 부분에 대한 혐의 입증이 어려워지자 결국엔 알선수재 혐의를 찾아내 구속한 것이다.

'먼지떨이식 과잉 수사' 관행도 문제로 지적된다. 역시 대검 『검찰수사 실무전범』에서는 "어떤 의도를 가지고 아직 알려지지 않은 다른 증거자료를 무차별적으로 확보하려 하면 과잉수사로 평가한다."라고 했다. 강금원 회장이 윤 전 행정관 계좌에 넣은 1억 원의 성격에 검찰이 주목한 것은 당연했다. 이건 거꾸로 말하면 검찰은 1억 원의 성격만 규명하면 된다는 뜻이기도 하다. 그러나 검찰은 그렇게 하지 않았다. 여기서 몇 걸음 더 나아가 포괄적으로 영장을 발부받고서 강 회장의 회계장부는 물론 부인 계좌와 가계부까지 들여다본 것으로 전해졌다. 강 회장이 소유한 시그너스 골프장도 압수수색을 당했다. 강 회장 쪽은 당시 "이미 몇 차례나 조사해서 더 할 내용도 없을 텐데, 심지어 차량에 보관 중이던 약까지 가져갔다."라고 말했다.

결국, 강금원 회장은 김해 창신섬유와 충주 시그너스 골프장의 회삿돈 230억여 원을 임의로 사용한 혐의로 구속되고 만다. 강금원 회장이 100% 지분을 가진 창신섬유와 시그너스 골프장이 서로 부족한 경영자금을 충당한 것이고, 게다가 곧바로 변제했다고 하는데, 검찰은 이를 횡령이라며 구속기소한 것이다.

윤 전 행정관의 계좌에 돈을 보낸 사람, 즉 모금에 참여한 사람들에 대해 무차별적으로 계좌추적을 한 것도 문제다. 이화영 전 민주당 의원도 피해자 가운데 한 명이다. 이 전 의원은 지난 4월께 농협으로부터 계좌추적 사실을 통보받았다. 농협은 '이철상 게이트'를 수사한 대전지검 특수부가 2008년 10월께 이 전 의원의 계좌 정보를 열어봤다고 그에게 알렸다. 이 전 의원은 6월 2일 『한겨레21』과의 인터뷰에서 "나 역시 안 최고위원의 추징금에 힘을 보태려고 200만 원을 건넨 적이 있는데, 검찰이 이를 빌미로 내 계좌를 들여다본 것으로 안다."라며 "참여정부 인사 가운데 이런 식으로 불필요한 계좌추적을 당한 사람이 많은데, 이렇게 계좌를 깐 뒤 정작 본 사건과 관계없이 당사자가 자주 가던 술집이나 밥집 등까지 일일이 조사한 것으로 파악하고 있다."라고 말했다. 이러한 사례는 수없이 많았다.

이른바 '박 게이트' 수사

노무현 대통령을 벼랑 끝으로 몰고 갔던 이른바

박연차 게이트라 불린 사건의 출발은 무엇이었을까?

　　박연차 회장에 대한 세무조사가 시작된 것은 2008년 7월 말, 공교롭게도 이명박 정부가 촛불시위로 한창 고전하고 있을 때와 일치한다. 당시 노 대통령은 인터넷 토론 사이트인 '민주주의 2.0'을 구축하는 등 왕성한 활동을 보였다. 퇴임 초기에 한때뿐일 것 같았던 방문객의 행렬도 줄어들기는커녕 아예 일상적인 봉하마을의 풍경으로 자리 잡아 가고 있었다. 방문객들은 매일 사저 앞에 서서 "대통령님, 나와 주세요!"를 연호했다.

　　이즈음 언론에 '익명'의 이름을 빌려 발표된 논평들을 종합해 보면 당시의 상황이 묘하게 흘러가고 있었음을 알 수 있다. 당시 분위기는 서거 다음날인 5월 24일 『한겨레』 황준범 기자가 쓴 기사에 잘 묘사돼 있다.

"너무 오랫동안 끌면서 괴롭혔다."
여권의 한 인사는 노무현 전 대통령의 투신자살을 두고 24일 이렇게 푸념했다. 지난해 7월 말 국세청이 박연차 태광실업 회장을 상대로 세무조사에 착수해 11월 검찰 수사로 이어진 '사정 정국'이 10개월이나 지속되면서 전직 대통령을 필요 이상으로 압박했다는 자괴감이 섞인 말이다.

청와대 관계자들은 노 전 대통령의 죽음을 국세청 세무조사나 검찰 수사와 연결짓는 해석에 대해 언급하는 것 자체를 극도로 꺼린다. 하지만 전직 대통령을 비롯한 여야 정치권을 뒤흔드는 단초가 된 국세청의 박연차 세무조사가 청와대와 교감 없이 이뤄질 수 있었겠느냐는 게 대체적인 관측이다. 친이명박계의 한나라당 의원은 "여권에서는 노 전 대통령이 정치를 재개하려 한다는 의구심을 가졌다."라며 "박연차 회장에 대한 국세청 세무조사는 당시 이를 주저앉히려는 의도에서 시작된 측면이 있다."라고 말했다.

노 전 대통령에 대한 청와대의 압박은 지난해 5월 대통령기록물을 둘러싸고 벌어졌다. 청와대는 "노 전 대통령 쪽이 대통령기록물을 불법 유출했다."라며 공개적으로 반납을 요구해 노 전 대통령의 '항복 선언'을 받아냈다. 그 뒤 세무조사가 시작된 지난해 7월 말은 이 대통령이 쇠고기 촛불의 수렁에서 반전을 도모하던 때였다. 당시 노 전 대통령은 봉하마을로 귀향해 인기를 얻으며 인터넷 토론사이트인 '민주주의 2.0'을 구축하는 등 왕성한 활동을 보였다.

당시 청와대 관계자들은 "노 전 대통령의 움직임이 심상치 않다." 라며 노 전 대통령이 '반이명박'의 구심점이 될 가능성을 경계했다. 여권의 한 인사는 "대선 직후 인수위 시절까지만 해도 노 전 대통령의 비리 의혹에 대해 '겁'만 주되 직접적인 타깃으로 삼아서는 안 된다는 기조가 강했다."라며 "그러나 정권 출범 직후 '잃어버린 10년' 이니 '좌파 척결' 등의 주장이 힘을 얻으면서 노 전 대통령을 직접 겨냥하는 흐름으로 진행됐다."라고 말했다. 이 관계자는 "한상률 당시 국세청장은 연임을 노리고 박연차 세무조사를 기획했고, 노 전 대통령을 약화시키고 싶은 청와대의 의도가 맞아떨어져 세무조사가 이뤄진 것"이라고 해석했다.

한 전 청장은 지난해 11월 박 회장에 대한 세무조사 결과를 이 대통령에게 직접 보고한 것으로 알려졌다. 그만큼 이 대통령과 청와대가 '박연차 리스트'의 폭발력에 관심을 갖고 있었다는 증거이기도 하다. 하지만 청와대의 한 비서관은 "이 대통령은 지난해 11월 국세청의 세무조사 결과를 보고받고 '우리 쪽 사람 중에도 관련되는 사람이 있겠지만 원칙대로 처리하라'고 지시한 것으로 안다."라며 "특정인을 겨냥하거나 보호할 의도 없이 법과 원칙대로 진행된 일"이라고 국세청과의 교감설에 선을 그었다.[5]

---

[5] 『한겨레』 2009년 5월 24일자.

결국 국세청과 검찰의 조사와 수사는 이명박 대통령을 비롯한 현 정권이 촛불집회로 상실한 국정 드라이브를 다시 걸기 위해 촛불집회의 배후를 노 대통령으로 지목하고, 친노 진영에 대한 대대적인 고사 작전을 펼친 것이라는 게 참여정부 인사들의 주장이다.

이에 대해 또 다른 의견도 있다. 바로 2009년 4월 14일 국회 법제사법위원회에서 박지원 의원이 제기한 이른바 '하명설'이다. 아무리 국세청장이라도 정치적 논란이 불거질 무리한 세무조사에 나서기는 쉽지 않은 만큼, 정권 실세로부터 하명을 받은 뒤 칼을 들이댔다는 것이다. 박지원 민주당 의원은 "이상득 한나라당 의원이 한상률 국세청장에게 촛불시위 문제와 한나라당 친박계 의원들의 정치자금 문제를 파악하기 위해 박연차 전 태광실업 회장의 관계회사 세무조사를 지시했고, 한상률 국세청장은 조사 결과를 민정수석실을 통하는 보통의 경우와 달리 이명박 대통령에게 직보했다."라고 주장했다. 이에 대해서는 당사자인 한상률과 이명박 대통령만이 사실 여부를 밝힐 수 있을 것이다.

박연차 회장의 태광실업에 대한 세무조사의 칼날을 휘두른 사람은 바로 한상률 당시 국세청장이다. 2008년 7월 30일 한상률 청장의 지시로 서울지방국세청 조사4국 직원들이 김해 태광실업 본사에 직접 내려가 관련 장부를 압수해 오면서 세무조사는 시작됐다. 박연차 회장의 태광실업은 김해에 있는 중견기업이다. 이곳은 부산지방국세청 관할이다. 하지만 한상률 청장은 이런 상식을 뒤엎고 지방기업의 세무조사에 '국세청의 중수부'로 불리는 서울지방국세청 조사4국을 동원하였다. 이것만

보더라도 태광실업에 대한 수사의 시작이 정치적 목적에서 출발했다는 점을 알 수 있다. 국세청 내부에서조차도 당시 태광실업 세무조사는 다분히 정치적 목적을 갖고 시작되었다는 시각이 지배적이었다.

태광실업 세무조사는 서울지방국세청 조사4국 3과 주도로 진행된다. 이현동 당시 국세청 조사국장(현 서울지방국세청장), 김갑순 당시 서울지방국세청장(현 딜로이트코리아 부회장) 등 중간 라인이 있었지만, 한상률 당시 청장은 실무진한테 직접 상황 보고를 받으며 세무조사를 진두지휘한다.

한상률 청장은 태광실업 세무조사에서 '개가'를 올린다. 서울지방국세청 조사4국이 박연차 전 회장 개인의 탈세행위 등 광범위한 자료를 확보하였고, 박연차 회장의 비서로 10여 년 일한 L씨가 박 전 회장의 일정, 지시사항 등을 꼼꼼히 기록한 수첩 등을 입수해 이른바 '박연차 리스트'로 알려진 자료를 한상률 청장에게 건넨 것으로 전해졌다. 여비서 L씨의 수첩에는 날짜별로 면담자, 약속 장소 등이 상세히 적혀 있었다고 한다.

국세청의 세무조사에 박연차 회장도 긴밀히 움직인다. 세무조사를 무마하기 위해 로비에 들어간 것이다. 박 전 회장은 천신일 세중나모여행 회장과 추부길 전 청와대 비서관, 이종찬 전 청와대 민정수석, 김정복 전 중부지방국세청장 등을 접촉하며 살아날 방법을 모색한다. 천신일 회장은 잘 알려진 대로 이명박 대통령과 절친한 사이이며 한상률 청장과도 각별한 사이다. 두 사람은 서울과학종합대학원 최고경영자 과정도 함께 수료했고, 2007년엔 이 대학원에서 주는 '자랑스런 원우상'을 나란히 받기도 했다. 서울과학종합대학원은 이명박 대통령과 고려대 동문인 윤

은기 총장이 세운 경영전문대학원이다.

박연차 회장은 평소 '형님'으로 모시던 30년 인연의 천신일 회장에게 손을 내밀었고, 천 회장은 한 전 청장에게 세무조사 무마를 청탁한 것이라는 관측이 나왔다. 또한 4개월 간의 태광실업 세무조사 결과를 보고받은 한상률 청장은 이를 2008년 11월 이명박 대통령에게 '직보'했다는 기사도 나왔다. 『중앙선데이』 조강수 기자의 기사를 보자.

#장면 1. 2008년 11월 초 청와대. 한상률 당시 국세청장이 이명박 대통령과 마주앉았다. 박연차 태광실업 회장에 대한 세무조사 결과를 보고하는 자리였다. 당시 청와대 민정수석이 배제되고 정정길 대통령 비서실장만 배석했다고 한다.

#장면 2. 그해 11월 25일 대검 청사. 서울지방국세청은 박 회장에 대한 고발장을 검찰에 제출했다. 242억 원 탈세 혐의였다. 그해 7월부터 11월까지 특별세무조사 자료도 함께 제출했다.

(……) 태광실업 세무조사의 강도는 유난히 셌다고 한다. 보고 라인은 국세청장 직보 체제로 단일화됐다. '노무현 정부에서 임명된 한 전 청장이 새 정부에 맞추기 위해 유례없이 강한 조사를 한다'는 얘기가 돌 정도였다. 국세청의 한 관계자는 "당시 조사한 내용은 전부 대통령에게 보고된 것으로 안다."라며 "한 전 청장으로선 새 정권에 실력을 보여 줄 필요가 있는 조사였기 때문 아니겠냐."라고 말했다.

(……) 검찰은 서울국세청에 이어 천 회장과 천 회장의 가족, 지인들의 집

과 사무실을 동시다발적으로 압수수색했다. 만약 세무조사 무마 로비가 있었다면 그 몸통이 천 회장일 것이라고 보고 있다. 천 회장은 박 회장과는 의형제 사이다. 천 회장의 동생이 죽자 박 회장이 평생 동생을 대신하겠다고 하면서 맺어진 인연이라고 한다. 천 회장이 대한레슬링협회장이고 박 회장은 이 협회 부회장을 지냈다. 검찰에 의하면 천 회장은 박 회장의 사돈인 김정복 전 중부지방국세청장과 함께 지난해 7월 박 회장 구명운동을 위한 대책회의를 했다. 검찰은 이때 천 회장이 박 회장으로부터 거액을 받았거나 받기로 약속을 했다는 관련자 진술과 단서를 확보했다고 한다.[6]

그 직후 세무조사를 담당했던 라인은 모두 영전한다. 조홍희 당시 서울지방국세청 조사4국장은 국세청 법인납세국장으로, 신재국 당시 조사4국 3과장은 서초세무서장으로, 류기복 당시 조사4국 3과 1계장은 동울산세무서장으로 자리를 옮겼다.

한편, 국세청은 세무조사를 끝낸 뒤 매출 3천억 원의 태광실업에 250억 원의 세금을 부과했다. 태광실업의 규모에 비해 너무 무리한 과세를 했다는 게 재계의 평가다. 이러한 세금부과로 인해 태광실업은 회사가 휘청거릴 정도가 됐고, 기업인인 박연차 회장이 검찰에서 쉽게 무너진 것도 바로 이런 이유 때문이 아니었겠느냐는 추측이 나오는 까닭이다.

그런데 이후 박연차 리스트 수사는 잠시 미뤄진다. 검찰이 노건평 씨가 연루된 세종증권 수사를 한창 진행하고 있었기 때문이다. 2008년 12월 4일과 12일, 노건평 씨와 박연차 회장이 구속되고 나서 본격적으로 노 대통령을 겨냥한 수사가 시작된다. 대검 중수부에 특수통 검사들

[6] 『중앙선데이』 2009년 5월 10일자.

이 대거 파견됐다. 2009년 1월 검찰 인사에서 박연차 회장을 수사하던 대검 중앙수사부를 강성 라인으로 바꿨다. 새로 들어온 이인규 중수부장과 우병우 중수 1과장은 '강성' 이미지로 유명했다. 새로운 진용을 갖춘 중수부는 2009년 3월 중순 본격적인 수사를 선언한다.

    검찰은 박 전 회장을 강하게 압박해 원하는 결과를 차례로 얻어낸다. 곧이어 박정규 전 청와대 민정수석과 정상문 전 총무비서관, 이광재 의원 등 참여정부 핵심 인사들을 줄줄이 구속시킨다. 그리고 이종찬 전 청와대 민정수석과 추부길 전 홍보기획비서관 그리고 천신일 세중나모 회장 등 균형추를 맞출 현 정권 실세들의 혐의도 확보한다.

    한편, '박연차 게이트'의 문을 연 한상률 전 국세청장은 어디로 갔나? 그는 태광실업 세무조사로 유임이 확실시됐지만 그림 로비 의혹과 부적절한 골프 회동으로 낙마했다. 한 전 청장은 그해 말 크리스마스 휴일을 이용해 경주와 대구에서 이명박 정권의 실세 인사들을 만나 골프를 치고 회식을 했다. 이 자리에서 한상률 전 청장이 이명박 대통령 부인 김윤옥 씨의 셋째 언니 남편인 신아무개 씨한테 '충성주'를 올리며 국토해양부 장관직을 달라고 했다는 소문이 나돌기도 했으나, 한 전 청장은 "그 자리에서 만난 사람이 신씨인 줄도 몰랐다."라고 부인했다.[7]

    한 전 청장은 퇴임하던 1월 16일까지 "사퇴를 표명했다."라는 청와대 발표를 부인하다가 결국 사퇴 의사를 밝히는 등 끝까지 자리에 연연하는 모습을 보였다. 한 전 청장은 검찰 수사가 본격화되던 3월 15일, 서둘러 미국으로 출국해 돌아오지 않고 있다. 그는 참여정부 때 노무현

『한겨레21』 703호, 2009년 6월 5일.

대통령으로부터 국세청장 임명장을 받은 사람이었다. 그는 혹 그 임명장에 적힌 참여정부의 잉크가 부담스러웠던 것일까. 그래서 어서 그 참여정부의 낙인을 지워야 자신이 안전하다고 생각했던 것일까.

이상한 수사

　　노 대통령에 대한 검찰의 수사는 여느 수사 방식과는 확연한 차이가 있었다. 과도한 친절이라고나 할까. 검찰은 노무현 대통령에 대한 수사에 관한 한 거의 모든 정보를 공식 발표로 혹은 익명을 통해 언론에 제공했다. 정말 과도한 친절이었다. 언론이 이런 호재를 마다할 리 없었다. 언론은 검찰의 발표와 검찰 주변에서 흘러나온 말을 확인 과정 없이 곧바로 보도했다.

　　첫 친절은 2008년 12월 29일에 시작됐다. 대검찰청 중앙수사부는 이날 박 전 회장이 노 대통령에게 15억 원을 빌려준 내용의 차용증을 확보했다고 언론에 확인해 줬다. 이를 시작으로 검찰은 조카사위 계좌를 통해 500만 달러가 들어왔다거나, 청와대 총무비서관을 통해 100만 달러를 받았다는 등 노 대통령의 피의사실을 차례로 내놓았다. 역시 언론은 이를 그대로 받아 보도했다. 검찰은 진술을 확보했다며 노 전 대통령의 '포괄적 뇌물죄' 혐의를 입증할 만한 수사 내용과 그 진행 상황을 차례로 언론에 유출했다. 수사가 한창 진행 중인 상태에서 사건 관련자의 진술과 수사 내용을 낱낱이 공개함으로써 피의사실을 기정사실화하고 낙인을 찍는 방식이었다.

예컨대 2009년 4월, 검찰은 노 대통령의 조카사위인 연철호 씨가 박연차 전 회장으로부터 받았다는 500만 달러의 실소유주가 "노 전 대통령이 아닌지 확인할 예정"이라고 밝혔다. 비슷한 시기 박 전 회장으로부터 "아들과 조카사위를 도와달라는 노무현 전 대통령의 부탁에 따라 500만 달러를 줬다."라는 진술을 확보했다고 언론에 알렸다. "노무현 전 대통령에게 2007년 6월 말 100만 달러를 보내고 청와대에서 노 전 대통령을 직접 만나 답례 인사를 받았다."라는 박 전 회장의 진술도 언론에 유출했다. 노 대통령의 해명을 듣기도 전에 피의자 일방의 진술을 언론에 흘린 것이다.

뿐만 아니라 제기된 의혹에 대한 노 대통령 쪽의 해명도 언론에 유출했다. 물론 검찰의 '의견'을 덧붙인 정보였다. 가족과 측근들이 박 전 회장에게서 받은 돈에 대해 노 대통령이 '모르는 일'이라고 답변한 내용을 전하면서 검찰은 "재직 중 총무비서관이 대통령 부인에게 거액을 건네고 대통령에게 보고하지 않았다는 것은 이해할 수 없는 일"이라고 밝혔다. 또 권양숙 여사에 대한 참고인 조사 뒤에는 "권씨가 검찰 조사를 받으며 100만 달러의 용처에 대해 밝혀 달라는 요청을 받았으나 채무 변제를 받은 사람이 피해를 받을 수 있다는 이유를 들며 용처를 밝히지 않았다."라고 공개했다. 홍만표 대검 수사기획관이 직접 나서 "개인 채무 변제를 위해 쓴 것이 사실이라면 상대방에게 무슨 피해가 가겠나?"라며 권양숙 여사의 진술의 신빙성에 대한 '의견 표명'까지 했다. 심지어 노 대통령과 박 전 회장의 대질신문 계획까지 미리 언론에 '공식적'으로 밝혔다.

이처럼 노 대통령에 대한 수사 과정에서 검찰은 논란이 될 만한 사실은 물론 수사 계획이나 참고인의 진술까지도 낱낱이 공개하는 '친절함'을 보여주었다. 앞으로 수사를 어떻게 진행할 것인지, 무엇을 조사했는지, 무슨 진술이 있었는지를 마치 고자질하듯 미주알고주알 언론에 보고하고 그에 대해 검찰의 '의견'을 다는 방식을 지속했다. 검찰 기자실에서는 수사 진행 상황이 매일 브리핑됐다. 언론은 이를 경쟁적으로 보도했다. 노 대통령이 '검찰발 언론 보도'를 확인한 후 자신의 홈페이지와 측근을 통해 이를 해명하면 검찰과 언론은 이에 대해 다시 반박했다.

"매일매일 진행 상황을 브리핑하는 이런 수사 방식은 처음 봤다."

보다 못한 한나라당 박희태 대표가 검찰에 던진 쓴소리다. 사실 검찰을 향한 쓴소리라면 언론이 먼저 제기했어야 했다. 비정상적 검찰 수사에 대해 언론은 눈을 감았다.

4월에 접어들면서 검찰은 더 높은 강도로 노 대통령을 옥죄었다. 어서 항복 선언을 하라는 재촉과도 같았다. 2009년 4월 7일, 급기야 검찰은 정상문 전 청와대 총무비서관을 체포한다. 그러자 급기야 노 대통령은 '사람사는세상'에 〈사과드립니다〉라는 제목의 글을 올린다.

〈 사과드립니다 〉

저와 제 주변의 돈 문제로 국민 여러분의 마음을 불편하게 해 드리고 있습니다. 송구스럽기 짝이 없습니다. 더욱이 지금껏 저를 신뢰하고 지지를 표해 주신 분들께는 더욱 면목이 없습니다. 깊이 사과드립니다.

그리고 혹시나 싶어 미리 사실을 밝힙니다. 지금 정상문 전 비서관이 박연차 회장으로부터 돈을 받은 혐의로 조사를 받고 있습니다. 그런데 혹시 정 비서관이 자신이 한 일로 진술하지 않았는지 걱정입니다. 그 혐의는 정 비서관의 것이 아니고 저희들의 것입니다. 저의 집에서 부탁하고 그 돈을 받아서 사용한 것입니다. 미처 갚지 못한 빚이 남아 있었기 때문입니다.

더 상세한 이야기는 검찰의 조사에 응하여 진술할 것입니다. 그리고 응분의 법적 평가를 받게 될 것입니다. 거듭 사과드립니다.

조카사위 연철호가 박연차 회장으로부터 받은 돈에 관하여도 해명을 드립니다. 역시 송구스럽습니다. 저는 퇴임 후 이 사실을 알았습니다. 그러나 특별한 조치를 하지는 않았습니다. 특별히 호의적인 동기가 개입한 것으로 보였습니다만, 성격상 투자이고, 저의 직무가 끝난 후의 일이었기 때문입니다. 사업을 설명하고 투자를 받았고, 실제로 사업에 투자가 이루어졌던 것으로 알고 있습니다.

조사 과정에서 사실대로 밝혀지기를 바랄 뿐입니다.

        2009년 4월 7일
        노무현

노 대통령의 고백이 나오자 더 강한 후폭풍이 불었다. 사과문이 발표된 다음날인 4월 8일 언론은 일제히 비판 기사를 실었다. 다음은 8일자 주요 아침신문 1면 머리기사다.

『경향신문』 〈노 "집사람이 박연차 돈 받았다"〉
『국민일보』 〈노 "집사람이 빚 갚으려 박연차 돈 받아"〉
『동아일보』 〈"재임중 집사람이 받아썼다"〉
『서울신문』 〈노 "저의 집서 부탁해 박연차 돈 받아"〉
『세계일보』 〈"저의 집서 부탁해 박연차 돈 받았다"〉
『조선일보』 〈권양숙 여사, 박연차 돈 10억 받았다〉
『중앙일보』 〈노 전 대통령, 박연차 회장 돈 받았다〉
『한겨레』 〈권양숙씨, 박연차 돈 수억 받았다〉
『한국일보』 〈노 "집사람이 빚 갚으려 박연차 돈 받아"〉

여러 지면에 나눠 실린 비판 기사는 공통적으로 참여정부의 도덕성을 질타하는 한편, '노무현 전 대통령의 노림수' '승부수' 등의 해석도 나타났다. 『서울신문』은 3면 〈측근 잇단 사법처리에 심경 변화…검찰 수사 선긋기?〉라는 기사에서 "검찰은 노 전 대통령의 초강수에 당황해 하면서도 노 전 대통령의 사과 글이 결국 검찰과 현 정권을 향한 승부수라고 판단하고 있다."라고 보도했다. 또한 『조선일보』는 3면 〈10억은 시인, 50억은 부인…노 '계산된 사과'?〉라는 기사에서 "법조계와 정치권에서는 검찰 출두가 불가피하다고 판단한 노 전 대통령이 치밀한 법리 검토를 바탕으로 사법처리를 피하기 위한 '차단막'을 치고 나왔다는 관측이 나오고 있다."면서 "노 전 대통령이 그동안 보여온 스타일로 미루어 볼 때 단순히 자기 방어용이 아니라 현 정권을 향한 반격의 신호탄이라고 보는 시각도 있다."라고 보도했다. 『중앙일보』 역시 3면 〈사과문 직접 쓴 노 전 대통령…"응분의 법적 평가" 뭘까〉라는 기사에서 "노 전 대통령이 침묵을 깨고 파장을 부를 사과문을 쓴 이유는 뭘까. 답은 글 속에 있다. 문제는 '응분의 법적 평가'란 수상한 용어"라고 설명했다. 『한국일보』도 3면 〈형님·후원자·친구 줄줄이…특유 벼랑끝 '폭탄' 승부수〉라는 기사에서 "정치권과 법조계에서는 우선 노 전 대통령 특유의 직설적 성격 때문이라는 관측이 나오고 있다. 노 전 대통령은 현직에 있을 때 문제를 감추거나 우회하려 하기보다 자신의 의견을 적극적으로 밝히는 정면 돌파 전략을 자주 사용했다."라고 보도했다.[8]

검찰 수사는 더욱 고삐를 죄었다. 4월 9일, 강금원 창신섬유 회장이 구속되고, 다음날인 4월 10일에는 조카사위 연철호 씨가 검찰에 체포되었으며, 4월 11일에는 권양숙 여사가 부산지검에 출석하여 검찰 조사를 받는다. 그리고 4월 12일에는 노건호 씨가 대검중수부에 소환되어 조사를 받는다. 이후 노건호 씨는 4월 20일까지 다섯 차례나 더 검찰에 소환되는 수모를 겪는다.

당시 검찰을 통해서 언론에 보도된 내용은 "노 전 대통령의 요구로 박연차 회장이 100만 달러를 전달했다고 검찰에서 진술했다."라는 것이었다. 노 대통령은 4월 12일 오후 '사람사는세상'에 올린 검찰 수사 후 세 번째 글에서 "언론들이 근거 없는 이야기를 너무 많이 해 놓아서 사건의 본질이 엉뚱한 방향으로 굴러가고 있는 것 같다. 소재는 주로 검찰에서 나오는 것으로 보인다."라며 잇따르는 '검찰발 보도'에 강력하게 반발했다. 그리고 "사실과 다른 이야기들이 이미 기정사실로 보도가 되고

8
『미디어오늘』 2009년 4월 8일자 〈아침신문 속아 읽기〉 참조.

있으니 해명과 방어가 필요할 것 같다."라며 글을 쓰게 된 이유도 밝혔다.

노 대통령은 "'아내가 한 일이다. 나는 몰랐다.' 이렇게 말한다는 것이 참 부끄럽고 구차하다. 그래서 이렇게 민망스러운 이야기 하지 말고 내가 그냥 지고 가자, 사람들과 의논도 해 보았다. 결국 사실대로 가기로 했다."라며 "사실대로 가는 것이 원칙이자 최상의 전략이다."라고 해 꿋꿋하게 맞설 것임을 분명히 했다. 그리고 박 회장의 사실과 다른 진술에 대해 강한 불신과 불만을 나타냈다.

그러면서 노 대통령은 "보도가 사실이 아니기를 바란다. 보도가 사실이라면 저는 박 회장이 사실과 다른 이야기를 하지 않을 수 없는 무슨 특별한 사정을 밝혀야 하는 부담을 져야 할 것이다. 참 쉽지 않은 일일 것"이라며 "그러나 나는 최선을 다할 것"이라고 향후 강력 대응할 방침임을 밝혔다.

이어 "박 회장이 검찰과 정부로부터 선처를 받아야 할 일이 아무것도 남지 않은 상황에서 그의 진술을 들어볼 수 있을 때까지 포기하지 않을 것"이라면서 "어떤 노력을 하더라도 제가 당당해질 수는 없을 것이지만, 일단 사실이라도 지키기 위하여 최선을 다하겠다."라고 덧붙였다.

노 대통령으로서는 이미 검찰의 기만적인 언론 플레이로 인해 명예를 잃어버린 지 오래였고, 지켜야 할 자존심마저 오욕과 뒤범벅이 된 상태였다. 노 대통령은 검찰과의 싸움에서 건질 것이라고는 단지 '사실' 자체밖에는 아무것도 남아 있는 것이 없었다.

그런 상황에서 검찰은 공격의 수위를 더욱 높였다. 4월 14일 노건호 씨를 다시 소환하여 조사하였고, 권양숙 여사의 동생까지 불러들였다. 15일에는 정상문 비서관을, 다음날에는 강금원 회장을 대검 중수부로 불러 직접 조사한다. 그리고 노건호 씨도 다시 소환했다. 노건호 씨는 다음날인 17일에도 검찰에 불려가 조사를 받았고, 4월 19일에는 정상문 비서관을 긴급체포한 뒤 다음날 구속영장을 재청구한다.

정상문 비서관을 구속 수감한 검찰은 4월 22일, 노 대통령에게 서면질의서를 발송한다. 검찰은 서면질의서를 발송하면서 노 대통령을 모욕한다. "서면질의서에 노 전 대통령의 혐의와 관련된 핵심 내용은 포함시키지 않았는데, 이는 노 전 대통령 측의 방어논리 개발과 증거인멸 등을 막기 위해서"라고 밝힌 것이다. '증거인멸'을 할 것이라는 가정을 함으로써 범죄자 이미지를 부각시켰다. 홍만표 당시 대검 수사기획관은 "질의서를 통해 확인할 부분과 직접 조사를 통해 확인할 부분이 따로 있다."라고 말했다.

그 다음날인 23일 『조선일보』는 〈노 전 대통령 부부에 1억짜리 시계 2개 선물〉이라는 제하의 기사를 싣는다. 거의 모든 언론이 이 내용을 그대로 받아 톱기사로 다룬다. 검찰이 밝히길 "박연차 회장이 지난 2006년 9월 노무현 전 대통령의 회갑을 앞두고 노 전 대통령 부부에게 1억 원짜리 스위스제 명품시계 2개를 선물했다."라고 진술했다는 것이다.[9]

노 대통령 측은 4월 25일, 검찰에 답변서를 제출한다. 그러자 검찰은 그 다음날 즉각적으로 노 대통령에게 '4월 30일 대검 중수부 출석'을 통보한다. 검찰은 언론을 통해 신문사항 200여 개를 준비했다고 밝혔다.

[9] 이 부분에 대해서 전해철 변호사는 검찰이 확보한 진술만 있을 뿐 그 사실 여부는 가려지지 않은 채 그것이 언론에 마치 사실처럼 보도된 것이 더 문제라는 점을 분명히 했다.

대통령의 마지막 외출

마침내 4월 30일 아침 8시경, 노 대통령이 검찰 조사를 위해 봉하마을 사저를 나선다. 이것이 끝내 노 대통령의 마지막 외출이 되고 말았다. 이병완 전 청와대 비서실장과 유시민 전 보건복지부 장관 등 참여정부 인사 30여 명이 봉하마을을 찾아와 노 대통령의 이 '불편한 외출'을 배웅했다. 변호를 맡은 문재인 전 비서실장, 전해철 전 민정수석과 김경수 비서관 등이 노 대통령을 수행해 함께 버스에 올랐다. 노란 장미와 풍선을 든 노사모 회원과 주민 등 500여 명은 '사랑합니다, 노짱님!'이라고 적힌 펼침막을 들고 노 대통령을 배웅했다.

노 대통령을 태운 의전버스는 이날 다섯 시간 20분을 달려 대검찰청에 도착했다. 방송 3사는 그 전날부터 과연 노 대통령의 이동 경로가 어찌 될 것인지를 놓고 갑론을박을 펼치는 등 이 '행사'를 몇 개의 꼭지로 나눠 연거푸 보도했다. 그리고 당일에는 헬기를 띄워 전 과정을 생중계했다. 취재차량이 노 대통령이 타고 있는 버스를 경쟁적으로 뒤쫓았다. 최대 물량이 동원된 엄청난 퍼포먼스이자, 거대한 파파라치 쇼였다. 노 대통령은 그 시간을 두고 비서관들에게 "내 인생 최악의 시간이었다."라고 말했다고 한다.

2009년 4월 30일
서울 서초동 대검찰청

- 버스에서 내린 직후
- 조사가 진행 중인 시각,
  유리창 너머의 홍만표 수사기획관

이날 노 대통령은 검사들의 질문에 성심껏 상세히 답했다. 모르는 일이 있을 때는 주변에 물어서 답하기도 했다. 그러자 검찰은 노 전 대통령을 '검사 앞에서 불리하면 모른다고 부인하거나 거짓말하는 사람'처럼 언론에 흘렸다. 이에 대해 차성수 청와대 전 시민사회수석은 "검찰이 언론을 통해 노 전 대통령을 거짓말하는 사람으로 보이게 한 것에 대해 못 견뎌 했다."라고 당시 노 대통령의 심경을 전했다.

검찰의 조사에 입회했던 문재인 전 수석은 당시 상황을 이렇게 전한다.

"제가 대통령님 소환조사 때 입회를 했는데 그때 검찰하고 대통령님 간에 질문과 답변의 내용을 쭉 들어봤지만 검찰이 아무런 증거를 갖고 있지 못했어요. 대통령님이 전화를 했다면 통화기록이랄지 이런 게 있어야 할 텐데 그런 직접적인 증거는 물론 전혀 없었고, 유일하게 검찰이 제시하는 것이 박연차 회장의 진술뿐이었습니다. 그러면 박연차 회장의 진술과 대통령의 진술이 서로 다른데, 두 분의 다른 진술 가운데 박연차 회장의 진술이 신빙성이 있다라고 한다면 박연차 회장의 진술이 진실이라고 하는 것을 뒷받침할 수 있는 증거들이 있어야 할 것 아닙니까? 그런데 그런 것이 없었어요."

검찰 조사는 오후 1시 40분경부터 1120호 특별조사실에서 우병우 대검 중수1과장이 수사 검사 배석 아래 진행했다. 문재인 전 실장과 전해철 전 수석은 변호사로서 노 대통령 뒤에 앉아 교대로 조사과정에 입회하여 대통령을 도왔다. 우병우 중수1과장은 사안을 박연차 회장이 노 대통령에게 건넨 100만 달러와 500만 달러, 그리고 정 전 비서관이 횡령한 청와대 예산 12억 5천만 원으로 나눠 조사했는데, 이들 자금의 인지 시점과 용처에 수사를 집중했다. 이에 대해 노 대통령은 100만 달러는 권 여사가 빚을 갚는 데 썼고, 500만 달러는 순수한 투자금으로 재임 시에는 이 돈거래를 몰랐다고 답변했다. 문재인 전 실장은, 노 대통령은 모든 답변을 함에 있어 조용하고 차분하게, 그리고 성실히 임했다고 말한다.

한편, 조사실에서 조사 진행 중이던 밤 10시, 홍만표 대검 수사기획관은 기자 브리핑을 갖고 "노무현 전 대통령과 박연차 회장의 진술이 엇갈리는 부분이 있어 대질신문할 계획"이라고 밝힌다. '서면 대질'이면 충분하다던 당초 입장을 바꿔 노 대통령 측의 '동의'도 없이 박연차 회장과의 대질신문이 있을 거라고 언론에 공개한 것이다. 그리고 현재 조사실에서 진행되고 있는 수사 내용을 기자들에게 브리핑하고 기자들의 질의에 응답한다. 브리핑이란 이름으로 수사 진행 상황을 중계방송한 셈이다. 마지막까지 지켜진 검찰의 친절이었다.

그날 조사는 밤 11시 20분께 완료되었다. 대질신문은 공식적으로 이뤄지지 않았다. 노 대통령은 예우와 시간 등의 이유를 들어 대질을 거부했다. 대질신문은 사전에 양자의 동의를 얻어야 가능하다. 다만 노 대통령 측은 박연차 회장과 변호사가 여덟 시간이나 기다리고 있다는 말을 듣고 짧은 만남을 가졌다. 이에 검찰은 노 대통령의 거부로 대질이 무산되었다고 발표했다. 그러자 문재인 전 실장은 언론에 박 회장도 대질을 원하지 않았다고 밝혔다. 검찰은 이에 대해 "박 회장이 대질을 희망했다, 확인서도 작성했다."라고 반박했다. 문 전 실장의 말을 들어보자.

"그 대질이라는 게 그렇습니다. 결국 대질을 통해서 박 회장이 말하겠다고 하는 것은 자기가 유죄라는 진술을 하기 위한 것이 됩니다. 대질이라는 게 기본적으로 억울한 사람이 억울한 자신의 혐의를 벗기 위해서 하는 건데, 그 당시 박 회장의 대질은 자신이 유죄라는 것을 극구 주장하기 위해서 대질을 원한다는 것이 됩니다. 박 회장이 오랜 기간 검찰 수사를 받는 과정에서 점점 검찰이 원하는 진술을 하는 데는 그럴 만한 이유가 있었을 것입니다. 그리고 두 분이 만난 자리에서 서로 원망이나 비난이 전혀 없었어요."

노 대통령은 진술 내용을 확인한 후 5월 1일 새벽 2시경 대검찰청 문을 나섰다. 그의 얼굴엔 피로한 기색이 역력했으나 꼭 그렇게 어두운 것만도 아니었다. 그는 "성실하게 임했다."라는 짧은 인사말을 남기고 버스에 오른다. 이후 봉하마을로 돌아온 노 대통령은 소환조사 때 약속한, 권양숙 여사가 사용한 100만 달러의 사용 내역을 작성하여 검찰에 제출한다. 그러나 검찰은 후속조치를 취하지 않았다. 이 역시 이해할 수 없는 일이었다. 문재인 전 비서실장의 말을 더 들어보자.

"100만 달러의 용처에 대한 여사님의 확인. 그거를 제출하겠다라고 약속했기 때문에 봉하로 돌아오자마자 준비하여 불과 며칠 만에 제출했죠. 그런데 제출까지 다 끝나고 난 뒤에도 검찰은 아무런 처리 없이 계속 미룹니다. 그래서 우리 나름대로 이런저런 가능성들을 예상하고 그에 대한 대응을 미리 준비했지요. 그런데 그 이후에도 대통령에 대한 사법처리가 한없이 늦어지지 않았습니까? 만약에 검찰이 자신 있었으면 보다 빠르게 뭔가 처리가 됐겠죠. 대통령에 대한 소환은 수사의 마지막 수순이거든요. 그렇잖습니까. 주변 사람들 다 몇 차례씩 소환하여 조사를 한

다음에 마지막으로 대통령님을 소환하였다면 그거는 그 담에 사법처리가 됐든 아니면 끝이 나든 둘 중 하난데 그 뒤에도 거의 3주 이상, 무슨 아무런 처리가 없었어요."

문재인 전 실장은 당시 검찰이 박연차 회장의 일방적인 주장 외에는 아무런 증거가 없었기 때문에 노 대통령에 대한 구속영장 청구는 하지 못할 것이라고 확신했으나, 검찰의 행태상 불구속기소는 할 것이라 판단했었다고 말한다. 그리고 재판 과정에 가면 무죄 판결을 받을 것이라고 확신했었다고 한다. 노 대통령 역시 이미 도덕성은 회복할 수 없을 정도로 심각한 상처를 입었지만, 최소한 재판에 가면 '사실'에 대해서는 명확하게 밝힐 수 있다고 판단하고 있었다. 그러나 그 최소한의 '사실'마저 밝힐 기회는 좀처럼 오지 않았다. 언론을 통한 고문은 계속되고 있는데, 정작 그 고문의 목표는 나오지 않고 있었다.

부치지 않은 편지와 중단된 글

밀행성 원칙이란 수사기관이 진행 중인 수사 내용의 비밀을 지켜야 한다는 직무상 원칙이다. 피의사실 공표를 통해 피의자의 인권이나 방어권을 침해하지 않아야 한다는 차원에서도 밀행성 원칙은 중요하다. 우리나라의 형법은 검찰이나 경찰 등 범죄수사에 관한 직무를 수행하는 자가 직무상 지득한 피의사실을 공판청구(기소) 전에 공표하는 경우 3년 이하의 징역 또는 5년 이하의 자격정지 등 형사처벌을 받도록 규정하고 있다.

검찰은 이러한 사실을 몰랐을까? 검찰은 수사 과정에서 이미 노 대통령의 측근과 가족 등에 대한 조사 내용과 피의사실을 모두 언론에 공개했다. 재판을 받기도 전에 여론재판을 통해 사회적 평가를 유도한 것이다. 검찰은 심지어 노 대통령이 답변서에서 피의자의 권리를 요구한 부분까지 공개하며 그 내용에 대해 공개적으로 불만을 표시하기도 했다. 피의자의 권리 요구는 헌법상 권리로서 당연한 것이고, 그에 대한 대응은 조사 과정에서 반영하면 되는 일이었다. 그러나 그 어떤 것도 지켜지지 않았다.

이 과정에서 노무현 전 대통령은 이명박 대통령에게 청원 형식의 편지를 한 통 쓴다. 이 편지는 4월 19일에 작성됐다.

〈 이명박 대통령께 청원드립니다 〉

이명박 대통령님,

어려운 시기에 국정을 수행하시느라 얼마나 노고가 많으십니까? 전직 대통령으로서 이 어려운 시기에 아무런 도움을 드리지 못하고 있는 처지를 무척 송구스럽게 생각합니다.

오늘은 저와 관련한 일로 대통령께 청원을 드립니다.

청원의 요지는 수사팀을 교체해 달라는 것입니다. 이유는 그동안의 수사 과정으로 보아 이 사건 수사팀이 사건을 공정하고 냉정하게 수사하고 판단할 것이라는 기대를 할 수 없기 때문입니다.

검찰이 하는 일은 범죄의 수사이므로, 검사가 머릿속에 범죄의 그림을 그려 놓고 그 범죄를 구성하는 사실을 찾는 것은 자연스러운 일이라고 생각할 수도 있을 것입니다. 그러나 그에 우선하는 검찰의 의무는 진실을 찾아내는 것입니다. 그러므로 검찰은 있는 사실을 찾기 위해 노력해야지 없는 사실을 만들거나 관계없는 사실을 가지고 억지로 끼워 맞추려고 해서는 안 됩니다. 나아가서는 피의자에게 유리한 사실도 찾아낼 의무가 있습니다.

그런데 지금 수사팀이 하고 있는 모양을 보면 수사는 완전히 균형을 상실하고 있습니다. 그동안 수사팀은 너무 많은 사실과 범죄의 그림을 발표하거나 누설했습니다. 피의사실을 공표하거나 누설해 왔습니다. 다음에는 그들이 발표한 사실을 뒷받침하는 증거를 발표하거나 누설해 왔습니다. 그 다음에는 증거의 신뢰성을 뒷받침하는 사리를 설명해 왔습니다. 마침내는 전혀 확인되지 않은 터무니없는 사실까지 발표합니다. 이런 일들은 검찰이 해서는 안 되는 일입니다. 불법행위입니다. 그러나 저는 지금 이 문제를 따질 겨를이 없습니다.

보다 더 중요한 문제는, 이 사건 수사팀이 수사가 끝나기도 전에 미리 결론을 말하고 있다는 것입니다. 뿐만 아니라 발표하거나 누설한 내용을 보면 미리 그림을 다 그려 놓고 그에 맞게 사실과 증거를 짜 맞추어 가고 있다는 의혹을 지울 수가 없습니다.

이것은 정상적인 수사가 아닙니다. 이렇게 해서는 도저히 수사의 공정성을 믿을 수가 없습니다.

그리고 이렇게 하면 국민들은 그들이 만든 범죄의 그림을 기정사실로 받아들일 것입니다. 나아가서는 미래에 이 사건의 재판을 맡을 사람의 기억에까지 선입견을 심어 줄 우려가 있습니다.

더욱 큰 문제는 수사팀이 끝내 피의사실을 입증할 만한 충분한 증거를 확보하지 못할 경우에도 결론을 돌이킬 수가 없는 상황에 빠져 있다는 것입니다. 그들은 스스로 그려 놓은 그림에 빠져서 헤어날 수가 없는 모양입니다. 그리고 판단을 돌이키기에는 너무 많은 발표를 해 버린 것 같습니다.

만일 사건이 이대로 굴러가면 검찰은 기소를 할 것입니다. 그런데 만일 검찰의 판단이 잘못된 것으로 결론이 나왔을 때, 그리고 검찰의 수사과정의 무리와 불법에 관한 문제가 제기되었을 때, 대한민국 검찰의 신뢰는 어떻게 되겠습니까? 상황이 이러하니 수사팀은 새로운 증거가 나올 때까지 증거를 짜내려고 할 것입니다. 이미 제 주변 사람들은 줄줄이 불려가고 있습니다. 끝내 더 이상의 증거가 나오지 않으면 다른 사건이라도 만들어내려고 할 것입니다. 그러나 이렇게 하는 것은 검찰권의 행사가 아닙니다. 권력의 남용입니다.

그동안 참여정부 사람들이나 그들과 혹시 무슨 관계가 있는지 의심이 갈 만한 기업들은 조사할 만큼 다 조사하지 않았습니까? 그리고 이미 많은 사람이 감옥에 가지 않았습니까?

이미 제 주변에는 사람이 오지 않은 지 오래됐습니다. 저도 오지 말라고 했습니다. 이전에는 조심을 한 것입니다. 그런데 이제는 조심을 하지 않아도 아무도 올 사람이 없게 되었습니다.

저는 이미 모든 것을 상실했습니다. 권위도 신뢰도 더 이상 지켜야 할 아무것도 남아 있지 않습니다.

저는 사실대로, 그리고 법리대로만 하자는 것입니다. 제가 두려워하는 것은 검찰의 공명심과 승부욕입니다. 사실을 만드는 일은 없어야 합니다.

대통령께서는 이미 이 사건에 관하여 보고를 받고 계실 것입니다.

그러나 이 사건에 이처럼 많은 문제점이 있다는 사실까지는 보고를 받지 못하셨을 것입니다. 그런데 이 사건은 많은 문제가 있습니다. 저는 대통령께서 이 사건을 다시 한 번 보셔야 한다고 생각합니다. 그리고 저는 통상적인 보고 라인이 아니라 대통령께 사실과 법리를 정확하게 말씀드릴 수 있는 다른 전문가들에게 이 사건에 대한 분석과 판단을 받아 보실 것을 권고드리고 싶습니다.

다시 살펴보아야 할 중요한 점은 다음과 같은 것들입니다.

검찰이 막강한 권능으로 500만 불을 제가 받은 것이라고 만들어내는 데 성공을 한다고 가정하더라도, 과연 퇴임 사흘 남은 사람에게 포괄적 뇌물이 성립할 것인지, 과연 박 회장의 베트남 사업, 경남은행 사업, 그 밖의 사업에 대통령이 어떤 일을 했는지, 무슨 일을 했다면 그것이 부정한 일인지, 이런 문제들에 관하여 신중하게 살펴보아야 할 것입니다.

그리고 박연차 회장이 2007년 6월 저와 통화를 했다면 검찰은 그 통화 기록을 확보했는지, 그렇지 않다면 그 이유도 확인해 보아야 할 것입니다. 보도를 보면 통신회사의 기록 보존 기한이 지났기 때문에 찾기가 어렵다고 하는 것 같습니다만, 오늘날 디지털 기술은 통신 서브를 폐기하지 않은 이상 복구가 가능하다고 합니다. 그러나 이런 일을 할 수 있는 힘을 가진 기관은 검찰뿐입니다. 그러므로 이 통화 기록은 반드시 검찰이 찾아서 입증을 해야 할 것입니다. 그런데 검찰은 이 기록을 성의 있게 찾고 있는지 물어보아야 할 것입니다.

그리고 검찰이 이 사건에 관한 단서를 언제 처음 알았는지, 왜 지금까지 수사를 미루어 왔는지, 그동안에 박 회장의 진술이 어떻게 변화하여 왔는지, 지금 검찰이 박 회장의 운명을 좌우할 수 있는 권능을 이 사건 수사를 위하여 남용하고 있는 것은 아닌지, 이런 사정도 살펴보아야 할 것입니다. 그러면 이 사건 수사가 많은 문제가 있다는 사실을 발견할 수 있을 것입니다.

이런 문제들을 해소하는 방법은 수사팀을 교체하는 것입니다. 그런데 이것은 오로지 대통령님만이 할 수 있는 일입니다. 물론 형식적 절차는 법무부 장관의 소관일 것입니다만, 대통령의 결단이 아니고는 할 수 없는 일입니다.

저는 저와 제 주변의 불찰로 국민을 실망시켜 드린 점에 대하여는 이상 더 뭐라고 변명을 드릴 염치도 없습니다. 부끄럽기 짝이 없습니다. 거듭 사죄드립니다.

이제 저는 한 사람의 보통 인간으로 이 청원을 드립니다. 형사절차에서 자기를 방어하는 것은 설사 그가 극악무도한 죄인이거나 역사의 죄인이거나를 가리지 않고 인간에게 보장되어야 하는 최소한의 권리입니다. 제가 수사에 대응하고, 이 청원을 하는 것 또한 한 사람의 인간으로서 누려야 할 최소한의 권리라는 점을 양해해 주시기 바랍니다.

    2009년 4월
    노무현

수사가 진행되던 4월 19일에 작성된 이 편지는 그러나 참모진들과의 협의를 거친 후 부치지 않는 것으로 결정된다. 지금까지 외부에 공개되지도 않았다. 그는 왜 이 청원을 포기했던 것일까? 앞에 소개된 기록물 유출 사건 때 보낸 편지에서 드러난 것처럼 그때도 노 대통령은 여러 차례 청원 형태의 전화를 한 적이 있다. 그때 청와대의 반응은 "몰랐다." "따로 연락드리겠다."로 이어지다가 이어 '침묵'했다. 그는 혹 이번에도 결국 그렇게 되고 말 것이라고 생각했던 것일까? 어떻든 그는 이 편지를 끝내 부치지도 공개하지도 않았다.

추후 공개 과정을 거치지 않은 개인 파일 형태의 글이었던 탓일까, 아니면 '이미 모든 것을 상실'한 '권위도 신뢰도 더 이상 지켜야 할 아무 것도 남아 있지 않은 처지'에 대한 표현이었을까. 노 대통령은 편지 끝에 공식 직함인 '제16대 대통령'을 생략하고 이름 석 자만 쓰고 있다.

그래도 이 편지는 참모진과의 협의라도 거친 편지였다. 그런데 검찰 수사와 관련한 또 하나의 글이 발견되었다. 서거 후에 노 대통령의 컴퓨터에서 찾은 이 글은 〈추가진술 준비〉라는 한글문서였다. 이 글은 검찰 서면진술 이후 작성하다가 중단된 것으로, 전체 세 개의 단락으로 구성돼 있다. 그 첫 단은 "도덕적 책임은 통감합니다."로 시작된다.

〈 추가진술 준비 〉

- 도덕적 책임은 통감합니다.
  대통령이 된 본인과 주변 사람들 사이에는 가치관과 사명감, 책임감 이런 것이 좀 달랐던 것 같습니다. 그럴 수밖에 없는 일이라고 생각합니다.

그래서 친인척 관리라는 일이 필요했을 것입니다. 그런데 주변 관리를 철저히 하지 못하여 이런 불미스러운 일이 생겼으니 송구스럽기 짝이 없습니다. 형님까지는 단속이 쉽지 않았다고 변명이라도 할 수 있겠습니다만, 아내와 총무비서관의 일에 이르러서는 달리 변명할 말이 없습니다.

제가 대통령을 하려고 한 것이 분수에 넘치는 욕심이었던 것 같습니다. 국가적 지도자, 훌륭한 지도자, 세상을 조금이라도 바꾼 지도자, 역사의 평가를 받는 지도자, 이 모두가 제 분수에 넘치는 일이었던 것 같습니다. 이런 의욕이 저의 역량을 넘어서는 일이라는 사실을 뒤늦게야 알았습니다.

마음으로 그들이 원망스럽기도 합니다. 그러나 원망을 할 수가 없습니다. 오히려 미안한 생각이 들 때도 있습니다. 제가 대통령이 되려는 욕심을 부리지만 않았더라면 그들이 지금 이 고초를 당하는 일도 생기지 않았을 것입니다.

저는 야망이 있어서 준비하고 단련해 왔지만, 그들은 아무 준비가 없었습니다. 아무 준비도 되지 않은 사람들을 위험한 권력의 세계로 제가 끌고 들어온 것입니다.

또 다른 원인은 제가 그들에게 경제생활에 대하여 신뢰를 주지 못한 결과일 것입니다.

아내는 오랫동안 이 문제에 관하여 불신과 불안을 가지고 있었습니다. 그렇게 된 데에는 그럴 만한 여러 가지 사정이 있었습니다. 이런 정황에 관하여는 추후 말씀드릴 기회가 있을 것입니다.

총무비서관은 퇴임 후에도 이른바 집사의 역할을 할 사람이 자기밖에 없다는 생각을 가지고 있었습니다. 그런데 총무비서관은 퇴임 후 대통령의 사적인 경제생활의 규모에 관하여 저와는 다른 생각을 가지고 있었던 것 같습니다. 저는 당연히 연금의 범위 안에서 생활을 꾸려야 한다고 생각하고 또 그것이 가능하다는 생각을 가지고 있었습니다. 그러나 총무비서관은 그것이 불가능한 일이라는 생각을 가지고 있었던 것 같습니다.

모든 것이 분수를 넘은 저의 욕심 때문에 생긴 일입니다. 저는 이제 남은 인생에서 해 보고 싶었던 모든 꿈을 접습니다. 죽을 때까지 고개 숙이고 사는 것을 저의 운명으로 받아들일 준비를 하고 있습니다. 사법적 절차의 결과가 어떤 것이든 이 운명은 거역할 수 없을 것입니다.

당시 노 대통령이 느꼈을 참담함과 비애, 좌절과 굴욕감이 그대로 드러나 있다. "남은 인생에서 해 보고 싶었던 모든 꿈을 접습니다."라고까지 적고 있다. 그러나 바로 뒤에 이어지는 두 번째 단락에서 그는 검찰 수사에 대한 강한 불만과 적절한 대응 의지를 표현한다.

- 법적인 책임은 별개로 다루어 주시기 바랍니다.

저는 앞으로 내려질 사법적 판단이 어떤 것이든 그것을 제가 감당해야 할 운명으로 받아들일 마음의 준비를 하고 있습니다. 그러나 저는 사법적 절차에서는 최선을 다할 것입니다.

검찰에게 당부하고 싶은 말이 있습니다. 검찰은 도덕적 책임과 법적 책임을 구분하여 다루어야 한다는 것입니다.

지금 검찰이 하는 모습을 보면 먼저 도덕적 책임을 추궁하고 있습니다. 그리고 도덕적 책임을 반드시 법적 책임으로 연결해야 한다는 강박관념을 가지고 있는 것 같습니다. 저는 그것은 검찰의 사명이 아니라고 말하고 싶습니다.

결정적 증거라고 보도되고 있는 박연차 회장의 진술이라는 것은 전혀 사실과 다릅니다. 저는 검찰이 선입견을 가지고 오랫동안 진술을 유도하고 다듬어서 만들어낸 것이라는 확신을 가지고 있습니다. 저는 재판 과정에서 이 과정을 반드시 밝혀낼 것입니다.

보도를 보면, 검찰은 '상식적으로' 몰랐다는 것이 말이 되느냐? 이렇게 공개적으로 묻고 있습니다. 그리고 참고인들에게도 계속 그렇게 묻는다고 합니다.

이것은 재판 절차에서 주장할 일입니다. 그리고 재판 절차에서는 검찰이 설정하고 있는 정황 사실과는 또 다른 많은 정황적 사실이 나올 수 있습니다. 경우에 따라서는 그 상식이라는 것이 정반대의 결론을 내놓을 수도 있을 것입니다.

그런데 검찰이 왜 이런 무리한 짓을 하는지 이해가 되지 않습니다. 피의자와 주변 사람들의 방어 의지를 무력화함으로써 부실한 증거를 보강할 수 있는 진술을 짜내려고 하는 것일 것입니다.

그러나 이 또한 부질없다고 판단했던 것일까. 이어지는 세 번째 단락은 형식도 무너져 있고 단편적인 사실들만 나열해 놓고 있다. '추가 진술 준비'를 중단해 버린 것이다.

- 앞으로 주장할 정황은 어떤 것이 있을까?

권양숙 여사가 노무현 대통령에게 미국에 아들 집을 사자는 의논을 한다는 것, 노무현이 여기에 동조한다는 것이 과연 상식에 맞는 일일까?

그것도 2007년 6월에 노무현이 집을 사는 데 동의했다는 것이 말이 될까? – 당시 국내는 부동산 전쟁 중이였고, 미국의 부동산에 관하여는 거품 경고가 나오고 있던 시절이었다.

노무현 대통령의 글은 거기에서 끝났다. 그가 '어떻든 받았지 않았느냐?'라는 피할 수도 부정할 수도 없는 그 상황이 초래한 도덕적 상처와, 그럼에도 불구하고 최소한의 피의자 권리는 보장받고 싶다는 당연한 욕구 사이에서 사투를 벌이고 있던 그 봄, 시간은 잔인하게 더디게 흘러가고 있었다. 검찰의 사법처리는 오리무중이었다.

검찰에는 무슨 일이 있었을까?

검찰은 전 대통령 소환조사라는 마지막 수순까지 밟았으면서도 그 후 23일 동안이나 사법처리를 미루고 있었다. 분노한 노 대통령 지지자의 말대로 시간을 끌면서 노 대통령을 더 괴롭히기로 작정하고 신병처리 결정을 미루었다는 근거는 없다. 그렇다면 검찰에 무슨 일이 있었단 말인가? 수사와 관련하여 모종의 외압이 있었다는 기사들이 흘러나오기 시작했다.

외압과 관련한 기사는 『조선일보』 5월 7일자 보도다. 『조선일보』는 원세훈 국가정보원장이 수사책임자인 이인규 대검 중수부장에게 국정원 직원을 보내 "구속영장을 청구하지 말고 불구속 기소하는 게 좋지 않겠느냐는 뜻을 전달했다."라고 보도했다. 그러자 국정원은 이 보도에 대해 즉각 사실무근이라고 밝히면서 "검찰 측에서 관련 내용에 대해 해명 등 적절한 조치를 취해 줄 것을 기대한다."라며 검찰을 압박했다. 그러나 이후 검찰은 이에 대해 적절한 해명을 하지 않았다. 그 다음날 『조선일보』의 사설을 보자.

> 원세훈 국정원장은 이명박 대통령이 서울시장 때 부시장이었다. 서울시 인맥의 대표 격이다. 그런 그가 검찰에 사람을 보내 의견을 전했다면 듣는 측은 그걸 정권 핵심의 뜻이라고 받아들였을 것이다. 국정원의 판단 기준은 어떤 결정이 법률에 부합되느냐는 게 아니라 어떻게 해야 현 정권에 이롭겠느냐는 것이다.
>
> 『조선일보』 5월 8일자 사설

물론 노 대통령 사건을 어떻게 처리해야 현 정권에 이롭겠느냐를 고민할 수밖에 없었을 것이다. 여기에서 박연차 게이트의 또 다른 고리를 기억해야 한다. 박연차 회장은 세무조사를 무마하기 위해 로비를 벌였다. 그 핵심 고리는 천신일 세중나모 회장이다. 그는 이명박 대통령의 최측근이다. 하지만 당시 천신일 회장에 대한 수사는 중단된 채 방치되어 있었다.

노 대통령 사건과 천신일 회장의 사건은 서로 다른 별개의 사건이지만 어느 것을 먼저 처리하느냐, 어떤 수위로 처리하느냐에 따라 사회적 이슈의 여론 향배가 달라질 수 있었다. 따라서 최종적으로 외압이

들어올 만한 부분은 '노무현 수사와 천신일 수사 중 어느 것을 먼저 처리하고 어느 것을 나중에 처리할 것인가?' '처리 수위는 어떻게 할 것인가?'라는 문제다. 만일 수사 진척에 따라 노 대통령 사건을 먼저 처리하고 곧이어 천신일 사건을 처리한다면 여론의 화살은 현 정권을 향할 것이 분명하다. 현 정권의 실세인 천 회장을 엄정 처리해 놓으면 노 대통령의 신병처리 문제에 대한 부담을 덜게 되는 효과가 있다는 것이다. 이것만으로도 두 사건의 순서를 바꿔야 할 충분한 이유가 된다.

그렇다면 노 대통령 수사와 천신일 회장에 대한 수사의 진행 속도는 어떠했는가? 노 대통령 소환조사로 최종 단계에 접어든 수사가 5월 2일부터 사실상 정지됐다. 반면에 그동안 노 대통령 수사에 비해 수사 진전 단계가 현저히 뒤처져 있던 천신일 수사가 속도를 내기 시작한다.

당시까지만 해도 천신일 수사는 4월 9일 출국금지 조치 단계에서 답보하고 있었다. 그런데 5월 초 계좌추적에 이어, 5월 7일에는 천 회장의 자택 사무실 등 19곳을 압수수색한다. 5월 6일 국세청 압수수색, 5월 18일 한상률 전 국세청장 서면조사, 5월 19일 천 회장 소환조사로 가속도를 내더니 마침내 5월 23일 천 회장에 대한 사전구속영장을 청구한다는 방침을 정하기에 이르렀다.[10]

결국 뒤처져 있던 천신일 수사가 속도를 내더니 노 대통령 수사보다 먼저 마무리되는 상황이 되고 말았다. '누군가 급히 두 사건의 순서를 조정한 것은 아닐까?'라는 의문이 드는 건 당연했다. 이에 대해 정치권에서는 "현 정권의 비리 의혹인 천신일 사건을 먼저 처리한 뒤 박연차

---

[10] 천 회장에 대한 사전구속영장 청구는 이날 노 전 대통령이 서거하면서 미뤄졌다.

게이트의 최종 단계로 전 정권의 비리의혹인 노무현 사건을 처리하는 것은, 그 반대의 순서보다는 현 정권에 더 유리해 보인다."라는 말이 공공연하게 흘러나왔다.

물론 검찰은 수사에 외압이 전혀 없었다고 주장한다. 하지만 민주당 정치보복진상규명특위에 의미 있는 제보가 하나 있었다. 노 대통령 서거 후 장례기간 중이던 5월 28일, 검찰 주변에 있는 사람으로부터 들어온 제보였다. 제보 내용은 다음과 같다.

"노무현 전 대통령은 4월 30일 대검찰청에 소환되어 조사를 받고 5월 1일 새벽 김해 봉하마을 자택으로 귀가했다. 다음날인 5월 2일 토요일 김경한 법무부 장관은 비공개리에 청와대를 방문하여 노 전 대통령 소환조사 내용을 이명박 대통령에게 보고했다. 이 대통령은 김 장관에게 향후 검찰 수사와 관련, 검찰에 특별한 지시를 내렸다. 그런데 김 장관은 불과 이틀 뒤인 5월 4일 월요일부터 일주일간 해외 출장을 떠나게 되어 있었다. 한국-이란 범죄인인도조약 체결과 같은 국가 간 공식 조약 체결 일정이었다. 외교관례상 도저히 출국 이틀 전, 그것도 휴일에 취소하기 어려운 행사였다. 이 대통령은 '해외 출장을 취소하고 국내에 있으라'고 지시했다. 김 장관 측은 부랴부랴 일정을 취소하기 위해 주한 이란 대사관 측에 전화를 걸었으나 토요일 휴무여서 아무도 전화를 받지 않았다. 이에 김 장관 측은 외교통상부에 도움을 요청했다. 외교통상부는 이란 대사관 측과 연락이 닿아 일정 취소를 통보했다. 이런 내용은 법무부와 검찰 일각에 전달됐다." [11]

민주당 정치보복진상규명특위에서는 제보 내용의 사실관계 확인

11
〈노무현 수사 미스터리 추적, MB, 법무장관에게 노무현 수사 관련 모종의 지시 했나〉, 『신동아』 통권 599호, 2009년 8월.

에 들어갔다. 하지만 법무부, 외교통상부, 청와대 등은 자료 제출과 사실 확인을 거부한다. 그럼에도 민주당이 총력을 기울여 확인한 사실 관계는 제보 내용과 상당부분 일치했다.

김경한 법무장관은 5월 4일 월요일 국가 간 조약 체결이라는 중요한 해외출장을 떠나기로 되어 있었다. 그런데 5월 2일 토요일 이를 전격 취소했다. 공휴일이어서 상대국과 연락이 되지 않자 외교통상부까지 동원하여 급박하게 처리했다. 조약 체결이라는 출장 업무의 중요성, 출국을 불과 이틀 앞둔 휴일인 토요일에 취소한 점을 고려하면 법무부 측이 내놓은 취소 사유(국외 일정상의 차질, 국내 시위 상황)는 상식적으로 납득이 되지 않는다. 그런 정도의 사유였다면 5월 2일 이전 평일 근무시간에 충분히 처리했을 것이기 때문이다. 이란 대사관도 "너무 뜻밖"이라고 했듯이 이런 갑작스러운 일정 취소는 상대국에 대한 외교적 결례에 해당하는 것으로 매우 이례적인 일이다. 그리고 정부 고위층에서 김경한 장관의 5월 2일 행적을 끝까지 숨기려 했다는 점도 의혹을 가중시킨다.

이런 정황상 김 장관은 5월 2일까지는 예정대로 해외출장을 떠나려고 했던 것으로 볼 수 있다. 그렇다면 법무부가 내놓은 사유가 아닌 다른 사유로 그는 해외출장을 전격 취소한 것이다. 누군가 국가 간 외교관례도 뒤로 하고 법무장관의 해외출장 의지를 바꾼 것으로 해석할 수 있다. 그것이 진짜 사유일 수 있다고 의심할 수 있다.

4월 30일부터 5월 1일 오전까지의 노무현 전 대통령 검찰 소환 조사, 다음날인 5월 2일 토요일 김경한 법무장관의 수사 보고, 이어진 대통령의 법무장관 해외출장 취소 및 검찰 수사 관련 모종의 지시……. 제보의 이러한 주장은 현재까지 확인된 사실들이나 정황과 모순되는 점이 없다. 그렇다고 제보의 내용이 모두 사실이라고 단정지을 수 있는 확실한 근거는 없다.

어떻든 분명한 것은 5월 2일 이후 노 대통령의 신병처리 결정 등 노무현 수사의 본류는 수사 관례상으로 봐도 이례적일 정도로 오랫동안 중단되었다는 점이다. 그 사이 수사는 천신일 수사와 처리 순서가 바뀌었다. 시간은 점점 가는데 중단된 검찰의 수사를 언론이 계속하고 있었다. 사실과 확인이 없는 법망 밖에서 자행되는 그 선무당식 수사는 그래서 더 잔인하고도 집요했다. 그 끝에서 대한민국 제16대 대통령 노무현은 서거한다.

4　'노무현 죽이기'의 화려한 재림

왜, 누가 노무현을 죽이는가

　　　　　　　　언론의 '노무현 죽이기'는 뿌리가 깊다. 전쟁의 서막은 1991년 9월 17일 『조선일보』가 내보낸 인물 프로필에서부터 시작된다. 당시 민주당 대변인이었던 노무현에 대한 기사는 〈고졸 변호사-상당한 재산가〉라는 제목을 달고 있었다. 기사는 "한때 부산 요트클럽 회장으로 개인 요트를 소유하고 있다."라고 보도했다. 이에 당시 노무현 대변인은 "요트를 취미로 탄 적은 있지만 200~300만 원짜리 소형 스포츠용이었고 부산 요트협회장은 맡은 적이 없다."라는 해명 자료를 돌렸으나 『조선일보』측은 실어 주지 않았다.

　　　　오히려 한술 더 떠 그 얼마 후인 1991년 10월 6일에는 『주간조선』에 〈밀착취재 : 통합 야당 대변인 노무현 의원, 과연 상당한 재산가〉라는 제목의 기사를 실었다. 이에 노 대통령은 명예훼손 소송을 제기했고, 1992년 12월 1심에서 승소했다. 이후 노무현 대변인은 『조선일보』측의 화해를 받아들여 소송을 취하한다. 이는 정치인이 거대 언론사를 상대로 소송을 제기하여 승소한 대표적인 사례로 남아 있다.

이렇게 시작된 『조선일보』와의 악연은 마지막 가는 길까지 이어졌다. 전국적인 추모 행렬이 꼬리를 물고 이어졌던 5월 25일, 『주간조선』 통권 2057호가 가판대에 내걸렸다. 커버스토리의 제목은 비장했다. 〈우리는 노무현을 또 만나게 될까?〉 컬러도 회색 톤에 맞춰져 있다. 제목과 그 컬러 톤만으로 놓고 보면 영락없는 추모 기사였다. '과연 조선일보가 빠르긴 빠르군.'이라는 말이 나올 법도 했다. 주간지는 보통 전주에 편집과 인쇄가 끝나 월요일 아침에 발매되는데, 서거 불과 이틀 만에 책 한 권을 만들어낸 셈이었다. 그러나 그것은 오해였다. 그것은 추모 기사가 아니었다.

기사의 내용은 '노무현의 '막장 드라마' 파헤치기'였다. 커버스토리는 황상민 연세대 교수의 〈노무현의 심리, 군중의 심리〉라는 제목의 글과 이범진 기자의 〈버렸다…… 찢었다…… 그는 왜 '증거인멸' 논란을 자초하나〉였다. 이범진 기자의 글은 "장난하냐?"라는 문장으로 시작하여 "1억 원짜리 시계를 버렸다는 말"은 "최대의 히트작"으로 "수사과정에서 궤변과 말 바꾸기를 계속해 온" 노 대통령의 "교묘한 말장난에 아연실색할 밖에 없다."라고 쓰고 있다. 그리고 친절하게 한 법률가의 말까지 빌려 "버렸다."라는 말은 "칼을 이용해 살인을 한 사람이 칼을 버렸다 하더라도 살인죄에 해당하지 증거인멸죄에 해당되지 않는다."라며 "노 전 대통령이 이 점을 잘 알고 있었을 것"이라고 설명한다. 또한 〈재임기간 남긴 막말들…… 교묘한 정치적 암수?〉라는 제목으로 "궤변과 말 바꾸기를 일삼는" 노 대통령은 재임 시에도 상식을 뛰어넘는 언행으로 평지풍파를 일으켰다고 소개한다.

전주에 만들어 놓은 주간지가 미처 회수되지 못하고 나온 것이었는데, 어떻든 '노무현과 『조선일보』의 질긴 악연'은 마지막까지 화려하게 장식된 셈이다. 12

노 대통령은 거대 보수언론에 대해 확고한 생각을 가지고 있었다. "『조선일보』처럼 부도덕한 언론과 아무도 싸우지 않는다면 누구도 정치를 바로 하지 못할 것이다. 누군가가 상처를 입을 각오를 하고 이런 악의적인 언론의 횡포에 맞서 싸우지 않는다면 결국에는 더 많은 사람들이 상처를 입게 된다. 내가 정치를 잘하는 것도 중요하지만 정치적으로 상처를 입는 한이 있더라도 다른 정치인이라도 이로 인해 조금이라도 피해를 덜 입었으면 좋겠다."라고 말하기도 했다.

그래서였을까? 보수언론은 재임 시절 노무현 대통령을 늘 '무능력과 증오의 화신'으로 묘사했다. 강준만 전북대 교수의 『노무현 죽이기』(개마고원 펴냄)에는 노 대통령 재임 초기의 상황이 잘 정리돼 있다. 그들은 노무현 대통령의 당선 자체를 부정하고 저주하고 조롱했다. 책에 인용된 『문화일보』 2003년 6월 20일자 칼럼이다. "대통령 선거 결과 대한민국은 하향 평준화되었다. 월드컵 4강은 아무나 우승할 수 있다, 아무나 대통령이 될 수 있다는 망상을 키웠다. 자기 수준의 대통령을 뽑음으로써 자기도 대통령이 될 수 있다는 자위심을 만족시키기 위해 선거가 있는 것은 아니다." 노 대통령과 그에게 투표한 이들을 '기준에 미달하는 이들'로 동시에 비하하고 있다. 13

12
이후 『주간조선』 2057호는 인터넷판에서 삭제됐다.

13
강준만, 『노무현 죽이기』, 개마고원, 2003.

『조선일보』 2003년 6월 23일자 시론은 또 어떤가. "시기심이란 자기의 이득을 감소시키지 않는 타인의 행복이나 그들이 소유한 사회적 선(善)을 적대적으로 보는 심리 상태다. 이는 증오를 어머니로 해서 드러난다. 문제는 대통령 선거라는 대규모 투쟁에서 승리함으로써 이런 명백한 악행인 시기심을 '도덕적인 의분'으로 포장한다는 데 있다." 이를 준거로 하면, 노 대통령은 주류에 대한 증오를 바탕으로 한 시기심이 가득한 존재다. 보수언론은 노 대통령이 '강남-삼성-서울대'로 상징되는 한국의 주류들에 대한 증오심을 현실정치에 이용한다는 프레임을 만들고자 했다. 강준만 교수는 "이들의 주장에 흘러넘치는 시기와 복수의 수사학은 이 땅의 수구 기득권 세력이 노무현에 대해 갖고 있는 반감의 강도와 깊이가 어느 정도인지 보여준다."라고 썼다.

그러면 이들의 증오심은 어디에서 왔을까? 일단 '비주류'라는 이유가 등장한다. 재임 중은 물론, 퇴임 이후에도 집권여당과 보수언론으로 상징되는 주류들은 그를 조롱했다. 박연차 사건이 터진 뒤에는 더욱 노골화했다. 그들에게 노무현은 가난한 시골 출신으로, 학력이라고는 상업고등학교 졸업이 최종 학력이고, 변호사로 입신양명하였으나 인권변호사의 길을 갔으며, 운동권에서도 학생운동의 경력과 기반이 없는 비주류였고,[14] 정계에 들어와서도 주류에 편입되기를 거부하는 그야말로 별 볼일 없는 비주류였다. 비주류=무자격=무능력이라는 등식으로 확대 고착된 프레임은 비주류가 '감히' 최고 권력의 지위에 오르는 것을 인정할 수 없다는 정서로 이어졌다.

14
2002년 대선 당시 진보진영에서조차 노무현 후보를 탐탁잖게 평가하던 분위기를 두고, 당시 노무현 후보 지지를 공식적으로 선언했던 유시민 전 장관은 한 시민 언론과의 인터뷰에서 "도대체 무슨 근거로 노무현 후보를 그렇게 무시하는가, 한마디로 서울대 안 나왔다는 거 아니냐, 그런 면에서 운동권도 주류다."라며 강하게 비판한 바 있다.

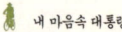

말이 나왔으니 조금만 더 살펴보자. 참여정부 내내 보수언론은 '수권능력'을 문제 삼았다. 그러나 참여정부 기간 내내 모든 지표가 증명하듯 참여정부의 수권능력은 아무 문제가 없었다. 그런데 정권이 바뀐 후에는 정부의 '수권능력'을 비판하는 언론은 더 이상 없다. 이미 '무능력'이라는 프레임은 끝나 버렸기 때문이다. 처음부터 끝까지 완강했던 주류 시스템은 고분고분하지 않은 이 비주류를 끝까지 물고 뜯었다.

상기해 보자. 2003년 4월 2일 노무현 신임 대통령이 제238회 임시국회 국정연설을 위해 국회에 입장하던 때, 야당인 한나라당 국회의원들 중의 일부는 기존 관례를 깨고 의자에서 일어나지도 않았다. 의자에 앉은 채 키득거리며 '노무현이 왔어?'라는 식으로 노골적으로 조롱했다. 노무현 대통령을 인정하지 않는다는 건 대통령 선거의 패배를 인정하지 않는다는 것과 같았다. 그들은 과연 끝내 국민이 선출한 이 대통령을 '탄핵'시키는 데 성공한다. 끝내 끌어내리고야 말겠다는 거였다. 탄핵이 시민들의 거센 저항으로 무산된 뒤에도 그들의 무시와 외면은 철저하게 지켜졌다.

이러한 불신은 대통령과 같은 정당이었던 새천년민주당이라고 다르지 않았다. 좋은 게 좋은 거라며 덮어 둘 일이 아니다. 당시 새천년민주당은 대선후보 경선에서 의외로 노무현 후보가 승리하자 온갖 방법을 동원하여 폄하하며 낙마시키려 했다. 당원이 투표로 뽑은 대선후보를 교체해야 한다는 주장이 나올 수 있는 밑바탕이 무엇이었겠는가? 결국 민주당은 열린우리당과 분당되었고, 조순형 의원을 필두로 한 민주당은 한나라당과 손을 잡고 노무현 대통령을 탄핵까지 하고 만다.

사실 따져놓고 보면 이 주류, 비주류를 규정하는 계산법이야말로 언어도단이고 어불성설이다. 누가 과연 주류고 누가 과연 비주류인가. 노무현이라는 사람이야말로 진정한 주류가 아닌가. 그는 국민의 99%에 해당하는 사람이었고, 국민의 99%에 달하는 사람들이 어떻게 비주류가 될 수 있겠는가. 서민, 지방 사람들, 소외되고 배제된 사람들이 전체 국민의 99%가 넘는데 극소수의 사람들이 주류를 형성한다는 것은 크게 잘못된 것이라는 게 바로 노무현 대통령의 생각이었다. 노 대통령은 이들 '진정한 주류'에게 주류의 몫을 돌려주려고 노력했다. 우리가 사는 세상은 반드시 그렇게 되어야 한다는 당위성만이라도 심어 주고 싶어 했다. 그는 그 '진정한 주류'를 포기할 수 없었다.

그들의 마지막 공격

퇴임과 함께 자칭 '주류'인 그들과의 악연도 수그러지는 듯했다. 그러나 기록물 유출 사건을 시작으로 박연차 수사가 진행되면서 그들은 잠시 서랍 속에 넣어 뒀던 '노무현 프레임'을 다시 꺼내들고 휘두르기 시작한다. 칼날은 더 날이 서고 그 공격 수위는 더 강해졌다. 그것은 지금까지 그들이 노무현 대통령의 전 인생을 두고 쏟아부었던 저주와 조롱 중 가장 잔인하고 가장 비열한 저주이며 조롱이었다. 말 그대로 최후의 일격, 최후의 총력전이었다.

『월간조선』 2009년 5월호에 김동길이 쓴 칼럼을 보자. "대통령이 될 자격도 자질도 없는 사람을 얼결에 그 자리에 올려 앉힌 국민들이 대오각성하게 하기 위해서라도 노무현의 비행은 철저하게 파헤쳐 만천하에 밝혀야 한다. 그래야 다시는 이런 인간이 청와대의 주인이 되지 못한다." 대통령직에 있을 때도 호칭을 제대로 쓰지 않았던 그들이니 앞뒤 없이 딱 잘라 '노무현의 비행'이라고 말한 것 정도는 차치하고라도 "얼결에 그 자리에 올려 앉힌 국민이 대오각성하게 하기 위해서라도"라며 그를 선출했던 국민들까지 싸잡아 훈계하고 있다. 절호의 기회를 만난 것이다.

도무지 어떤 논리를 대도 이해가 불가능할 정도의 상상을 초월하는 증오감은 서거 이후에도 사라지지 않는다. 스스로 대한민국 주류를 자처하는 보수 논객 조갑제 씨는 서거 당일 '조갑제닷컴'에 "대통령과 같은 지고한 자리에 있었던 사람이 그냥 죽어도 서거라고 할 만하다."라며 "그러나 현직에서 물러난 자가 검찰에 출두하여 뇌물수수 혐의로 조사를 받고 고발당하기 직전에 자살한 것을 두고 '서거'라고 하면 말이 안 된다."라고 쓰고 있다. 과연 그다운 반응이었다.

『동아일보』는 5월 24일자 사설에서 "그를 죽음으로 몰고 간 직접적인 원인은 어디까지나 권력비리였다. 죽음이 국가 이미지를 손상하고 청소년들에게도 좋지 않은 영향을 미치지 않을까 우려된다."라고 썼다. 『조선일보』는 한술 더 떠 "홍위병에 가까운 세력들이 노 대통령에 비판적인 목소리를 내는 언론에 대한 전방위 공격을 퍼부었다. 그 결과 대통령 권력은 감시·견제·비판으로부터 해방되면서 결국은 권력 자체의 비리의 무게로 붕괴됐다."라며 죽음의 근본 책임이 홍위병에 가까운 세력에 있다고 말한다.

'증오 저널리즘'의 화려한 재개부터 다시 보자. 많이 찾아볼 것도 없다. 그즈음 아무 날짜나 잡고 하루만 살펴봐도 충분하다. 먼저 4월 11일을 보자.『중앙일보』는 4월 11일자 34면 자사 논설위원인 정진홍의 기명칼럼〈화류관문, 금전관문〉에서 "(박연차가) 돈이 아니라 똥을 지천으로 뿌리고 다녔다…… 그 똥을 먹고 자신의 얼굴에 처바르고 온몸 전체에 뒤집어쓴 사람들이 지난 시절 이 나라의 대통령이었고 그 부인이었으며 아들이었다."라고 썼다. 이 신문은 5월 1일자 2면에서 노 대통령의 해명을 "내 일 남편은 몰랐다. 구차한 3류 드라마"라고 조롱했다.

『동아일보』는 4월 11일자 5면에서 "600만 불의 사나이, 완쇼남(완전 쇼하는 남자), 뇌물현, 노구라 등 노 전 대통령을 비판하는 신조어가 쏟아지고 있다."라고 농락했다.

『조선일보』김대중 고문은 지난 3월 30일자 칼럼에서 "노무현 씨는 역대 어느 정권보다 후임 정권에 약을 올린 대통령이다. 어쩌면 노씨와 그의 사람들이 지금 당하고 있는 정도는 노씨 등이 너무 까불었기 때문인지도 모른다."라고 말했다. '노씨'라는 표현이야 그만두자. 무엇보다 "후임 정권의 약을 올렸다, 너무 까불었다." 등의 표현에서 퇴임 후의 그 미묘한 상황, 즉 '촛불'과 '노간지' 사이에 깃든 그 미묘한 상황을 이처럼 명쾌하게 해석해내고 있는 글은 또 없을 것이다.

이어진 4월 27일자『조선일보』칼럼에서는 "법정에 세우지도 말고 빨리 '노무현'을 이 땅의 정치에서 지우자. 노무현 게이트에 얽힌 돈의 성격과 액수를 보면, 그야말로 잡범 수준이다. 그저 노후자금인 것 같고 가족의 '생계형' 뇌물수수 수준이다. 그래서 더 창피하다. 2~3류 기업에서 얻어 쓴 것이 더 부끄럽다."라고 한층 더 조롱의 수위를 높였다. 규모가 너무 '잡범' 수준이어서 창피하다는 것인데, 그럼 차라리 통 큰 '차떼기'가 규모에 맞다는 말이었을까? 뉘앙스는 분명 그렇다.

『문화일보』 4월 11일자 윤창중 논설위원의 칼럼에서 "노무현에겐, 여기에 '그놈의 헌법' 위에 있는 권력의 심장부에 앉아 달러로 배를 채운 '도적질의 죄'가 생생히 추가되고 있다. '노무현 도당(盜黨)'의 정확한 실체가! …… 이명박 정권이 노무현을 '인생의 종착역'으로 보내지 못하면 엄청난 권위 실추에 빠질 것이다." 같은 신문 4월 13일자 홍정기 논설실장의 시론에서는 "'무능하고 또 부패한 것, 그 '무능+부패'를 한마디로 줄이면 뭐가 될까'라는 질문에는 대개들 머뭇거린다. 글쎄…… 부란(腐爛)이 어떨까―썩어 문드러진다는……." 참으로 검찰에서 흘러나온 혐의사실만으로 쏟아냈다는 게 믿어지지 않을 광적인 증오였다.

모든 언론이 마찬가지였다. '사실 보도'조차 제대로 하지 않은 보도들이 난무했다. 담당 수사팀조차 신문과 방송에서 대형 오보가 여러 차례 나가 브리핑을 수시로 하게 됐다고 말할 정도다. 동아(4월 11일), 조선(4월 14일)과 중앙(4월 15일)은 노 대통령이 100만 달러를 받은 다음날 과테말라 순방길에 미국에 1박2일간 머문 것을 두고 유학 중이던 아들 노건호 씨에게 이 가운데 일부를 생활비로 건네려고 그랬을 것이라는 의혹을 제기했다. 또 조선(5월 4일자 1면)은 노 대통령의 노트북이 노건호 씨 회사에 건네진 것을 두고 사업 참여 의혹까지 인다고 했다. 하지만 이 기사들은 단순 의혹 제기에 그쳤고 사실 확인은 제대로 이뤄지지 않았다. 『중앙일보』는 5월 4일자 6면에 김만복 전 국가정보원장이 노 대통령에게 "건호 씨가 유학 생활 중 수억 원대 투자를 했다가 손해를 봤다."라는 정보 보고를 했다는 의혹도 검찰이 조사 중이라고 보도했지만, 국정원과 검찰 모두 부인했다.

'뇌물'이라는 낱말도 거침없이 등장했다. 뇌물인지 아닌지는 수사 결과와 재판을 통해 밝혀질 문제다. 하지만 언론에게는 사실관계가 중요치 않은 듯했다. 차용증을 쓰고 빌린 돈도 뇌물이었고, 경제적 차원의 투자금도 뇌물이었고, 선의의 증여도 모조리 뇌물이었다. 그러면서 '오랜 후원자'라는 수식어는 꼬박꼬박 붙였다. 뇌물이라면 이권개입의 증거를 찾아내면 될 일이 아니겠는가. 수사과정 기간 동안 모든 언론이 노 대통령의 혐의를 입증할 만한 추적 발굴 보도를 단 한 건도 내지 못했다. 검찰이 먹여 주지 않은 기사는 단 한 건도 보도하지 못했다.

눈에 띄는 대로 몇 개만 더 보자.

- 『세계일보』
사설, 〈자기반성 없는, 정신 못 차린 노 전 대통령〉 (2009년 4월 8일)

- 『국민일보』
조현우 기자, 〈'뇌물현', '노구라', '돈짱'… 盧 전 대통령 인터넷에서 '곤욕'〉 (2009년 4월 10일)

- 『조선일보』
사설, 〈노무현-박연차는 '권력 금고'와 '돈 금고' 함께 쓴 동업자〉 (2009년 4월 10일)

- 『동아일보』
최정호 칼럼, 〈한국현대사와 노무현 시대〉 (2009년 4월 15일)

- 『중앙일보』
  허남진 논설주간, 중앙시평, 〈지킬 & 하이드〉 (2009년 4월 17일)
- 『문화일보』
  사설, 〈盧 전 대통령, 비겁했다〉 (2009년 5월 1일)
- 『조선일보』
  강영수 기자, 〈홍준표 "盧는 사익 뇌물, '통치자금' 전두환보다 더 나빠"〉
  (2009년 5월 6일)
- 『서울신문』
  진경호 논설위원, 서울광장 칼럼, 〈노무현은 죽을까〉 (2009년 5월 20일)

더욱 가관인 것은 SBS TV의 5월 13일 '뉴스8'의 보도였다. "권양숙 여사가 1억 원짜리 명품 시계 두 개를 논두렁에 버렸다."라는 보도였다. 이 보도에 대해서도 검찰은 즉각 이를 부인했다. 하지만 이 오보는 사실로 굳어져 버린다. 『조선일보』 5월 14일 "로또마을 봉하마을에 집결하자, 인터넷 시끌시끌"이라며, 시계의 제품명과 가격을 소개하고 시계를 찾기 위해 금속탐지기를 들고 봉하마을에 모이자는 네티즌들의 글이 있다고 소개한다. 『동아일보』도 5월 15일 "포털 누리꾼들이 봉하마을 논두렁에 2억 시계를 찾으러 가자는 글들을 올리고 있다."라며 오보성 기사를 '확대 재생산'했고, 인터넷도 극성을 부렸다. 명품시계와 관련해서는 언론에 처음 알려진 4월 23일 대검찰청 홍만표 수사기획관이 "나쁜 빨대(취재원을 가리키는 은어)를 반드시 색출하겠다."라고 했으나 종내 무소식인 가운데 이러한 오보가 확산된 것이다.

검찰의 브리핑이나 특정 취재원 1~2명의 말을 그대로 받아쓰면서 "검찰에 따르면 ~라고 말했다." "검찰 관계자는 ~라는 의혹이 있다라고 밝혔다." 등으로 오보성 혹은 추측성 기사를 양산했다. 악의적인 인용 저널리즘이다. 누구의 말을 인용할 것인가는 전적으로 언론이 가지고 있다. 그렇다면 응당 언론은 객관성을 담보해야 할 것이다. 그들은 칼럼과 외부 필진을 동원해 추측을 기정사실화하여 굳히기에 들어갔다.

그러나 그들은 엄연한 또 하나의 사실은 결코 주목하지 않는다. 뙤약볕 아래 네다섯 시간 줄을 서서 조문을 하는 수많은 비주류들의 눈물의 이유와 의미는 말하지 않는다. 이 마당으로 넘어오면 그들은 놀랍게도 지극히 냉정한 '사실 보도'를 하는 언론인의 얼굴로 변신한다. 그들은 결코 노무현을 대통령으로 만들었던 1,201만 4,277표의 무게도 말하지 않는다. 그들의 이러한 '선택적 정보 처리과정'은 그들이 이미 언론이 아니라 하나의 목표를 가진 권력집단임을 증명한다. 언론의 권력화 문제에 대해 노무현 대통령은 임기 말에 제작된 참여정부 영상백서 제작팀과의 인터뷰에서 이렇게 말한 바 있다.

우리 국민들이 몽둥이 들고 청와대 안 쫓아오는 것만 해도 다행입니다. 무자비하게 원칙 없이 끊임없이 쏟아붓는 그 비판들, 그것이 절반만 신뢰성이 있었더라도 우리 국민들이 대통령을 쫓아내야 될 수준이라고 생각합니다. 언론이 국민들에게 전달하는 것 절반만 믿는다면 대통령은 쫓겨 나가야 되는 것이지요.

꼭 한번 묻고 싶어요. 당신의 위치는 어디요? 권력의 하수인 노릇을 하다 그로부터 해방된 다음에는 이 권력 저 권력하고 제휴를 해요. 권력 대

안과 결탁해서 직접 게임에 참여하는 주전 선수가 되어 있는 거예요. 그 라운드에서 뛰고 있더라고요. 정치의 주체가 된 것입니다. 그렇지요?

그래서 꼭 한번 묻고 싶은 겁니다. 당신의 위치는 어디요? 그래서 내가 말하는 겁니다. 스탠드로 좀 올라가쇼. 당신들은 선수가 아닙니다.

그러나 '선수가 아닌' 그들은 결국, 끝내 골을 넣고야 말았다. 그들은 마침내 '죽음'이라는 최후의 전리품을 챙겨들었다.

집요한 하이에나, 조선일보 만평
●

『조선일보』는 김대중·노무현 정부 10년 동안 끈질기게 선택적 정보 처리 능력을 과시하며 주전선수로 뛰었다. 그들은 하이에나처럼 물고 늘어졌다. 특히 '조선만평'은 악의적일 정도로 집요하고도 집요했다. 신문 지면에서 만평은 사설과 칼럼, 기사보다 독자들에게 신문이 말하고자 하는 내용을 단 한 장면으로 전달하는 놀라운 기능을 가지고 있다. 만평은 시각적인 이미지로 신문의 이미지를 대변한다. 그래서 일면의 기사 제목을 훑어보고, 만평만 확인하면 그날의 주요 이슈를 알 수 있는 것이다.

'조선만평'을 그리는 신경무 화백은 김대중·노무현 정부를 '비판'하는 데 참으로 '탁월한' 능력을 가진 화가다. 참여정부와 노 대통령을 조롱하고 비난하는 데 그 탁월한 재능을 마음껏, 질기게 발휘했다.

노 대통령이 박연차 회장에게 600만 달러를 받았다는 혐의로 수사를 받게 되자, 신경무 화백의 붓끝은 현란해진다. 물론 전임 대통령의 금품수수가 가져올 사회적 충격과 영향력을 고려하면 시사만화가로서는 당연히 소재화해야 할 사안이다. 그리고 많은 시사만화가들이 수차례 이 사건을 소재로 만평을 그렸다. 오래전부터 신경무 화백은 단골 메뉴로 노무현 대통령을 무능과 대통령답지 않은 말을 하는 사람으로 비유하기를 즐겼다. 그런데 노무현 대통령의 마지막 보루인 도덕성이 종말을 고하는 사건이 터졌으니 가만히 있을 리가 없다.

모 통신사의 광고 카피인 '쇼를 하자'를 패러디한 '쇼 연작 만평'을 보자. 4월 2일자 '조선만평'은 "백조 같고, 깨끗하다"고 자랑했던 말은 "쇼"라고 비웃고 있다. 4월 8일자 만평은 참여정부가 쇼로 시작하여 쇼로 끝났다고 조롱하고 있다. 4월 22일자는 노 전 대통령이 금품수수에 대해 알지 못했다는 해명을 "쌩쇼"라며 노 대통령을 장님으로 묘사한다. 만평을 보는 이로 하여금 결국 노 대통령의 말과 행동이 모두 쇼일 뿐이며 참여정부의 도덕성이 모두 쇼라는 부정적 인식을 심어 주기에 충분했다. 142~143쪽

4월 11일자 만평은 "봉황생활 수십년에 달러떼기 처음 본다."면서 2003년 5월 대통령 못해 먹겠다는 노무현 대통령 말은 진심이 아님을 암시하면서 집무실에서 돈가방을 직접 받은 것처럼 악의적으로 그리고 있다. 5월 14일자 만평은 사진 액자 속의 모습으로 노 대통령이 금품수수

와 관련해 모든 과정을 진행하고 있었던 것처럼 묘사한다. 5월 15일 '조선만평'은 명품시계에 대한 허위보도가 나간 후 시계를 찾기 위해 구름처럼 사람들이 몰려오는 것처럼 표현하고 봉하마을 사저를 아방궁에 비유하여 조롱하고 있다. 144~145쪽

신경무 화백은 여기서 그치지 않고 좀 더 노골적이고 직접적인 조롱과 비난을 퍼붓는다. 노 대통령을 가족에게까지 버림받은 '왕따'나 '시정잡배'로 직접 묘사해 비참한 인간이라는 인상을 심어 주기에 여념이 없다. 금품수수라는 비도덕적 행위를 지적하는 수준을 넘어서 인간 노무현에 대한 비열한 인신공격을 서슴지 않는다. 145~146쪽.

이러한 '조선만평'은 노 대통령 서거 후에도 교묘하게 계속된다. 마지막으로 노 대통령 영결식이 열린 5월 29일자 '조선만평'을 보자. 146쪽

부디 좋은 곳으로 가시라면서 오른쪽 상단으로 사라지는 사람의 모습을 그리고 있다. 이 만평에 대한 누리꾼들의 해석을 보자. "만화영화에서 '뺑' 차버려 하늘 높이 사라지는 것과 같은 구도다. 큰 대(大)자 모양으로 팔을 뻗은 모습으로 망자를 그리는 것은 일종의 모욕이다. 그리고 손수건을 흔드는 사람들 가운데 작자인 듯한 사람이 손수건을 들지 않고 손을 흔들며 '빠이 빠이' 하고 있다." 신경무 화백의 진짜 의도가 무엇이든 간에 그가 노 전 대통령에게 가졌던 정치적 편향과 혐오를 볼 때 이러한 누리꾼들의 해석이 무리는 아닌 것 같다.

『조선일보』
4월 2일

『조선일보』
4월 8일

『조선일보』
4월 10일

『조선일보』
4월 22일

『조선일보』
4월 11일

『조선일보』
5월 14일

『조선일보』
5월 15일

『조선일보』
4월 17일

『조선일보』
5월 7일

『조선일보』
5월 29일

그 봄의 집단 린치, 누군들 자유로우랴

격세지감이란 말은 이를 두고 하는 말일까. 참여정부 말기 참여정부 지지도는 형편없이 추락해 있었다. 그럼에도 5년간의 국정을 정리할 백서는 제작되어야 했다. 국정홍보팀을 중심으로 영상제작팀이 꾸려졌다. 당시 영상백서를 제작했던 제작팀은 그때 상황을 이렇게 전한다.

"인터뷰 요청 섭외가 정말 힘들었다. 물론 평소 진보를 자처했던 이들이 주요 섭외 대상이었다. 그러나 열 명을 섭외하면 그중 한 명 정도가 허락하거나 그도 되지 않는 경우가 많았다. 인터뷰를 거절하는 이유는 다양했다. '참여정부를 평가하는 게 지금은 좀 이르다.' 라거나 '참여정부의 대체적인 정책은 찬동하지만 내 지지는 단서를 단 지지다.' 등과 같은 이유를 들었다. 어렵게 인터뷰를 허락해 놓고도 '이 말은 꼭 넣어 내 말에 균형을 맞춰 줘야 된다.' 라며 참여정부가 잘못한 점을 나열했다. 그리곤 그 말을 넣지 않으면 앞에 했던 말도 넣어서는 안 된다며 인터뷰 촬영본에 대해 토를 달았다. 아예 노골적으로 '참여정부 평가 백서에 내 얼굴을 내기가 싫다.' 라거나, '이 마당에 백서 만들어 봐야 뭐 하느냐.' 라고 말하기도 했다. 가장 온건한 거부 의사가 '불편하다.' 정도였다. 물론 정치적 판단이 필요 없기 때문에 부담 없이 응해 준 이들도 있었다.

그런데 서거 직후 우리를 그렇게도 홀대하며 애먹였던 그들이 하루아침에 변신했다. 그들은 서로 질세라 앞다퉈 참여정부의 의미를 평가했다. 왜 그때는 못하고 지금 저러나……. 백서 제작 과정에서 노무현 대통령을 직접 만나 토의하고 인터뷰했던 사람으로 솔직히 우리들의 충격과 슬픔도 각별하다면 각별하달 수 있는데 정작 그 슬픔이나 충격에 집중할 수가 없었다. 우리들에게는 그들의 그 변신이 더 충격이었다.

결국 5부작으로 제작됐던 참여정부의 영상백서는 그런 분위기에서도 인터뷰를 허락해 준 소수의 사람들만의 것을 딸 수 있었다. 그들이 정말 고맙다. 하지만 그 수는 너무 적었기 때문에 대부분의 인터뷰이는 참여정부 인사들로 채워질 수밖에 없었다. 요즘도 우리들끼리 모여 술자리에서 말하곤 한다. 그를 죽인 건 보수만이 아니라고……. 우리가 무슨 일을 저질렀던가 정도는 생각해 봐야 할 것 같아서 하는 말이다. 이것은 물론 우리 자신을 포함한 말이다." 15

서거 직후, 세상은 정말 하루아침에 바뀌어 버렸다. 보수언론의 보도 행태를 말하는 게 아니다. 평소 진보를 자처했거나 중도적인 입장들의 변신이 하루아침에 여론을 형성했다. "보수언론의 망신주기 보도가 노 대통령을 서거로 몰고 갔다."라는 보도가 봇물처럼 쏟아져 나오기 시작했다. "검찰과 언론이 노 전 대통령을 죽음으로 내몬 사실상의 타살 공범"이라는 비판 여론을 소개한 기사도 쏟아져 나왔다. '박연차 게이트' 수사와 관련, 검찰의 혐의내용 흘리기와 이를 중계방송하듯 받아쓴 언론의 보도행태가 도를 넘었다는 것이다. 이미 인격적 살인을 했다는 것인데, 이러한 보도행태는 언론사별로 빈도의 차이는 있지만 지난 5개월 동안 거의 모든 언론에서 비슷하게 되풀이되었다.

『한겨레』를 구독하고 있다는 한 시민은 기록위원회 취재진과의 만남에서 이렇게 말하기도 했다.

"아니 그런 걸 왜 이제야 말해 주대요? 나는 보도가 계속 그렇게 나가니

15 참여정부 백서 제작 인터뷰에 응했던 이들의 명단은 다음과 같다. 노대종, 백종천, 윤광웅, 이상수, 이재정, 이종석, 이정우, 한덕수, 권오규, 김수현, 김진경, 김창호, 박남춘, 문재인, 민기영, 소문상, 성경륭, 안희정, 양철철, 윤승용, 유시민, 이진, 이창동, 이병완, 이해찬, 이호철, 전해철, 조기숙, 차성수, 차의환, 천호선, 강철준, 김근식, 김동민, 동용승, 박상철, 안병진, 이숙이, 이원종, 이용섭, 이재승, 임채원, 정태호, 황성현, 표명렬, 장시아, 고영구, 김병준, 김우식, 김종훈, 문정인, 문희상, 반기문.

까 처음에는 긴가민가하다가 나중에는 그냥 생각을 닫아 버렸거든요. 불편하더라고요. 일일이 수사의 본질까지 따져볼 만큼 내가 노무현의 팬인 것도 아니고, 그렇잖아요. 우리가 한겨레나 경향을 볼 때는 최소한 믿는 마지노선 같은 게 있잖아요. 그러면서 그냥 불편하다는 정도로 흘러간 거예요. 나중에야 수사의 본질이 어떻네 저떻네 나오는데, 진짜 황당하더라고요. 아니 그런 걸 왜 그때는 말 안 해 주고, 나중에야 그 난리를 치나……. 나는 그게 더 미치겠더라고요. 그를 죽인 건 보수만이 아니었구나…….''

당시 언론의 보도는 지독하고도 지속적이었으며 집요했다. 수사 본질과는 거리가 먼 사생활 들추기, 도덕적 흠집내기, 모욕 주기, 조롱하기, 의혹 부풀리기로 신문과 방송은 경주라도 벌이는 듯 각을 세우고 선정성을 키워 나갔다. 이러한 보도행태는 결코 보수언론이라는 몇몇 신문만의 문제가 아니었다.

『경향신문』 2009년 5월 4일자 유인화 문화1부장이 쓴 칼럼은 〈아내 핑계 대는 남편들〉이란 칼럼이다. 독특한 형식이 먼저 눈에 띈다.

여자
당신, 구속 안 되겠지? 다른 대통령들은 2천억 원 넘게 챙기던데, 우린 80억 원도 안 되잖아요. 고생하는 아들에게 엄마가 돈 좀 보낸 건데, 지들은 자식 없나. 지들은 돈 안 받았어!

남자
내가 판사 출신 대통령이야! 고시 보느라 당신에게 가족생계 떠맡긴 죄밖에 없다고. 15년 전 내가 쓴 책 『여보, 나 좀 도와줘』에 고생담이 나오잖소.

여자
그래요. 당신 대통령 될 때 '사랑하는 아내를 버리란 말입니까'로 동정표 좀 얻었잖아. 이번에도 내가 총대 멜게요. 우리 그 돈 어디다 썼는지 끝까지 말하지 맙시다. 우리가 말 안해도 국민들이 다 할 텐데 뭘…….

남자
걱정 마. 내가 막무가내로 떼쓰는 초딩화법의 달인이잖아. 초지일관 당신이 돈 받아서 쓴걸 몰랐다고 할 테니까, 소나기만피하자고. 국민들, 금방 잊어버려.

그리곤 "물론 노무현 전 대통령 내외가 이렇게 말하지는 않았습니다."라고 적은 후, "연극 공연용으로 적어 본 대사입니다."라고 너스레를 떤다. 그는 정말 그게 연극용 대사가 될 수 있다고 생각했던 것일까. 그런 어울리지 않는 너스레를 떤 다음 사설은 다음과 같은 글로 이어진다.

'빚꾸러기 영부인' 권양숙 여사가 검찰에 재소환된다지요. 아내로, 어머니로 가족의 중심을 잡아야 할 인물이 도덕적 중심을 잃고 말았습니다. 대통령이 그 '중심'을 내놓도록 했습니다. "저의 집(아내)에서 (돈을)부탁하고 받았다." 고 했습니다.

재미삼아 쓴 풍자라고 하기에는 모욕이 도를 넘고 수준도 졸렬하다. 이 글을 보고 역사학자 김기협은 인터넷 신문 『프레시안』에 『경향신문』 절독을 선언하는 글을 올린다. 김기협은 유인화의 글이 "신문에 실어서는 안 될 비열한 글"이고, "인격적 모멸감을 불러일으키기 위해 이처럼 혼신의 힘을 기울인다는 것은 읽는 사람의 낯을 화끈거리게 하는 부끄러운 글쓰기"라고 비판한다.

내친김에 하나 더 보자. 『경향신문』 2009년 4월 15일자 이대근 칼럼이다. 제목은 〈굿바이 노무현〉이다.

노무현은 범죄와 도덕적 결함의 차이, 남편과 아내의 차이, 알았다와 몰랐다의 차이를 구별하는 데 필사적이다. 그러나 그런다고 달라지지 않는다. 참여정부의 실정으로 서민들이 가난해지는 동안 노무현 패밀리는 부자가 되었다는 사실은 변하지 않는다.

절망 속에 빠진 서민을 버려두고 자기들은 옥상으로 피신해 헬기 타고 안전지대로 탈출하려 했다는 사실은 조금도 변하지 않는다. (……) 노무현 당선은 재앙의 시작이었다고 해야 옳다. 이제 그가 역사에 기여할 수 있는 일이란 자신이 뿌린 환멸의 씨앗을 모두 거두어 장엄한 낙조 속으로 사라지는 것이다.

조직폭력배를 연상시키는 '패밀리'란 용어를 사용하면서 그는 참으로 용기있게 '장엄하게 사라질 것'을 주문한다.

불편해도 인정할 건 인정하자. 『한겨레』도 크게 다르지 않았다. 3월 28일자 사설 〈노 전 대통령 주변의 추한 모습〉에서 "노무현 전 대통령 주변의 부패상이 잇따라 드러나고 있다."라며 "사실이라면 법과 수사의 허점을 악용한 신종 부패수법"이라고 여론을 몰아갔다. 4월 15일자 〈밝혀야 할 수백만 달러의 대가〉라는 사설에서도 "노 전 대통령의 관여가 있었다면 대가 관계를 의심하지 않을 수 없다."라고 추측을 통한 여론몰이를 재현했다.

『한겨레』의 2009년 4월 30일 칼럼을 보자. 〈비굴이냐, 고통이냐〉라는 김종구 논설위원의 글이다.

피의자의 방어권을 내세워 구차하게 법망을 빠져나가려는 모습은 보이지 않았으면 한다. 그럴수록 더욱 초라해질 뿐이다. 야속하게 들릴지 모르겠지만, 봉하마을 집 주변에 가시나무 울타리를 치고 '위리안치' 되는 신세나,

옥중에 갇히는 생활이나 오십보백보다.

노 전 대통령이 선언한 대로 그의 정치생명은 이미 돌아올 수 없는 강을 건넜다. 하지만 그는 죽더라도 그의 시대가 추구했던 가치와 정책, 우리 사회에 던져진 의미 있는 의제들마저 '600만 달러'의 흙탕물에 휩쓸려 '동반 사망' 하는 비극은 막아야 한다. 그의 '마지막 승부수'는 아직도 남아 있다.

『미디어오늘』 박상주 논설위원의 글이다. 〈노 전 대통령께〉라는 편지글 형식이다.

님은 이런 정도만으로도 유구무언이어야 합니다. '아내가 한 일이다. 나는 몰랐다' 라는 변명은 일개 필부의 입에 올리기에도 부끄러운 말입니다. 국민들 앞에 석고대죄하십시오. 다 까발리고, 다 털어놓으시고, 용서를 구하십시오. 죽을 때 죽더라도 하찮은 하이에나 떼에 물려 죽지 마시고, 지도자답게 산화하십시오.

그들은 꼬박꼬박 '진보의 가치'를 지킨다는 명분을 먼저 말한 후 차라리 '장엄한 낙조 속으로' '장렬하게 산화'할 것을 권하고 있다. 그들의 그 참으로 '용감하기 그지없는 권유' 끝에서, 노무현 대통령은 정말로 장엄하고 장렬하게 산화했다.

조선, 중앙, 동아, 문화 등 보수신문보다 경향과 한겨레의 글들을 길게 소개하는 이유는 간단하다. 그들은 알았을까? 그 신문들은 노무현 대통령이 보는 '유일한 신문'이었다. 노무현 대통령은 봉하마을 사저에 조중동을 비롯한 보수신문을 아예 들어놓지조차 않았다. 보는 신문은 한겨레와 경향 등 진보를 표방한 신문이 유일했다. 이에 대한 유시민 전 장관의 말을 들어보자. 장례를 막 치른 후 『씨네21』과의 인터뷰 중 김혜리 기자가 "봉하마을에서 한겨레신문을 화를 내며 내던졌다는 소문을 전해 들었습니다."라고 묻자, 그는 이렇게 말했다.

> "노 대통령은 퇴임 뒤에 조중동은 보지 않았어요. 그들은 어차피 비난하는 것이고 앞으로도 계속 비난할 것이라 여겨 개의치 않으셨어요. 이번 검찰 수사 진행 중에는 사저를 찾아가 보면 눈에 띄는 신문이 『한겨레』와 『경향신문』뿐이었어요. 그런데 지난 두 달간 두 신문의 보도, 그건 죄악입니다, 죄악. 조중동과 똑같이 '받아쓰기' 했을 뿐 아니라……. 제가 『한겨레』 20년 독자인데 한 달 동안 무서워서 신문을 펼치지 못했어요.
>
> 포털로 기사는 읽었지만 지면으로 보기는 끔찍했어요. 기자들이 인터뷰하자고 연락했기에 내가 무서워 읽지 못하는 신문에 어떻게 인터뷰를 하느냐고 반문했죠. 어느 기자에게 이런 법이 있느냐고 했더니 대통령은 인권이 없대요. 그래서 전직 아니냐 했더니 공인은 인권이 없대요. 대통령 돌아가시고 나서 여러 신문들을 보며 다시 한번 끔찍했어요. 불과 1, 2주 전에 노무현이 없어져야 진보의 새로운 길이 열린다고 썼던 칼럼니스트가 그 손으로 수백만의 노무현으로 부활하라는 칼럼을 쓰고 있어요. 제가 이럴진대 당사자는 어떤 기분이었을까요. 노무현 자체가 재앙이고 노무현이 있는 한 진보가 재기할 수 없다는 글을 읽으며 무슨 생각을 했을까요?"

그가 봤던 유일한 신문, 그가 '분명히 봤던' 그 기사들, 그 '용감무쌍'한 칼날의 칼집을 쥐고 있는 건 바로 그가 '우리'라고 생각했던 '우리들'이었다. 서거 직후 마치 약속이라도 한 듯이 동시에 터져 나온 시민들의 언어 '지못미'라는 어휘는 바로 거기에서 비롯된 것인지도 모른다.

03

무거웠던 5월의 하루

내 마음속 대통령

| 봉하마을과 전국의 봉하마을들 | 작별을 준비하며

지·못·미

1 무거웠던 5월의 하루

부엉이바위 밑에 지다

2009년 5월 23일 오전 9시
봉하마을 부엉이바위

6월 5일 경남지방경찰청에서 발표한 노무현 전 대통령 서거 관련 수사결과 발표 내용과 언론에 발표된 내용을 중심으로 그날 아침을 다시 한 번 되돌아보자.

5월 23일 새벽 5시 21분, 노 대통령은 사저의 거실에 있는 개인 컴퓨터 앞에 앉아 글을 작성하기 시작했다. 5시 26분 작성한 글을 1차로 저장하고 수정했다. 그리곤 5시 35분경 인터폰을 들어 경호관을 호출했다.

"산책 나갈게요."

"네, 알겠습니다. 자전거를 준비할까요?"

"자전거는 필요 없고요."

대통령은 다시 한 번 문서를 읽어보고 수정을 마쳤다. 문서의 최종 저장 시간은 5시 44분. 경호관을 호출한 시간으로부터 정확히 9분 뒤였다. 그리곤 회색 콤비 양복을 걸치고 현관으로 나가 등산화를 꺼내 신었다. 거실의 컴퓨터 바탕화면에는 '나로 말미암아'로 시작되는 글이 한글문서 파일로 저장되어 있었다.

그때 권양숙 여사는 컴퓨터 자판 두드리는 소리에 이미 잠을 깬 상태였다. 대통령의 인터폰 소리를 듣고 '산책 나가시나 보다' 생각을 하며 잠시 함께 갈까를 고민했다. 그러나 그때 이미 대통령은 현관문을 나서고 있었다.[16]

봉하마을의 아침 하늘은 찌푸려 있었다. 문서 최종 저장 시간으로부터 3분 뒤인 5시 47분, 대통령은 정문 앞에서 대기하고 있는 이 모 경호관과 인사를 나눈 후 문을 나선다. 정문 밖 경비를 맡고 있던 의경은 갑자기 정문을 열고 나선 대통령을 보고 엉거주춤 거수경례를 하였다. 대통령은 미소 띤 얼굴로 가볍게 답례를 하며 봉화산 쪽을 향했다. 사저의 담을 따라 걷다가 담장 밑에 돋아난 잡초가 보이자 대통령은 무심결에 잡초를 뽑아 던졌다. 대통령이 허리를 굽혀 잡초를 뽑자 이 경호관도 대통령을 따라 풀을 뽑았다. 그 길은 그가 어릴 적 뛰어놀던 생가의 고샅길이었다.

봉화산은 뿌연 아침 안개에 덮여 있었다. 봉화산 등산로 앞에 이르자 마늘밭에서 마을 주민 박씨가 일을 하고 있는 것을 보고 대통령은 인사

16
이날 아침 "권양숙 여사가 '함께 갈까요?'라고 하자 대통령이 '그럽시다.' 했고, 권양숙 여사가 옷을 입는 사이 혼자 먼저 나가 버렸다."는 언론의 기사는 사실이 아니다.

를 건넸다. 허리를 펴고 인사를 하는 박씨에게 대통령이 다정하게 물었다.

"일찍 나오셨네요. 요즘 마늘 작황이 어떻노?"

"아이고 오랜만에…… 올해 별로 좋지는 않습니다."

바로 등산로로 접어들었다. 등산로를 따라 오르면서 약수터에 이르자 대통령은 갑자기 걸음을 멈추고 부엉이바위 쪽을 바라봤다.

"어렸을 적에는 저런 바위를 참 잘도 올라가곤 했었는데…….."

대통령이 혼잣말을 하며 이 경호관을 향해 고개를 돌렸다. 경호관은 어릴 적 감회를 떠올리는 대통령의 눈을 바라봤다. 몇 차례 듣던 말이었다. 이 경호관은 '대통령님은 부엉이바위만 보면 어릴 적 기억이 새삼 떠오르는가 보다'라는 생각에 미소를 지었다. 대통령은 정토원으로 오르는 산길을 따라 걸었다. 늘 오르던 등산 코스였다. '봉수대 0.37km'가 붙은 이정표를 지나 좀 더 오르는 중 대통령은 잠시 멈춰 서서 산 아래를 내려다봤다. 그리고는 이 경호관에게 말한다.

"힘든데 내려가지."

이 경호관은 "네."라고 짧게 말하고 무전으로 "하산하신다."라고 동료 경호관에게 알린다. 사저 출발로부터 20여 분이 채 안 된 시각, 평소에는 좀체 없던 이른 하산 결정이었다. 내려오는 길에 대통령은 갑자기 부엉이바위가 있는 오른쪽으로 방향을 틀었다. 6시 10분경, 부엉이바위 정상에 도착한 대통령은 봉하마을을 내려다보며 이 경호관에게 물었다.

"부엉이바위에 부엉이가 사나?"

이 경호관은 대답을 원하고 묻는 질문이 아니라는 것을 알지만 "잘 모르겠습니다."라고 대답했다. 대통령은 말 없이 봉하마을과 마을 앞 들판을 내려다봤다. 호주머니에서 손수건을 꺼내 땀을 닦은 후 대통령은 약 11미터쯤 떨어진 폐쇄된 등산로 쪽으로 자리를 옮기며 경호관에게 물었다.

"담배 있는가?"

"없습니다. 가져오라고 할까요?"

"아니 됐어요."

폐쇄된 등산로 주변을 이리저리 살피던 대통령이 다시 혼잣말처럼 물었다.

"폐쇄된 등산로에 사람이 다니는 모양이네?"

이 경호관은 경호관 특유의 어투로 "그런 모양입니다."라고 대답했다. 그러자 대통령은 바로 뒤에 있는 묘지 옆 잔디밭에 앉았다. 잠시 후, 한 발짝 뒤에 서 있던 이 경호관을 향해 대통령이 말했다.

"정토원에 선 법사님이 계신가 보고 오지."

"모셔 올까요?"

"아니, 그냥 계신지 확인만 하고 와."

이 경호관은 즉시 "예, 알겠습니다."라고 대답한 후 정토원을 향해 뛰어갔다. 6시 14분경이었다. 247미터 떨어진 정토원 요사채 앞마당까지 뛰어간 이 경호관은 선진규 법사가 있는 것을 확인하고 다시 부엉이바위로 되돌아온다. 그러나 대통령은 그곳에 있지 않았다.

이 경호관은 휴대전화로 사저 경호실의 신 경호관에게 즉각 전화를 걸어 "심부름 다녀온 사이 대통령께서 보이지 않는다. 나랑 길이 엇갈

려서 어디로 내려가신 것 같은데, 산이 잘 보이는 곳으로 빨리 나와서 내려가시는 게 보이는지 확인하고, 확인되면 다시 나한테 연락해 달라."고 말한다. 이 경호관은 대통령이 혼자 하산하신 모양이라고 생각하고 등산로를 따라 뛰어 내려가기 시작했다. 그러나 마애불 근처까지 가도 대통령의 모습은 보이지 않았다.

아차, 그 순간 경호관은 다시 부엉이바위 위쪽 마애불 방향으로 뛰어 올라갔다. 이 경호관은 다급해졌다. 이미 10여 분 가까이 경호 대상을 놓친 것이다. 그때 나물을 뜯고 있던 오씨 아주머니를 발견한다. "등산객 한 분 못 보셨어요?"라고 물었지만 돌아오는 대답은 "보지 못했다."는 것이었다. 오씨의 말이 채 끝나기도 전에 이 경호관은 자리를 뜬다.

어디에도 대통령은 보이지 않는다. 그때, 다시 내려오는 경호관의 눈에 봉화산 정상 호미 든 관음상 부근에서 누군가 손을 흔드는 모습이 보였다. '아, 저기 계셨구나.' 이 경호관은 손을 번쩍 들어 흔들었다. 그리곤 단숨에 호미 든 관음상까지 뛰어 올라갔다. 그러나 그곳에 대통령은 없었다. 젊은 부부가 등산을 온 것이었다. 이 경호관이 그들에게 대통령을 보았는지 물었지만 그들은 보지 못했다고 대답한다.

이 경호관은 6시 30분경 신 경호관에게 세 번째 전화를 한다. 돌아오는 대답은 대통령을 발견하지 못했다는 말이었다. 이 경호관은 사자바위까지 잰걸음으로 다시 올랐다. 6시 35분경, 이번에는 신 경호관이 이 경호관에게 전화를 걸어 "혹시 정토원에 계신지 한번 확인해 보시는 게 어때요?"라고 말한다. 그 말에 이 경호관은 다시 정토원으로 뛰어간다. 막 요사채로 들어서자 이 경호관을 본 선진규 법사가 "무슨 일이야? VIP

오셨어?"라고 물었다. 이 경호관은 선 법사의 물음에 대통령께서 이곳에 오지 않았구나 하는 생각이 들었다. "아닙니다. 아무것도 아닙니다."라고 말하고 다시 부엉이바위 쪽으로 내려갔다.

    이 경호관은 혼란에 빠졌다. 어디로 가신 것일까? 이미 봉화산 등산로는 다 뒤져 본 뒤였다. 분명히 밑에서는 '도착하셨다'는 연락이 없다. 40대 중반의 이 경호관은 이미 온몸이 땀으로 범벅이 되었고 기진맥진한 상태였다. 정토원을 빠져나온 이 경호관은 목교 부근에서 다시 신 경호관에게 전화를 한다. "정토원도 가보고 내가 아는 등산로는 다 찾아 봤는데 안 계신다. 아무리 찾아도 안 계시네. 미치겠네, 정말. 귀신이 곡할 노릇이야."

    막 전화를 끊는 순간, 번개처럼 드는 생각 하나. '부엉이바위 아래일지도 모른다!' 그는 뛰기 시작했다. 산길을 뛰어 내려오던 이 경호관의 눈에 부엉이바위 아래로 얼핏 푸른색이 보였다. 본능적으로 무전기를 꺼내들었다.

    "차 대!"

    이 경호관은 부엉이바위 아래로 뛰어 내려갔다. 그때 이 경호관이 본 것은 부엉이바위 아래 가건물의 푸른색 지붕이었다. 그러나 그가 보았던 것이 무엇이었건, 대통령은 그곳에 있었다. 부엉이바위 위에서 대통령과 헤어진 지 35분이 지난 6시 51분경이었다.

    "대통령님! 대통령님!"

대답은 없었다. 이 경호관은 대통령의 머리를 자신의 오른쪽 다리 위에 올려놓고 경동맥을 짚어 보며 대통령님을 불렀다. 대답이 없었다. 맥박과 의식도 확인되지 않았다. 차를 어디에 대야 할 것인가. 순간적으로 바위 아래 공터가 그의 시야로 들어왔다. 6시 52분, 이 경호관은 신 경호관에게 전화를 했다.

"이 씨가 결혼했던 잔디밭 공터. 거기로 빨리 차 대. 빨리!"

이 경호관은 대통령을 오른쪽 어깨에 걸쳐 메고 일어섰다. 그는 거리상 차가 오는 시간이 더 늦을 거라는 판단을 했다. 다시 무전을 했다. 땀과 눈물로 뒤범벅이 되어 있던 이 경호관의 목소리는 떨렸고 격앙되었다.

"야! 빨리 차 대란 말이야!"

잔디밭 공터에 도착한 이 경호관은 대통령을 눕히고 인공호흡을 시도했다. 경호실 차량이 위치를 찾지 못하고 다른 방향으로 가는 것을 본 이 경호관은 더 다급해졌다. 다시 욕설이 나왔다.

차량이 도착했다. 물을 것도 없고 대답할 것도 없는 상황. 차는 대통령을 싣고 진영읍에 있는 세영병원을 향해 달렸다. 뒷좌석에서 대통령의 상체를 끌어안은 이 경호관의 땀과 눈물방울이 대통령의 얼굴 위로 떨어졌다. 이 경호관은 차 안에서 사저의 비서관인 문용욱 비서관과 경호실 책임자인 주영훈 부장에게 전화로 사고 소식을 전했다. 차를 요청한 최초의 전화로부터 8분여 뒤인 7시였다.

"대통령님께서 봉화산 등산길에 미끄러져서 많이 다치셨습니다. 세영병원으로 가고 있습니다."

'혹시 대통령님의 뜻일지도 모른다'

문용욱 비서관은 전화를 받고 세영병원으로 달려가는 길에 김경수 비서관에게 사고 소식을 전했다. 김경수 비서관은 전화를 받자마자 차에 올랐다. 그리곤 문 비서관에게 전화를 해 대통령의 상태를 다시 물었다. 돌아오는 대답은 "심각하다."라는 것이었다. 그 순간 김경수 비서관은 '미끄러진 것이 아닐 수도 있다.'는 생각이 들었다. 김경수 비서관은 문용욱 비서관에게 '먼저 사저에 들러서 혹시 대통령님께서 뭔가 글 같은 것을 남기신 것이 있는지 확인해 보고 병원으로 가겠다.'고 하고 사저로 향한다.

당시 비서관들은 사고 소식을 접하자마자 '최근 대통령님께서 검찰 수사로 힘든 시기였고 부엉이바위나 정토원에는 거의 가시지 않으셨기 때문에 혹시 이번 사고가 대통령님의 뜻으로 일어났을 수도 있다.'는 생각이 들었다고 한다. 무섭고 두려운 예감이었다. 대통령은 평소 간단한 메모 정도는 자필로 하지만 문서는 항상 컴퓨터로 작성했다. 아무리 무섭고 두려워도 확인은 해야만 했다. 문용욱 비서관은 김경수 비서관이 사저로 향하는 사이 박은하 비서관에게 전화를 건다.

"대통령님께서 많이 다치셨습니다. 혹시 컴퓨터에 작성해 놓은 무슨 문서가 있는지 한 번 찾아보세요."

문용욱 비서관은 다시 김경수 비서관에게 전화를 한다.
"비관적입니다. 그래서 지금 세영병원에서 마산으로 가려고 했으나 양산 부산대병원으로 가야 할 것 같습니다."

사태가 심각하다는 뜻이었다. 김경수 비서관은 문재인 전 실장과 전해철 수석, 정재성 변호사 등에게 사고 소식을 급하게 전하며 부산대병원으로 바로 와 달라고 말한다.

김경수 비서관이 막 사저에 도착했을 때, 박은하 비서관은 대통령의 컴퓨터에서 〈나로 말미암아 여러 사람의 고통이 너무 크다〉는 제목의 문서를 발견했다. 14줄 171자의 짧은 글이었다. 얼어붙은 듯 침묵이 흘렀다.

박 비서관이 떨리는 손으로 문서를 출력하려 했지만 그 컴퓨터는 프린터와 연결이 되어 있지 않았다. 박 비서관은 자신의 전자메일로 그 문서를 전송한 후 사저 사무실의 자기 컴퓨터로 다시 와 유서를 10여 장 출력한 다음 김경수 비서관에게 건넸다. 그 순간의 고통을 김경수 비서관은 이렇게 말한다.

"지금이야 이런 저런 생각도 하지만, 그때는 단 하나의 생각뿐이었습니다. 여사님과 마주치지 않아야 된다. 그때 심경이 어땠냐? 물곤 하는데 뭔 생각이 들어올 여지가 있습니까? 정말 그 생각뿐이었습니다. 여사님과 마주치지 않아야 된다."

노 대통령을 실은 앰뷸런스는 8시 13분경 양산 부산대병원 응급의료센터에 도착했다. 세영병원에서 응급조치를 취했으나 더 이상 손쓸 방법이 없었다. 기도 유지를 위한 응급처치를 하고 나서 양산 부산대병원으로 노 대통령을 이송한 것이다.

양산 부산대병원의 응급의료센터에 도착했을 때 노 대통령은 이미 의식과 자가 호흡이 없는 상태였다. 의료진은 거듭 심폐소생술을 실시했다. 하지만 상태는 호전되지 않았다. 의료진은 당시 상황을 DOA(Dead On Arrival), 즉 도착 시 이미 사망 상태였다고 전하고 있다.

문재인 전 실장은 23일 7시가 조금 넘은 시각 김경수 비서관으로부터 사고 소식을 듣고 곧바로 양산 부산대병원으로 달려왔다. 양산 부산대병원에는 문용욱 비서관과 노건호 씨가 와 있었다. 문 전 실장은 인공호흡기가 부착되어 있는 노 전 대통령의 마지막 모습을 지켜 봐야 했다. 정말 있을 수 없는 일이 일어났고 두 눈으로 직접 본 사실이 믿기지 않았다. 가슴은 진정이 되질 않았다.

"대통령의 모습은 너무나 참혹했습니다. 이 모습을 차마 그대로 유족에게 보일 수가 없었습니다."

의료진이 서둘러 상처를 봉합하고 혈흔을 닦아냈다. 9시 25분경, 권양숙 여사가 양산 부산대병원 응급의료센터에 도착했다. 비서진은 가벼운 사고라 했지만 권양숙 여사는 대통령의 상태를 계속 물었고 비서진도 더 이상은 숨길 수가 없었다. "세영병원에서 양산 부산대병원으로 옮기셨습니다." 라는 보고를 했다. 그렇다면 가벼운 사고가 아니지 않은가? 권양숙 여사는 보고를 듣자마자 그 길로 달려온 길이었다. 응급의료센터에 도착한 권 여사는 노 전 대통령의 모습을 보고 그 자리에서 정신을 놓아 버리고 만다.

대한민국 제16대 대통령 노무현은 2009년 5월 23일 오전 9시

30분 운명했다.

그날, 병원의 전자 차트에는 아무것도 기록되어 있지 않았다. 이름 또한 '노무현'이 아닌 '무명씨'로 기록되어 있었다.

그날, 노무현 대통령이 몸에 소지했던 물건은 '단 한 장의 손수건'이 전부였다.

아무런 징후도 없었다

"두 가지겠지요. 하나는 역시 속죄의 의미가 있다고 생각합니다. 대통령님 당신께서는 관여하지 않으셨고 모르셨던 일이지만, 측근이나 가족에 의해서 그런 일이 있었다는 것이고, 게다가 그것이 미국에서 집을 사니 뭐 이런 용도였다는 것이고 하니까, 국민들에게 이루 말할 수 없는 책임이나 죄송스런 마음을 가지셨던 거지요. 그래서 속죄의 의미가 크다고 봅니다.

그리고 또 하나는 일종의 항의겠지요. 자존을 지키기 위해. 계속 그렇게 굴욕을 강요하지 않았습니까? 사법적으로 증거도 박약하고 그런 상황임에도 불구하고 검찰이 지속적으로 언론하고 연계하면서 모욕을 가하고 하는 상황이지 않았습니까. 그런 상황에서 이제 더 이상 굴욕 받지 않겠다, 스스로의 자존을 지킨 것이 아닌가, 저는 그렇게 생각합니다."

노 대통령이 부엉이바위에서 스스로 몸을 던진 이유에 대한 문재인 전 실장의 해석이다. 노 대통령은 이미 '사람사는세상'에 사과의 글을 올렸다. "송구스럽고 면목이 없다."면서 "깊이 사과드린다."라는 글이었다. 특히 노 대통령이 가장 '송구스러워하고 면목 없어' 한 순간은 박연차 회장으로부터 받은 돈의 일부가 미국에 집을 사는 데 사용됐다는 것을 안 때였다고 한다. 그냥 빚 갚는 데 사용한 줄만 알고 있다가 집을 사는 데, 그것도 미국에서 집을 사는 데 사용되었다는 사실을 알게 되었을 때의 상황을 문재인 전 실장은 단 한마디로 전달한다.

"특히 그 부분 때문에…… 참…… 면목 없어 했어요."

그때부터 노 대통령의 싸움은 검찰이나 언론과의 싸움이 아니라, 결국 검찰과 언론에 의해 흠집 난 참여정부와 자신의 명예를 지키기 위한 싸움으로 변했다. 특히 이 과정에서 언론은 끊임없이 '아내가 한 일'이라는 상황을 두고 온갖 소설을 써 내려갔다. 당시 봉하마을 사저의 분위기를 정재성 변호사는 이렇게 전한다.

"잘 알려져 있다시피 원래 여사님과 대통령님 사이는 좋은 편인데, 대통령님이 경상도 남자 아닙니까? 평소에 경상도 남자들이 그렇듯 사소하게 여사님을 타박을 많이 하시는 편입니다. 평소 같았으면 꽤나 타박도 하시고 하셨을 텐데, 그런데 이상하셨대요. 여사님 말씀에 의하면 이번 사건만큼은 대통령님이 아무런 타박도 안하셨다고 합니다. 오히려 안심을 시키고 위로하셨다고 합니다. 그즈음 대통령님께서 말씀하시길 '이게 다 나 때문에 일어난 일인데 내가 아내를 뭐라고 할 수 있겠는가. 다 내 부덕의 소치다. 내가 좀 더 아내에 대해서 신경을 쓰고 내가 아내에게 경제적으로도 믿음직했더라면 아내가 과연 이런 일을 했겠는가.' 하셨습니다."

노 대통령의 조카사위이자 변호사로 노 대통령 곁을 지켰던 정재성 변호사는 당시 노 대통령이 굉장히 힘들어 했지만 가족들이나 비서진들 모두 그 이상의 어떤 징후를 느끼지는 못했다고 전한다.

"돌아가시고 난 후에도 주변에서 대통령님께서 '그때 이상하셨다.'고 말하는 사람이 거의 없었어요. 그랬던 것은 대통령님께서 그동안 굉장히 강인하게 살아오셨고, 대통령님답게 분명히 사안을 구분하셨거든요. '내가 정치적·도의적으로는 책임이 있지만 그건 내가 달리 책임져 나가야 할 문제고 다만 법적으로는 책임이 없다. 이 부분만큼은 밝히고자 한다.' 그러셨습니다. 그래서 수사에서도 분명한 입장을 밝히셨던 거고. 그래서 저희들은 그렇게 극단적인 선택을 할 것이라고는 전혀 생각지 못했어요."

긴 하루의 시작, 봉하로 돌아오다

노무현 대통령이 운명한 뒤 시신은 양산 부산대병원 영안실에 임시 안치되었다. 유족과 참여정부 인사들이 속속 병원에 도착했다. 그들에겐 마음 놓고 울어 볼 시간도 허락되지 않았다. 당장 장례 문제부터 논의해야만 했다. 문재인·이병완 전 실장과 전해철·이정호 전 수석, 문용욱·김경수 비서관 그리고 정재성 변호사를 중심으로 장례 절차와 형식에 대한 긴급회의가 시작됐다. 제일 급한 게 우선 당장 빈소를 어디에 둘 것인가의 문제였다. 양산 부산대병원의 영안실에 빈소를 두는 방안은 모두가 반대했다. 노 대통령의 유지를 받들어 봉하마을에 빈소를 차리자는 의견에 무게가 실렸다. 하지만 빈소를 차릴 수 있는 여건이 되는지가 문제였다.

전해철 전 민정수석은 부산대병원으로 달려온 이재우 조합장에게 봉하마을에 빈소를 차릴 수 있는지 상의했다. 이 조합장은 인근 장례업자들이 냉동설비 등을 갖추고 있으니까 그 설비들을 동원하면 할 수 있다고 했다. 양산 부산대병원에 있던 양정철 전 비서관이 즉시 봉하로 이동하여 빈소와 분향소 설치 준비를 책임지기로 했다. 부랴부랴 마을로 돌아간 이재우 조합장을 중심으로 거의 모든 마을 주민들이 모내기 등 모든 일손을 거두고 빈소 설치 작업에 뛰어들었다. 현지에 있던 비서진과 소식을 듣고 부랴부랴 달려온 참여정부 비서진도 울어 볼 새도 없이 빈소 설치에 뛰어들어야 했다. '우리가 지금 누구 빈소를 만들고 있단 말인가.' 생각할수록 기가 막힐 일이었다. 땀은 비오듯 흘러내리는데 그 속에서도 눈물은 쉬지 않고 흘렀다. 눈물과 땀으로 범벅이 되어 세워 올리는 빈소였다.

마을회관의 스피커에서는 이미 진작부터 진혼곡이 흘러나오고 있었다. 오후 4시경 그 스피커에서 노 전 대통령의 유서를 낭독하는 배우 문성근 씨의 목소리가 흘러나왔다. 아스팔트 바닥을 치며 통곡하는 소리가 이어졌다. 봉하마을은 이미 몰려든 조문객들로 꽉 차 있었지만 검은 옷을 입은 조문객들은 점점 더 많아지고 있었다. 어느새 조문객들의 행렬은 줄이 되어 버렸다. 자연스럽게 차로는 막혀 버렸고, 마을입구 앞 1킬로미터 앞에서부터 차량이 통제되기 시작했다. 조문객들은 1킬로미터를 걸어서 마을로 들어왔다.

양산 부산대병원 상황 역시 다르지 않았다. 이미 정오를 넘기면서부터 지역 언론사 등 취재진과 양산 주민들이 본격적으로 모여들기 시작했고, 병원 주변이 북새통을 이뤘다. 통곡하는 사람, 아직도 상황을 믿을 수 없다는 듯 뉴스 속보만을 뚫어져라 응시하는 사람, 그리고 눈물을 흘리며 촛불을 켜들고 서 있는 사람. 시간이 지날수록 몰려드는 사람의 수는 더 많아지고 있었다.

오후 1시, 검찰은 김경한 법무장관 명의의 애도성명을 통해 노 대통령에 대한 수사가 종료될 것이라고 밝혔다. 그리고 약 한 시간 뒤, 언론은 검찰 내부 관계자의 말을 인용하여 임채진 검찰총장이 검찰 내부 의견을 수렴하여 "노 대통령을 불구속 수사하기로 결정되어 있었다."라고 전했다. 그동안 노 대통령에 대한 검찰의 수사 강도와 그토록 강조해왔던 혐의 '확신'이 너무나도 허무하게 끝나 버린 것이다. 결국 정치적인 수사였다는 것일까? 뉴스를 보던 사람들의 입에서 검찰, 언론을 비난하는 격한 욕설이 여기저기에서 터져 나왔다.

점심때가 지나자 병원 앞에 모여든 시민 200여 명은 본 병동에서 장례식장으로 이어지는 길을 둥그렇게 둘러쌌다. 노 대통령의 운구차가 그 길을 통해 나올 것이라고 알려졌기 때문이다. 곳곳에서 안타까움과 원망이 섞여 나왔다. "우짜노, 억울해서 우짜노. 이리 가실 분이 아닌데, 이리 가실 분이 아닌데……. 그리 못살게 했으니…… 대통령 마치고 고무신에 밀짚모자 쓰고 얼매나 보기 좋았노? 그걸…… 그리 못 살게 해서…… 이리 됐으니 속이 시원하겠다."

국민들의 안타까움과 원망의 마음 한편엔 대통령의 사인을 믿지 못하겠다는 의심이 깔려 있었다. 문재인 전 비서실장의 발표에도 불구하고 '정말 자살이 맞느냐'는 웅성거림이 현장의 시민과 취재진들 속에서 오갔다. 양정철 전 비서관과 김경수 비서관은 문재인 전 실장과 상의해 대통령의 유서를 공개하기로 했다. 유서 내용만 공개할 경우 궁금증이 여전할 것임을 고려해서, 유서가 서재 컴퓨터에 작성돼 있었고 마지막 입력 시간이 언제였으며 어떤 파일로 남아 있었는지 등 당시 정황까지 요약해 현장 기자들에게 배포했다.

참여정부 인사와 민주당 인사들이 속속 병원으로 모여드는 가운데 오후에는 한나라당 안상수 원내대표와 정몽준, 허태열, 공성진 등 한나라당 최고위원들도 병원을 찾았다. 병원 주변에는 이미 취재기자 200여 명이 진을 치고 있었다.

시민들의 수는 점점 더 많아졌다. 노사모 등 노무현 대통령 지지자와 시민 등 500여 명이 넘는 사람들이 병원을 에워쌌다. 말없이 피켓을 들고 서서 눈물을 참으려는 듯 눈을 감고 있는 시민, 가로수에 펼침막을 내거는 시민, 두 손을 높이 해서 노 대통령의 사진을 들고 있는 시민도 있었다. 병원 앞 한 약국에서는 3층 창문에서 세로로 '노무현 대통령님 평안히 가세요.' '우리는 당신을 기억합니다.'라는 검은색 펼침막 두 개를 내걸었다.

한편, 정오를 넘긴 시각, 양산 부산대병원 장례식장 영안실 안에서는 변사사건 수사절차상 사체 검안이 행해졌다. 노 대통령의 직접 사인은 '두개골 골절 및 두부 손상, 다발성 골절 및 내부 장기 손상'에 의한 것이며 흉골, 늑골 다발성 골절과 복합성 요추 골절, 골반골 골절 등의 소견이 나왔다. 유족 측은 부검을 거부했고, 검사의 시신 인도 지휘로 오후 5시 20분경 유족에게 인계된다.

    봉하마을에서 빈소 설치를 마쳤다는 연락을 받은 후인 5시 40분경, 이병완 전 실장과 안희정 민주당 최고위원, 김만복 전 국가정보원장, 전해철 전 민정수석, 이용섭·백원우 민주당 국회의원, 김세옥 전 경호실장, 이정호 전 수석 등 참여정부 인사들이 관을 들고 장례식장을 나온다. 그 순간 모여 있던 시민들의 울음소리가 터져나왔다. 발을 동동 구르며 "어떡해, 어떡해."를 연발하는 어린 여학생들도 있었다. 노 대통령은 차가운 시신이 되어 고향이자 그의 집이 있는 봉하마을을 향해 출발했다.

    하늘은 봉하마을로 돌아가는 운구차와 함께 점점 어두워지고 있었다.

정치권의 반응, 그들의 계산법

    서거 소식이 알려지자 정치권에서도 즉각 대변인 논평을 통해 애도의 뜻을 밝혔다.

    민주당은 23일 오전 11시 여의도 당사에서 긴급 지도부회의를 열고 노 대통령의 서거 원인 확인과 향후 대책 마련에 들어갔다. 김유정 민주당 대변인은 "아직까지 구체적인 서거 원인이 밝혀지지 않았기 때문에 먼저 이에 대한 논의를 하게 될 것"이라고 밝혔다. 김 대변인은 "너무 안타깝고 슬픈 일이다. 어떻게 이런 일이 일어날 수 있는가?"라며 "전직 대통령에 대한 최소한의 예우도 없이 피의 사실을 흘리면서 이런 방식으로 수사했어야 하는가?"라고 노 대통령을 죽음으로 내몬 검찰 수사를 비난했다.

민주노동당과 진보신당도 충격과 애도를 담은 공식 입장을 냈다. 강기갑 민주노동당 대표는 긴급 최고위원회의에서 "침통함과 충격을 금할 수 없다. 오랫동안 국민들은 함께 힘들어하고 슬퍼할 것"이라며 "믿기지 않는 비극을 불러온 것에 대해 책임져야 할 사람이 있을 것"이라고 말했다. 진보신당 노회찬 대표도 "이 사태는 전직 대통령 한 사람의 죽음이 아니라, 우리 모두의 비극이자 온 국민의 슬픔"이라며 "정치권과 검찰, 언론 모두 스스로를 되돌아봐야 할 것"이라고 말했다.

민주당과 민주노동당, 진보신당이 서거 애도 표명과 함께 동시에 검찰 수사와 언론의 문제를 거론한 것과 달리 한나라당과 자유선진당의 논평은 간결했다. 한나라당은 대변인 구두 논평을 통해 "충격적인 일이다. 너무나 안타깝고 슬픈 일이 벌어졌다."며 "유족들에게 깊은 애도를 표한다."라고 밝혔다. 자유선진당 박선영 대변인은 "서거 소식에 충격과 안타까움을 금할 수 없다. 진심으로 애도하며 유가족 여러분께 심심한 위로의 말씀을 전한다."며 "비록 최근 박연차 회장 사건으로 국민을 실망시키기는 했으나, 우리 국민은 노 전 대통령을 청문회 스타로, 개혁을 하고자 했던 젊은, 제16대 대통령으로 기억하고 있다. 노 전 대통령의 명복을 빌며 이승에서 겪어야 했던 모든 업보를 털어 버리고 하늘나라에서 부디 영면하기를 기원한다."라고 밝혔다.

이후 정치권은 사실상 '정지' 상태로 들어갔다. 민주당은 노 대통령의 장례가 끝날 때까지 일절 정치행위를 중지하고 추모와 반성의 시간을 갖기로 결정했다. 해외출장 중인 의원들은 모두 조기 귀국하고 상임위별로 봉하마을의 빈소를 조문키로 했다. 우윤근 원내 수석부대표는 "엄청난 국가적 비극 앞에서 협상을 하는 것은 전혀 생각할 수 없고 모든 일을 중지하고 추모하는 데 최선을 다하겠다."라고 말했다. 특히 민주당은 노 대통령 서거를 '민주주의의 후퇴에 따른 비극의 상징'으로 규정하고 현 정부에 대한 비난의 강도를 높였다. 참여정부 행자부 장관 출신이었던 이용섭 의원은 봉하마을 상가에서 "한국의 민주주의가 20년 전으로 후퇴했다. 공안탄압과 정치보복이 계속됐고, 이에 전직 국가원수가 몸을 던진 것"이라며 현 정권에 대한 비난의 각을 세웠다.

민주당은 서울 영등포 당사 분향소에 이어 시·도당별로 자체 분향소를 마련하고 추모 분위기를 이어 가기로 결정했다. 또한 6월 10일로 계획하고 있는 'MB 악법 저지 촛불문화제'도 시민사회단체와 협의를 거쳐 '민주주의 수호와 노 전 대통령 추모문화제'로 개최하겠다고 밝혔다.

각 당은 향후 여론 향배와 정국 주도권을 놓고 치밀한 계산에 들어갔다. 노 대통령의 서거 소식을 접한 후 한나라당은 일단 공개적 '애도' 발언 외에는 극도로 말을 아낀 채 '입조심'을 했다. '정치적 타살' '여권 책임론' 등 여론에 자칫 기름을 부을 수도 있다는 판단에서 입단속을 한 것이다. 그리고 24일 새벽 긴급 제작한 대형 근조 현수막을 한나라당사에 내걸었다. 또한 한나라당에서는 노 전 대통령의 유지가 화합과 용서라는 점을 유독 강조하기도 했다. 27일 총리공관에서 열린 고위당정

협의회에서 안상수 원내대표는 "노무현 전 대통령의 국민장을 정치적으로 이용하려는 세력이 있어 소요사태가 일어날까 걱정이다."라고 발언했다. '정치적으로 이용하려는 세력'이 누구를 지칭하는지 알 수 없지만 추모인파가 모이는 것을 우려하는 것은 분명했다.

가장 큰 걱정은 '정치적 타살' 논란이 촛불시위가 재연되는 도화선이 될지도 모른다는 불안감이었다. 만약 제2의 촛불시위로 옮겨갈 경우 이명박 정부는 '촛불-글로벌 경제위기'에 이어 또 다른 해일을 만날 수 있다. 덕수궁 대한문 앞에 시민들이 모여 분향소를 차리는 것을 사생결단하고 막아선 이유도 이러한 불안감의 표출이었다. 그들에게 '길거리 추모'는 언제든지 제2의 촛불로 폭발할 개연성이 있었다.

반쪽이 무너지는 슬픔, 그리고……

노무현 대통령의 서거 소식을 접한 전직 대통령들의 충격은 남달랐다. 특히 이명박 정부에 의해 규정된 '잃어버린 10년'을 절반씩 나누어 집권했던 김대중 전 대통령은 서거 소식을 듣자 "내 몸의 반이 무너진 것 같은 심정"이라고 말했다. 김 전 대통령은 이날 오전 동교동 자택에서 독일 시사주간지 『슈피겔』과의 인터뷰를 마친 뒤 서거 관련 보고를 받았다. 그는 보고를 받고 1분간 침통한 표정으로 눈을 감고 생각에 잠긴 뒤 이처럼 말한 것으로 전해졌다.

"너무도 슬프다. 큰 충격이다. 평생의 민주화 동지를 잃었고, 민주정권 10

년을 같이했던 사람으로서 내 몸의 반이 무너진 것 같은 심정이다. 그동안 조사 과정에서 온 가족에 대해 매일같이 혐의가 언론에 흘러나와 그 긴장감과 압박감을 견디지 못했던 것 같다. 유가족에게 심심한 위로를 보낸다."

김영삼 전 대통령의 논평도 나왔다. 김영삼 전 대통령은 23일 오전 상도동 자택에서 서거 소식을 보고받고 무거운 표정으로 "매우 충격적이고 불행한 일"이라고 말했다고 한다. 김영삼 전 대통령은 1988년 당시 인권변호사였던 노 전 대통령을 영입, 정계로 이끈 인물이었다. 하지만 노 전 대통령은 1990년 민정당·통일민주당·공화당의 3당합당에 반대하면서 김 전 대통령과는 다른 길을 걷게 되었다. 그래서였을까, 그의 이날 논평은 짧았다.

그러나 논평의 후속편은 따로 있었다. 그는 결국 그 후속편을 통해 국민들을 또 한번 놀라게 만든다. 장례 얼마 후 김영삼 전 대통령은 강경 보수 성향의 일본 잡지인 『애플타운』의 발행인인 모토야 도시오 회장과 인터뷰를 했다. 그 인터뷰 기사가 8월 28일 뒤늦게 한국에 전해진다. 그 인터뷰에서 김영삼 전 대통령은 "노무현의 장례식을 국민장으로 치른 것은 이명박(대통령)이 실수한 것이었다."라고 말하고 "국민장이 아니라 가족장으로도 충분했다."라고 덧붙였다. 그리고 이어진 말, "나도 전직 대통령으로서 장례식에 참석했지만, 헌화할 꽃을 그냥 던져 버리고 왔다." 기사는 그 말을 그가 '웃으며 했다'고 쓰고 있다. 이에 고무된 도시오 회장은 "일본 정치인들은 불쾌한 감정이 있어도 밖으로 드러내지 않는데, 그런 감정을 표현할 수 있다니 참으로 대담하다."라고 추켜세웠으며 "일본어를 아주 잘하시는데, 당신과 비교하면 노무현 씨는 일본에 별로 친숙하지 못했다."라며 두 사람을 대비시키기도 했다.

　　기사가 발표되자마자 인터넷 누리꾼들의 강력한 항의가 시작됐다. 논란이 일자 김영삼 전 대통령의 김기수 비서실장은 "한국과 일본 모두 자살률이 높다는 기사가 나온 시점에서 각하는 '국가지도자가 자살하면 후세를 위한 교육에 안 좋다'는 취지의 얘기를 먼저 했는데, 문맥이 거두절미되고 엉뚱한 얘기가 기사로 나간 것 같다."라고 해명했다. 이에 "그럼 항의할 뜻은 없느냐?"는 기자의 질문에 "사석에서 얘기한 걸 자기가 정리해서 쓴 걸 뭐라 하겠느냐?"라며 문제의 기사에 대응할 뜻이 없음을 내비쳤다.

　　전직 대통령의 죽음을 두고 그것도 외국 잡지와의 인터뷰에서 "헌화할 꽃을 던져 버리고 왔다."라고 말한 김영삼 전 대통령. 그는 대한민국 제14대 대통령이었다.

슬픈 공화국, 바보들의 행진
●

　　양산 부산대병원을 떠난 운구차량이 양산 시내를 빠져나오기 시작했다. 봉하마을까지 가자면 고속도로와 국도를 거쳐야 했다. 운구차량이 지나는 고속도로와 국도에서 차량들은 서로 약속이라도 한 듯 서행을 하며 길을 열어 주었다. 한마음으로 이어지는 이 '무언의 연대'는 시작에 불과했다. 길가에는 수많은 시민들이 늘어서서 지나는 운구차를 향해 합장을 하는가 하면 깊이 고개를 숙여 절을 올렸다.

그 길로 갈 것이라고 예측하고 그곳까지 나온 사람들, 그들은 위태로운 도로가에 서서 운구차를 맞이하고 보냈다.

　　6시 28분, 운구차는 봉하마을로 들어섰다. 운구 행렬을 맞기 위해 마을 입구까지 나와 있던 주민들은 노 대통령의 시신을 실은 운구차가 나타나는 순간 서로 부둥켜안으며 목 놓아 울었다. 그의 '죽음'이라고 하는 엄연한 사실이 직접 눈앞에 현실로 나타난 것이다. 1차로 도로 양편에서 기다리고 있던 주민들과 각지에서 달려온 노사모 회원 그리고 추모객 등 2천여 명은 "대통령님! 대통령님!"을 서럽게 외쳐 불렀다. 울음은 통곡으로 변했다. 발을 동동 구르고 땅바닥을 치고 가슴을 쥐어뜯으며 통곡했다.

　　그때 마을 어귀 노사모 회관 벽에는 노무현 전 대통령의 모습이 담긴 커다란 펼침막이 걸려 있었다. 사진 속에서 그는 자전거를 타고 달리며 밝게 웃고 있었다. 통곡 속에서 마을로 들어오는 검은색 리무진, 그 리무진의 행렬을 사진 속의 그가 바라보고 있었다.

　　운구차에서 노 대통령의 자주색 천이 덮인 관을 꺼내자 통곡소리는 더욱 크게 퍼져 갔다. 운구가 진행되는 5분간 봉하마을은 온통 눈물바다였다.

　　노 대통령의 시신이 빈소로 옮겨지고 난 후 노건호, 노정연 씨와 사위인 곽상언 변호사 등 유족들이 먼저 분향을 했다. 노건호 씨는 눈물로 범벅이 된 얼굴로 절을 올렸다. 엎드린 채 한동안 일어서지 못하고 계속 어깨를 들썩거렸다. 이어 노정연 씨의 차례, 그녀는 손을 부르르 떨면서 쉽게 절조차 올리지 못했다. 절을 끝내고도 눈물을 멈추지 못했다. 한명숙 전 총리도 조문을 하며 어깨를 들썩였고 연신 눈물을 훔쳤다. 그 뒤를 이어 정세균 민주당 대표, 김원기 전 국회의장, 문희상 국회부의장, 정대철 전 의원과 송민순, 천정배, 유시민 등 참여정부에서 국무위원을 지낸 인사들의 조문이 이어졌다. 모두 고개를 들지 못한 채 흐느꼈다.

눈자위가 벌겋게 변한 유시민 전 장관은 안주머니에서 담배를 꺼내 불을 붙인 다음 영전에 올렸다. 그가 부엉이바위에서 몸을 던지기 직전 경호관에게 물었다는 "담배 있느냐?"는 말. 그 '담배 한 개비' 때문에 국민들은 더 슬프고 더 울었다. 이후 전국의 분향소마다 그의 영전에는 수많은 담배 한 개비가 올려졌다.

일반 조문객들의 분향은 밤 9시 40분부터 시작되었다. 이미 분향을 기다리는 조문객들의 줄은 1킬로미터 넘게 늘어섰고 마을까지 기다란 촛불의 행렬이 이어졌다. 밤이 깊어지자 전국에서 달려온 조문객들로 행렬은 자꾸만 길어져 갔다. 기다리는 사람이 많아지면서 마을 입구 노사모 자원봉사지원센터 앞에 대형 스크린이 설치됐고, 참여정부 말기에 제작됐던 영상백서 〈참여정부 5년의 기록〉이 상영되기 시작했다. 노 대통령의 육성 인터뷰가 나올 때마다 울음소리가 높아졌다. 아스팔트 바닥을 치며 서럽게 우는 이도 있었고, 가슴을 쥐어뜯으며 우는 아주머니도 있었다. 누구도 설움을 숨기지 않았다. 꽉 다문 어금니 사이로 저주가 새 나오기도 했다. 울음 속에는 한과 독기가 담겨 있었다. 넋을 잃은 듯 무력하게 한없이 밤하늘만 바라보고 있는 중년 남자도 있었다.

23일 자정이 지났지만 노 대통령을 추모하는 발길은 끊이지 않왔다. 자정 무렵까지 이미 8천 명이 넘는 조문객이 분향을 마쳤으나 줄은 조금도 줄어들지 않고 있었다. 기다리는 사람이 많아지면서 8명씩 합동 분향을 하고 분향 시간도 조금씩 줄여 갔으나, 돌아서서 보면 또 불어 있는 형국이었다. 도대체 그 늦은 시각에 어디서 그렇게 몰려오는지 알 수가 없었다. 주로 가족 단위로 오는 일행들이 많았다. 부모와 자녀가 함께 오거나 부부끼리, 그리고 연인들로 보이는 사람도 많았다. 밤늦은 시각임에도 교복을 입은 학생들도 눈에 자주 띄었다. 분향소에는 흐느낌이 끊이지 않았다.

그대로 갔다가는 도저히 조문 행렬을 감당할 수가 없었다. 결국 마을 회관 빈소 앞마당에 또 하나의 분향소를 설치했다. 당시 노사모 회관에는 노사모 회원들이 만들어놓은 조그만 분향소가 별도로 있었는데, 결국 이곳도 시민분향소로 모양을 바꿨다. 급한 대로 꽃과 향을 갖춘 또 하나의 분향소였다.

각 분향소마다 흰 국화 한 송이를 든 조문객들이 늘어서서 순서를 기다렸다. 헌화를 마친 그들의 손에는 자연스럽게 촛불이 들렸다. 시민들은 분향을 마치고도 쉽게 돌아서질 못했다. 차마 발길을 못 돌리고 서 있으면 누군가 다가와 촛불을 건넸다. 그렇게 사람들은 촛불을 켜고 둘러앉았다. 촛불을 든 그들이 또 다른 촛불이 있는 곳으로 다가가면 자리를 비켜 앉으며 촛불 무리는 조금씩 커져 갔다.

2009년 5월 23일 오후 8시 50분경
봉하마을

한 발짝 한 발짝 분향소를 향해 걸음을 옮기는 소리, 그 사이로 무논의 개구리 소리가 장단을 맞췄다. 노랗게 타오르는 촛불은 초여름의 밤하늘로 퍼지고, 바람이라도 불라치면 곳곳에 매달린 노란 리본과 노란 풍선이 떼지어 두런거렸다.

마을 어귀 노사모 회관에서는 TV 드라마 〈고맙습니다〉의 주제곡이 흘러나오고 있었다. 우연치고는 기막힌 우연이었다. 노래는 마치 '바보 노무현'을 위해 만들어진 노래처럼 한마디 한마디가 그를 노래하고 있었다.

당신은 바보네요. 정말 고맙습니다. 나 하나밖에 모르고 아낌없이 다 준 사람. 당신은 천사네요. 때론 힘들고 지칠 텐데 아무것도 볼 것 없는 사람을 변함없이 믿어 주네요. 이상하죠. 그댄 눈물샘이 없나 봐요. 아파도 날 위해 늘 웃어 주네요. 그대 곁에서 난 행복해서 우네요. 목 끝에 차 있는 그 말, 정말 사랑합니다. 표현도 못하는 못난 내 사랑 이제서야 말하네요. 나 그대 있어 살아가죠…….

"여기가 어디라고 왔느냐"

●

분노가 너무 컸던 탓일까. 봉하마을에서는 작은 소란이 몇 차례나 일어났다. 오후 7시가 조금 안 되었을 때, 정정길 대통령실장 편으로 이명박 대통령이 보낸 조화가 봉하마을에 도착했다. 조화를 분향소가 차려진 마을회관으로 옮기는 도중, 흥분한 주변의 조문객이 조화를 잡아 쓰러뜨리고 발로 밟았다. 주변에 있던 안내요원들이 흥분한 사람들을 진정시키려고 애써 봤지만 결국 이명박 대통령이 보낸 조화는 훼손되고 말았다. 전두환 전 대통령이 보낸 조화 역시 반입이 저지되었다.

사태는 점점 험악해졌다. 오후 7시 반경 버스를 타고 온 자유선진당 이회창 총재를 비롯한 주요 당직자가 마을회관 앞에 내렸다. 그러자 흥분한 주민들과 추모객들이 몰려들어 그들을 가로막았다. 그들은 통곡으로 외쳤다.

"여기가 어딘데 함부로 찾아왔느냐, 당장 돌아가라."
"노무현 대통령은 우리가 지킨다."

이회창 총재는 버스에서 내린 지 1분도 안 돼 다시 버스에 올랐다. 노 대통령 지지자들은 이 총재가 탄 버스를 둘러싸고 물병을 던지고, 계란을 던졌다. 버스 안에서 이 총재는 굳은 표정으로 정면만을 응시했고, 버스는 바로 봉하마을을 빠져나갔다.

한승수 국무총리도 이날 오후 10시 반경 조문을 왔으나 추모객들의 저항으로 마을 입구에서 발길을 돌려야 했다. 한 총리가 빈소가 차려진 곳에서 500여 미터 떨어진 마을 입구까지 왔으나 문상을 하지 못하고 있다는 보고를 받자 문재인 전 청와대 비서실장, 유시민 전 보건복지부 장관이 한 총리가 탄 버스를 찾아갔다. 문 전 실장 등은 일부 지지자들과 조문객들의 격앙된 분위기를 전하고 한 총리에게 정중히 양해를 구했다.

한때 노 대통령과 정치적 동지였던 정동영 국회의원 당선자도 성난 시민들에게 막혔다. 밤 10시께 정동영 당선자가 부인과 함께 봉하마을 입구에 도착하자 "배신자 정동영이 여기 올 자격이 있느냐?"라며 일부 시민이 거세게 항의했고, 그는 결국 조문을 하지 못하고 되돌아갔다. 김근태 전 열린우리당 의장도 지지자들의 항의와 비난을 받으며 빈소가 마련돼 있는 마을회관을 찾았다. 김 전 의장을 본 시민들은 "노무현 대통령을 그렇게 비판하더니 무슨 낯으로 여길 찾아왔나, 철판 깔았냐?"라고 거세게 항의했다.

대부분의 언론에서는 일부 정치인들의 조문 방해를 흥분한 노사모의 행동으로 보도했다. 그러나 이는 정확한 사실이 아니다. 조문을 저지한 군중 가운데는 노사모나 노 전 대통령의 지지자들이 있었겠으나 이를 노사모의 행동으로 모는 건 억측이다. 그들의 행동에 가장 먼저 나서서 자제를 요청한 것도 소위 말하는 노사모 인사들이었다. 노혜경 전 노사모 대표는 마을방송을 통해 계속 "슬프고 힘들더라도 오늘은 노 대통령님의 뜻을 기억하자."라며 자제를 호소했고, 유시민 전 장관과 후원회장이었던 이기명 씨, 문성근 씨 등도 나서서 "조문객은 막는 법이 아니다."라며 자제를 요청하고 설득에 나섰다.

그러나 폭발하는 민심을 잠재우기가 쉽지 않았다. 표현하지 않았을 뿐 추모객들은 모두 분노를 가지고 있었다. 그들의 슬픔은 분노와 구분되지 않은 감정이었다. 슬픔과 분노는 동전의 양면처럼 추모객들의 눈물 속에 녹아 있었다. 그들의 자연발생적인 분노는 슬픔의 또 다른 표현이었다.

국민장이냐, 가족장이냐

이명박 대통령은 노무현 대통령의 서거 직후 "전

직 대통령의 예우에 어긋남이 없이 정중하게 모시라."고 했다. 그러나 23일 하루 내내 경남도와 김해시에서 '전직 대통령에 대한 예우'는 없었다. 전국에서 몰려든 추모객들은 대부분 쫄쫄 굶었다. 이 작은 마을에 식당 같은 게 있을 리 없었다. 딱 하나 있는 연쇄점마저 대통령을 잃은 충격에 문을 닫았다. 문제는 경남도와 김해시의 대응이었다. 이날 봉하마을에는 김해시의 수돗물을 담은 물병 외에는 아무것도 지원되지 않았다. 헌화용 흰 국화꽃도 부족했다. 조문객이 이렇게 한꺼번에 많이 몰릴 것을 예상치 못한 '장례관리지원처'는 준비한 흰 국화가 동나자 부랴부랴 외부에서 꽃을 추가로 주문해야 했다.

한편, 유족과 참여정부 인사, 그리고 봉하마을 주민 대표가 모여 장례절차를 논의하기 시작했다. 이미 양산 부산대병원에서부터 장례절차에 대한 논의가 계속되고 있었지만, 역시 가장 큰 문제는 장례 형식을 국민장으로 할 것인가 가족장으로 할 것인가 하는 문제였다. 빈소와 분향소를 마련하여 일반인의 분향이 계속되고 있던 5월 23일 자정께 임시회의를 가졌지만 역시 이 문제에서 다시 의견은 양립되었다.

장례 형식에 따라 장의위원회의 구성도 달라지고 절차도 달라지기 때문에 빠른 결정이 요구되었다. 전임 대통령으로서 격식을 갖추어 국민장으로 치러야 한다는 주장과 가족장으로 조용히 치러야 한다는 주장이 팽팽했다. 급작스런 서거로 인한 현 정부에 대한 감정도 국민장을 거부하는 데 일조했다. 국민장으로 장례를 치를 경우 국무총리를 비롯한 현 정부 측 인사들이 장의위원회를 구성하여 장례를 주도하게 되는데, 이를 받아들일 수 없다는 것이었다. 참여정부 시절 고 최규하 대통령의 국민장을 치른 경험이 있었기에 국민장으로 치를 경우 정부에서 장의위원회를 구성한다는 사실을 잘 알고 있었다. 특히 이 부분에 대해선 유족들의 반발이 거셌던 것으로 전해진다.

2009년 5월 23일 오후 6시
봉하마을

일부 지지자와 추모객들이 정치인과 언론에 보이는 격한 행동에 대한 대책 논의도 시급했다. 하지만 어떻든 더 급한 건 장례 형식이었다. 그러나 이날 밤 회의는 이 문제에 대해 결론을 내지 못했다. 장례 기간은 잠정적으로 7일장으로 한다는 데 모두 동의했다. 장례 형식에 대한 결론을 내지 못한 채 일단 장의 실무를 담당할 '장의위원회 준비위 운영위원회'를 구성하기로 결정하고, 아침 저녁 하루 2회 운영회의를 갖기로 결정한다. 운영위원회의 인적 구성은 다음과 같다.

고문	한명숙, 이해찬, 김원기, 문희상
위원장	문재인
위원	이병완, 김세옥, 최철국, 안희정, 전해철, 이정호, 천호선, 차성수, 윤승용, 이호철, 정재성(유족), 선진규(봉하), 이재우(봉하), 김우식, 권오규, 송민순, 김병준, 이정우, 성경륭, 유시민
간사	전해철
실무	양정철, 김경수

최악의 취재조건

언론사 취재진은 어디를 가나 편의를 제공받는다. 취재 대상에 가장 가까이 접근할 수 있고, 보호도 받는다. 그것은 당연히 지켜져야 할 측면도 있지만, 우리나라 언론의 취재는 그 편의 제공과 보호에서 유별난 측면이 있다. 최근 들어 초상권 침해, 최소한의 사생활이나 인권 보호가 거론되고 있지만 아직도 이전의 관행에 따르는 경우가 많다. 하지만 이날 봉하마을에서는 그 모든 관행이 달라졌다. 취재 환경은 최악이었다. 우선 취재기자들은 몸을 사려야 했다. 봉하마을에 모인 노 대통령의 지지자나 추모객들은 그간 수사과정에서 보인 언론의 태도에 분노하고 있었다.

첫날에는 기자실이 따로 준비되지 않았다. 다음날 장례지원팀이 취재기자를 위한 천막을 설치했지만 몇몇 흥분한 시민들이 기자들이 앉아 있는 천막을 흔들며 신분증 제시를 요구했다. 조선·중앙·동아일보 기자를 찾아 쫓아내겠다는 것이었다. 자격지심이었을까? 다른 때 같으면 결코 지지 않을 기자들이었지만, 아무도 대꾸하지 못했다. 흥분한 일부 조문객들은 천막을 무너뜨릴 듯이 흔들며 언론에 대한 분통을 터트렸다. 기자들의 노트북과 카메라에는 으레 언론사 제호를 붙이고 취재를 하지만 이날 봉하마을에서 조·중·동의 제호는 보이지 않았다. 조문객의 분노는 조·중·동으로 대표되는 특정 언론만을 대상으로 한 것이 아니었다.

"모든 신문, 방송이 다 똑같아. 한겨레, 경향신문도 마찬가지야!"

다행히 2, 3일 후부터 차분해지기는 했지만 첫날까지만 해도 기자들은 '취재기자석'에 앉아 있을 수가 없었다. 좌불안석이었다. 온통 격앙된 지지자들과 추모객들로 인해 기자들이 있을 곳이 없었다. 봉하마을 어느 곳에서든 기자들은 환영받지 못했다. 한 주민은 "언론과 검찰이 대통령을 죽였다. 그만큼 책임을 져야 할 것"이라고 흥분을 감추지 못했다. 누군가는 "기자들, 너네가 대통령님을 죽였다."라며 언론에 대한 거부감을 그대로 표출했다.

생전부터 노 대통령과 대립각을 세웠던 조선·중앙·동아 등 보수신문뿐 아니라, KBS와 연합뉴스 등 최근 들어 급격히 보수적 색채를 띠는 언론사에 대해서도 강한 반감을 드러냈다. 일부 노사모 회원들은 조·중·동 기자에 대한 프레스카드 발급 자체를 중단하라며 장례지원팀에 항의했고, 이들에게 프레스카드가 발급된 사실을 확인한 노사모 회원들은 발급 대장에서 조·중·동 기자의 프레스카드 번호를 확인해 직접 색출에 나서기도 했다.

기자들에게 봉하마을의 취재환경은 최악이었다. 분위기 탓만이 아니었다. 무엇보다 큰 어려움은 인터넷 회선이 제공되지 않는다는 점이었다. 노트북을 쓸 전원조차 마땅히 끌어올 곳이 없었다. 일부 기자들은 마을회관 앞 공중화장실 안에 있는 전원 콘센트에 전원을 연결하여 노트북을 사용하기도 했다. 전원 선이 짧다 보니 화장실 입구에 쪼그리고 앉아 기사를 작성하는 모습도 보였다. 조그만 시골마을에 수백 명의 취재진이 한꺼번에 몰리면서 만들어진 풍경이었다. 그렇다고 무턱대고 아무 집에나 들어갈 수도 없는 형편이었다. 기자들은 장례 기간 내내 추모객들 틈에 끼여 숙식을 해결했다.

누구도 그 최악의 취재 조건을 탓하지 못했다. 불평은커녕 봉하마을에서 쫓겨나지 않은 것만 해도 고마워해야 할 지경이었다. 대부분의 시민들은 기자라고 하면 오히려 공공연히 적대감을 드러냈다. 격앙된 시민들의 취재 방해에 장의위원회 준비위 관계자와 노혜경 노사모 전 회장, 김만수 전 대변인 등이 마을 방송을 통해 거듭거듭 여러 차례 자제를 호소했다. 하지만 쉽게 진정되기에는 언론에 대한 불신이 너무 컸다.

이에 대해 당시 기자실 운영을 지원했던 홍보팀은 그러한 현장의 악조건 속에서도 추모 기간 동안 일선 기자들이 봉하마을의 소식을 성실하고 자세하게 보도하려고 노력했다고 평가했다.

방송사 가운데는 KBS가 가장 큰 수모를 겪었다. KBS가 추모객들의 반감을 산 것은 24일 새벽 봉하마을 조문행렬을 보도하면서 조문객 수를 축소 보도한 것이 직접적인 원인이 됐다. 현장에 있던 『시사인』의 고재열 기자는 "노사모 회원들이 전반적으로 언론을 불신하긴 했지만 23일까지는 조중동 기자만 색출하는 정도였다. 그런데 KBS가 조문객 축소 보도를 한 후 KBS에 대한 반발이 격해졌다."라고 전했다. 특히 시민들은 촛불항쟁 이후 방송장악 음모에 저항하며 매일같이 KBS 앞에 가서 "KBS를 지켜 주세요."라며 촛불을 들었던 시민들을 상기하며 더 분노했다. 그렇게 시민들이 지켜 준 KBS가 이제 자기들 살겠다고 국민들을 배반한다는 것이었다.

23일 봉하마을의 추모객 수를 정확하게 집계하는 것은 불가능했다. 장의 첫날이라 추모객 숫자를 공식적으로 셈하는 사람도 없었다. 그리고 오전부터 끊임없이 밀려오는 추모객을 정확히 추산하는 데는 현실적으로 어려움이 있었다. 하지만 다른 언론들이 1만여 명으로 집계한 조문객 숫자를 KBS만 유독 축소 보도했다.

이에 흥분을 참지 못한 일부 노사모 회원들과 추모객들은 24일 새벽 0시 20분경 KBS 방송차량 앞에 몰려들어 "KBS, 차 빼라!"고 격하게 요구했다. 결국 분향소 주변에서 리포팅을 하던 KBS 취재 데스크는 시민들의 항의를 받고 현장에서 철수했으며, 중계차량도 24일 새벽 1시 10분경 봉하마을을 떠나야 했다. 이때 KBS는 분향소에서 1킬로미터 이상 떨어진 봉하마을 입구 쪽에 중계차를 다시 설치했는데, 공교롭게도 그 옆에 황소들이 풀을 뜯고 있는 모습이 잡혔다. 이 모습이 〈'빈소'가 아닌 '황소' 옆에서 방송하는 KBS〉라는 제목으로 인터넷 블로그 '독설닷컴'을 통해 공개돼 네티즌들의 비웃음을 사기도 했다. 장례지원팀의 김경수 비서관과 천호선 전 대변인 등이 나서서 흥분한 시민들을 설득한 결과 KBS 중계차는 이틀 후에야 다른 방송사 중계차 옆으로 복귀했다. 이후에도 KBS 카메라 기자들은 카메라에 붙은 'KBS 로고'를 떼어내거나 카메라용 레인커버로 로고를 감추고 촬영해야만 했다.

노 대통령이 서거하자 언론들은 정말 하루아침에 얼굴을 바꿨다. 그동안의 보도 태도를 싹 바꿔 특집보도를 편성하고 앞다퉈 '노비어천가'를 읊었다. 하지만 그동안의 편파적이고 악의적인 보도 태도를 반성하는 언론은 찾아 볼 수 없었다. 마치 원래부터 자기들은 그랬다는 식이었다. 차마 분노를 표현하지도 못하고 안으로만 삭이던 시민들은 "카멜레온 같은 언론의 보도양태가 더 분하고 서럽다."라며 눈물을 흘렸다.

2. 봉하마을과 전국의 봉하마을들

대한문 앞의 봉하마을

'봉하'는 대한문에도 있었다. 시민들은 경찰의 원천봉쇄를 뚫고 자신들만의 분향소를 덕수궁 앞에 차렸다. 경찰은 봉쇄를 풀지 않았다. 그들은 추모 시민들을 '잠재적 범죄자'로 보고, 추모행렬을 '잠정적 소요사태'로 규정했다. 그러나 23일 저녁뉴스를 통해 경찰에 가로막힌 시민분향소가 소개되자 더욱 많은 시민들이 대한문 앞으로 모여들었다.

작고 초라한 분향소마저 틀어막고, 슬픔까지도 통제하려는 정권을 향한 분노는 증오에 가까웠다. 작은 추모 공간마저 허용하지 않는 상황이 시민들의 서러움을 더욱 부채질했다. 시민들은 불안했다. 이 작은 분향소마저 언제 습격당할지 모른다는 불안이었다. 경찰의 침탈에 대비하자며 수많은 시민들이 분향소를 에워싼 채 23일 밤을 샜다. 그들은 그렇게 '도로 위의 분향소' 옆에서 24일 새벽을 맞았다.

전경버스가 분향소 주변을 겹겹이 둘러쌌지만 이른 아침부터 추모 발길은 늘어 갔다. 시간이 갈수록 경찰에 봉쇄된 시민분향소에는 시민들이 몰려들어 발 디딜 틈이 없었다. 노인, 어린이, 주부와 교복을 입은 학생 등 남녀노소의 구분이 없었다. 이들 가운데는 검은 상복을 갖춰 입고 나온 사람이 많았고, 개인적으로 준비한 '근조'라고 쓰인 검은 리본을 달고 나온 사람도 많았다. 미리 화원에 들러 따로 하얀 국화를 손에 들고 나온 이들도 많았다. 간혹 정성스럽게 꽃다발을 준비해 온 이들은 즉석에서 다발을 풀어 꽃을 나눠 주기도 했다.

시민들은 자연스럽게 대열을 지어 줄을 서기 시작했다. 시간이 갈수록 그 줄은 한없이 길어져 갔다. 한쪽 행렬은 덕수궁 담을 따라 태평로 쪽으로 이어졌고, 다른 한쪽은 덕수궁 돌담길을 따라 정동극장 방향으로 이어졌다. 태평로 쪽 행렬은 덕수궁 담이 끝나는 성공회 회관 입구 쪽에서 경찰에 가로막혔다. 경찰은 촛불항쟁 이후부터 전경버스를 이용해 조선일보사를 철통같이 보호하고 있었고, 이번에도 조선일보사 근처로 추모행렬이 접근하는 것을 허락하지 않았다. 경찰에 막힌 줄은 지하철 시청역 3번 출구로 내려가 지하철 매표소를 빙빙 돌아 반대편 4번 출구로 나와서 프레스센터 앞으로 이어졌다.

다른 쪽 덕수궁 돌담길 줄도 정동극장을 지나 새문안길 경향신문사 앞까지 구불구불 이어졌다. 기형적으로 구불구불 이어진 대한문 앞의 추모행렬은 그 자체로 소리 없는 아우성이고 침묵의 민란이었다.

서울광장의 잔디밭은 텅 빈 채 5월의 햇살을 받으며 전경버스 차벽에 둘러싸여 있었다. 경찰은 서울광장으로 가는 길을 완전히 차단했다. 서울광장 쪽 시청역 5번 출구로는 아예 나가지 못하게 통제했고 청계광장도 경찰 병력으로 봉쇄했다. 그 5월 대한민국의 광장은 광장이 아니었다. 그곳은 죽은 공간이었고 광장의 무덤이었다. 그 빈 무덤을 가련한 전경버스들이 겹겹이 늘어서 싸고 보호하고 있었다.

2009년 5월 23일 이후
차 벽으로 둘러싸인 서울광장

시민들은 서너 시간씩 줄을 서서 기다린 끝에 '야구모자를 쓰고 수건을 목에 두른' 노 대통령의 영전에 흰 국화 한 송이를 놓을 수 있었다. 그 기다림의 시간을 누구도 불평하지 않았다. 기다림의 시간은 길었고 시민들은 오래 서 있었다. 슬픔과 분노의 뒤엉킴, 자책과 미안함이 한 몸으로 뒤엉켜, 오래도록 서 있는 시민들의 발을 버팅기고 있었다. 그렇게 스스로 상주가 된 시민들이 그들만의 장례를 치르고 있었다.

시민분향소 옆에는 커다란 펼침막이 걸렸다. 노 대통령이 환하게 웃으며 손을 흔들고 있는 사진이었다. 그 사진을 보며 시민들은 또 울었다. 펼침막에는 이렇게 쓰여 있었다.

'행복했습니다. 노무현 때문입니다.'

시민들은 여기저기에 쪽지 글을 써 붙였다. 대부분의 글에는 '지못미'라는 말이 들어 있었다. "지켜 드리지 못해 미안합니다, 지못미"는 추모객들의 공통 언어였다. 그와 함께 "행복했습니다."라는 글도 빠지지 않았다. "그를 만나 행복했다." "우리의 대통령이 되어 주어 행복하다." 등이었다. 행복했다. 그러나 사실 따지고 보면 그만큼 국민들을 많이 울게 만든 대통령도 없었다. 그가 대선에 출마했을 때, 그가 탄핵을 당했을 때, 그가 고향으로 돌아갔을 때, 검찰 수사가 진행될 때, 고비고비마다 국민들은 그를 위해 울었고 그를 위해 거리로 나섰으며 그를 지켰다. 그러나 더 이상은 지켜 주고 싶어도 지켜 줄 그가 이제는 없었다. 그래서 국민들은 더 울어야만 했던 것일까. 더 이상은 지켜 줄 수가 없어서, 더 이상은 지켜 줄 그가 없어서 국민들은 더 애통했던 것일까.

"지난해 12월 봉하에서 따뜻한 봄날 다시 인사 나오시겠다며 돌아서시던 그 모습이 정녕 마지막 모습이 되었습니다. 그날 집으로 돌아오는 길 차 안에서 많이 울었는데 이렇게 오늘도 많이 울리십니다."

대한문 앞 분향소 첫날, 굵은 펜으로 꾹꾹 눌러 조위록을 채운 맹미란 씨의 글이다. 지난해 12월 봉하마을에서 만났던 노 대통령의 모습이 담겨 있다. 그것이 노 대통령의 마지막 '방문객 인사'였다. '그날도 울리더니' '오늘 또 울리는' 바보 대통령을 두고 국민들은 울고 또 울었다.

초등학생 딸과 분향소를 찾은 손광은 씨(44)는 절을 한 뒤 담배 한 개비에 불을 붙여 영정 앞에 내려놓았다. 그리고는 고인이 생의 마지막 순간에 담배를 찾았다는 얘기가 마음에 걸렸다며 눈물을 쏟았다. 그는 "대통령 말씀대로 상식이 통하는 사회만 돼도 좋은데, 좌절감이 너무 커서 어떻게 해야 할지 모르겠다."라고 말했다. 자원봉사자로 나선 이강수 씨

⑷6)는 "전 대통령이 마지막 가는 길인데 예우는커녕 분향소 설치까지 방해하다니……"라며 말을 잇지 못했다. 조문객들은 조위록에 고인에 대한 그리움과 존경, 회한의 감정을 빼곡히 남겼다.

"노무현 대통령님, 기억 속에 영원히 있을 것입니다." (박세화)
"고통받는 모습이 저에게 느껴져서 마음이 아팠습니다." (여고 2학년 이주영)
"억울합니다. 원통합니다. 편안히 쉬십시오." (정복희)
……

수많은 이야기가 만들어지다

시민분향소 주변에서는 자원봉사자들이 돌아가며 상주 역할도 하고 안내와 진행 등도 맡았다. 많은 추모객을 접빈해야 하는 상주를 여러 사람이 나눠 맡아야 하기에 검은 양복을 입고 온 시민에게 상주 역할을 부탁하기도 했다. 자원봉사자들로부터 부탁을 받은 시민들은 기꺼이 상주가 되어 자리를 지켜 주었다. 나중에는 민주당 국회의원과 당직자들이 상주를 맡았지만, 초기 시민분향소의 상주는 검은 양복을 입고 나온 시민 자원봉사자들이었다.

시민분향소에서 자원봉사자로 나선 인원은 약 2천 명이 넘는다. 24일부터 자원봉사자 명단을 기록하였는데 등록된 공식 자원봉사자는 2천 명이었다. 그러나 실제 자원봉사자의 숫자는 이보다 훨씬 많았다. '자원봉사자를 돕는 자원봉사자'도 나왔다. 한 자원봉사자가 물을 나누고 있으면 그를 돕기 위해 또 다른 시민이 가세하고, 이제 그 시민의 가방을 지켜 주기 위해 또 다른 시민이 가세하는 식이었다. 말 그대로 릴레이 자원봉사였다. 그들은 대부분 명단을 작성하는지도 모른 채 그냥 한두 시간씩 혹은 한나절씩, 하룻밤씩 자원봉사를 했다.

자원봉사자들의 중요한 일 가운데 하나는 줄을 서 있는 시민들에게 물을 따라 주는 일이었다. 많은 양의 생수를 제공할 수 없어 자원봉사자들이 생수병과 컵을 들고 추모행렬을 누비고 다니며 물을 공급해야 했다. 30도를 웃도는 더위에 서너 시간씩 줄을 서서 기다리던 시민 가운데 쓰러지는 사고가 일어나자 자원봉사자들이 물병을 들고 나선 것이다.

그리고 질서유지, 안전관리를 위한 자원봉사자도 배치했다. 좁은 인도에서 많은 사람들이 장시간 기다려야 했고, 특히 시청역 지하도 안과 건너편 프레스센터까지 행렬이 이어져 있었기 때문에 안전요원이 필요했다. 그리고 일반 보행자를 위한 통행로를 확보하는 일도 이들이 담당했다. 또 하나 주요 임무 중 하나는 노약자와 어린이를 동반한 추모객들이 먼저 분향할 수 있도록 배려하는 일이었다.

아래의 글은 인터넷 한 블로그에 올려진 24일 저녁 대한문 시민분향소의 상황이다. 글은 주로 사진을 설명하는 형식으로 블로그 특유의 대화체로 풀어 가고 있는데, 그런 특징 때문에 오히려 당시의 모습을 생생하게 떠올리게 한다. 덧붙인 사진의 '카메라 정보'를 확인하여 보니 촬영된 시각은 2009년 5월 24일 23시 45분경이었다.

〈 당신의 사진 앞에 놓인 국화와 담배… 덕수궁 대한문 분향소 앞모습 〉[17]

일요일, 검은 옷을 차려입고 덕수궁 입구인 대한문으로 향했습니다. 물론 이곳에는 시민들이 만든 분향소가 있기 때문이지요. 잠깐 서울역사박물관 상황을 알아보고자 들렀는데 분향소 설치가 한창이더군요. 서울역 분향소는 유시민 전 보건복지부 장관, 강금실 전 법무부 장관, 유인태 전 청와대 정무수석, 김근태, 백원우 전 의원께서, 서울역사박물관 분향소는 한명숙 전 총리, 백종천 전 청와대 외교안보실장께서 상주로서 분향소를 지키고 계십니다.

대한문에 거의 다 왔는데, 전의경들이 신촌 방향 쪽 횡단보도에 자리를 잡고 있습니다. 처음에는 분향소 쪽을 막아놓은 줄 알았어요. 살펴보니 전의경들이 돌아서 갈 수 있도록 해놨더군요. 이곳에서 2시쯤 집에 돌아갔는데, 그때는 전의경들은 이 자리에 없었습니다. T군이 도착하기 전 시민들과 약간의 충돌이 있었다고 친구에게 들었습니다.

대한문 주변을 막고 있는 버스들. 차에 붙어 있는 광고대로 '보다 신속하게' 국민께 달려오셨군요. 이 신속한 모습, 저희 동네에서도 기대하겠습니다. 이렇게 쭉 늘어선 전경버스 1년 만에 보니 반갑군요. 경찰이 서울

광장의 주인인 도시 서울입니다. Hi Seoul-

저는 화요일(5월 26일) 봉하마을로 갈 예정이었기에 이날 밤에는 분향 줄을 서지 않았습니다. 저는 서울역사박물관 쪽에서 예원학교와 정동극장을 지나 덕수궁 돌담길에 들어섰습니다. 곳곳에 노무현 대통령의 사진과 국화꽃, 촛불이 있었습니다. 어떤 분은 그 앞에서 절을 하기도 하고, 다른 어떤 이는 조용히 눈물을 흘리고 있기도 하고, 또 다른 어떤 이는 기도를 하고 있기도 했습니다. 대통령님... 당신의 죽음을 얼마나 많은 이들이 애통해하고 있는지 보고 계신가요..?

어떤 분께서 두고 가신 대통령님께 보내는 편지가 있었습니다. '세상에 한번 외치고 싶습니다.' 라고 시작된 편지는 '탄핵사건 때도 잘 넘기셔서 이번에도 마찬가지일 줄 알았다고...' 검찰을 질책하기도 하시고... 노무

현 대통령의 영면을 바라는 편지였습니다. 마지막에는 엉뚱하지만 문득 보아의 노래 가사가 생각났다며 'You, still my No.1...' 이라고 적으셨네요... 대통령님께서 이 편지를 보고 웃으시려나요.

사진이 있는 곳마다 어김없이 놓여진 담배들. 노무현 대통령의 사진 근처에는 국화, 담배, 촛불이 삼위일체를 이룹니다. 담배 하나 피우지 못하고 떠나신 대통령님을 위해, 시민들은 이렇게 담배를 한 개비씩 놓아 둡니다... 대통령님.. 영부인께서 싫어하시니... 적당히 피우셔요...

얼마 안 가 추모객들의 줄이 보이기 시작했습니다. 이날은 일요일이었는데 내일이 월요일이라 사람이 줄지 않을까 걱정했었는데 다행히 기우였네요. 추모객들에게 주중, 주말이 어딨습니까... 회사 끝나고, 학교 끝나면 바로 달려오는 거지요... 암요...

대한문 앞에는 자원봉사자 분들께서 질서유지를 위해 힘써 주고 계셨습니다. 또한 국화도 다듬으시고, 추모객들에게 나눠 주시기도 하고, 심지어는 주먹밥까지 하나씩 나눠 주시는 것도 보았습니다. 고맙고 감사합니다. 여러분들의 노력으로 많은 추모객들이 편히 추모를 할 수 있게 되었네요. 많은 시민들이 자리를 뜨지 않고 대한문 주변에 앉아 슬픔을 나누고, 분향소를 지켜보고 있었습니다.

분향소 앞에 있는 전경버스들은 분향소에서 가장 가까운 자리를 차지하는 영광을 누린 것도 모자라 시민들의 편지까지 잔뜩 선물받았습니다. 버스에 붙여진 수많은 종이에는 노무현 대통령에 대한 추모, 검찰을 비롯한 현 정부에 대한 분노가 빼곡히 적혀 있었습니다. 이 종이들만 수거해서 이명박 대통령 이하 참모진들이 딱 한 번씩만 읽어 봐도 민심을 알 수 있을 텐데요... 아... 모르는 게 아니라 알고 싶지 않아 하는 건가요?

아무리 시민들이 자발적으로 만든 임시분향소지만, 전국에서 처음으로 만들어진 분향소입니다. 비록 서울역과 서울역사박물관에 정부가 분향소를 설치한다지만, 시민들의 의지를 존중하여 이곳도 규모적인 면에서 지원이 있어야 하는 거 아닌가요? 국민장인데... 하긴, 정부에서 무언가를 보낸다고 해서 이곳에서 받을 것 같지도 않습니다. 하지만 분향소 앞을 숨 막히게 가로막고 있는 전경버스를 보노라면 2MB의 전직 대통령에 대한 예우는 이런 수준이구나 하는 것을 느낍니다. 다시 한번 넓으신 포용력과 아량에 감탄을 하게 됩니다. 낮에는 매연에 노출되지 않도록 차단해 주시고, 밤이 되면 추울까 봐 바람을 막아 주시는 그 은혜... 참으로 하해와 같습니다.

시민들에 의해 자발적으로 만들어진 상황실. 이곳에는 상황실과 의무실이 갖추어져 있습니다. 대통령님의 모습이 담긴 큰 현수막 '노무현 대통령님 편히 쉬세요. 대통령님의 꿈은 이제 산 자들의 몫입니다.' 봉하마을에서 현수막과 같은 모습의 대통령님을 꼭 뵙고 싶었는데...

그리고 이곳이 분향소입니다. 사진으로만 봐도 울컥하는 이곳. 이날 T군은 분향소를 본 뒤 분향소 통제선 바로 앞에 멍하니 앉아 이곳을 바라보고 있었습니다. 아무래도 분향소 안에서는 대통령을 위해 기도를 드릴 수 있는 시간이 충분치 못하여 그곳에서 조용히 눈을 감고 기도를 했습니다.

첫째날은 3~4명씩 분향이 이루어졌는데, 이날은 한 번에 10여 명씩 분향이 이루어졌습니다. 시간은 대략 1분 정도. 추모객의 수가 너무 많아 2개의 분향소가 마련되어 있습니다. 분향소에 오기 전 받은 국화를 헌화한 뒤 술을 따르시는 분도 계시고....

분향을 마치고 나오면 자원봉사자분들께서 감사하다고 꾸벅꾸벅 인사를 해주십니다. 그리고 커피나 음료수를 마실 수 있도록 준비해 놨습니다. 이 모든 것이 시민들이 스스로 나와서, 그리고 직접 물품을 구입도 하고

기증받아 이루어진다는 점. 대통령님 마지막 가시는 길 섭섭지 않게 해 드리고 싶기에……."

그들의 기록화 작업

당시 대한문 시민분향소에서 자원봉사자로 활동했던 인터넷 커뮤니티 회원들은 장례식 직후부터 '시민분향소의 7일간의 이야기'를 기록화하는 작업을 하고 있었다. 그들이 시민분향소를 만들고 운영했던 주체들이다. 그들은 시민분향소를 밤낮으로 지키기 위해 봄볕에 얼굴이 새까맣게 그을렸고 거의 씻지도 못했으며, 7일 동안 불과 몇 시간밖에 잠을 자지 못했다. 그럼에도 그들은 시민분향소의 7일 동안이 '참회의 축제'였다고 말한다. 말없이 비통함을 안고 몰려오는 추모인파와 함께했던 그 7일을 그들은 평생 잊지 못할 추억이라고 말한다. 그들은 지금도 그때의 순간을 기록으로 남기기 위해 모임을 갖고 서로의 기억을 맞추어 가고 있는 중이다.

그들의 첫 모임. 인터넷 커뮤니티 회원으로 처음 덕수궁 '시민분향소' 설치 때 천막을 가지고 왔던 '다인아빠'는 경찰이 천막을 탈취해 간 경위를 이렇게 설명했다.

"제가 차에서 천막을 내려놓고 주차를 하고 대한문 앞으로 돌아왔는데, 경찰과 실랑이를 하고 있더라고요. 그래서 '천막을 치자!' 하고 막 치고 있는데, 경찰 지휘관이 오더니 '저희가 도와 드릴게요.' 그러더라고요. 그래서 '진짜요?' 그랬더니 도와주겠다, 허락이 났다고 그래요. 그래서 제가 고맙습니다라고 인사도 했어요. 그런데 전경 애들이 쭉 붙더니 찻길 쪽으로 땡기면서 천막이 다 펴졌는데 계속 땡겨 가는 거예요. 어? 그만 가도 되는데? 그때 경찰 지휘관이 전경들에게 '야, 빨리 빼, 빨리 빼.' 그러는 거예요. 그러면서 천막을 끝내 끌고 나가 버렸어요. 도와준다고 해놓고. 저희는 대통령님 서거로 추모하는 거라 다른 대접을 받는 줄 알았는데… 그때 분노는 너희가 정말 인간이냐?' 그런 생각이 들더라고요." (다인아빠)

그게 시작이었다. 그들의 증언을 통해 대한문 분향소가 점점 진화되고 확대되어 갔던 과정을 다시 한 번 들어보자.

"처음 시작은 커뮤니티 회원들이라고 할 수 있지만, 그들 스스로도 한 사람의 시민으로 참여하자라는 게 첫 번째 목적이었고, 그곳에서는 '닥치고 추모만 하자'는 것이었습니다. 싸우고 하는 것은 장례기간이 끝나고 해도 된다. 추모만 하자. 그 외 다른 조건들이 없었어요. 국민의 한 사람으로서 추모하는 것. 그랬기 때문에 많은 시민들이 자연스럽게 합류하게 되었고 시민분향소가 되지 않았나 생각해요." (젠틀맨)

"처음에 커뮤니티에서도 전파 자체가 수직적이 아니라 수평적으로 된 거예요. 그래서 전파 확산이 빨랐고, 때마침 경찰이 다인아빠 천막을 빼앗아 가는 것과 영정사진을 못 놓게 한 거라든가 그런 것을 언론에서 보여주면서 사람들이 공분을 하고 많이 모여든 것 같아요. 그리고 처음 분향소를 차릴 때부터 비품들을 모으자 해서 모으게 됐고, 단체나 커뮤니티 차원이 아니라 수많은 사람들이 개인적으로 관여가 된 것이기 때문에 태생부터 시민분향소가 될 수밖에 없었어요. 그래서 분향소도 조금씩 모양을 갖추고 변모했고, 매일매일 텐트가 늘어나고 물품들이 쌓이고…" (오제이)

"줄을 서서 기다리는 시민들은 굉장히 불편했을 거예요. 근데 불평하는 사람이 한 명도 없었어요. 내 불편 당연하다, 그렇게 생각했고, 기다리는 것도 당연하다, 내 의지로 내가 기다리는 거니까 당연하다 그렇게 생각했어요. 유모차 끌고 오시는 분들도 계셨는데, 제가 '앞에 노약자 줄이 따로 있으니까 앞쪽으로 가시면 먼저 분향할 수 있다.' 고 했는데도 싫대요. 똑같이 줄 서겠다. 그런 분들이 많이 있었어요." (다인아빠)

"지하도 안이 무지하게 더웠거든요. 사우나였어요, 사우나. 그래서 물을 들고 가서 자원봉사를 하는데 나눠 주다가 물이 떨어졌어요. 그런데 종이컵을 쭉 놓고, '지금 물이 부족합니다. 물을 충분히 갖고 계신 분은 필요한 분들을 위해 여기에 조금씩 따라 주세요.' 라고 했어요. 그런데 '오병이어!' 기적 같은 일이 있어났어요. 물이나 음료수가 쌓여요. 자기 마실 것도 안 남기고 다 따라 주는 거예요." (이스크라)

"처음에 '쌍코', '소울드레서', '82쿡', '촛불예비군' 등등 그런 데서 후원으로 국화 천 송이 정도로 시작했는데, 꽃이나 근조 리본 등이 너무 비싸 감당할 수가 없었어요. 그래서 인터넷 공지를 한 거죠. 돈은 필요 없으니 국화, 리본, 물, 커피 이런 물품으로 지원해 주면 좋겠다고 공지를 했는데, 그날부터 하여튼 어마어마하게 들어오기 시작했어요. 사람도 많아서 그날그날 다 소진되기는 했지만 후원물품이 어마어마했어요." (젠틀맨)

"리본, 양초, 물, 커피, 라면 이런 게 새벽쯤 되면 떨어져 가잖아요. 그런데 다

"옛날 아침이 되면 차들이 주르르 와서, 물 내리고 라면 내리고 커피 내리고… 계속 매일매일 똑같아요. 그냥 그렇게 내려놓고 가는 거예요. 국화 지원도 참 대단했는데, 첫날 국화를 천 송이를 샀거든요. 그때만 해도 800원씩 했어요. 그런데 3일간 국화 값이 치솟기 시작하더니 나중에는 1300원까지 올라갔어요. 마침 언론노조에서 지원을 해줬는데 나중에는 그것도 모자라게 됐죠. 한번은 KBS에서 6천 송이를 지원해 주기도 했죠." (다인아빠)

"물 나눠 주기도 하고, 또 종이학 접고 싶어 하는 분들에게 색종이를 나눠 주기도 하잖아요. 그럼 시민들이 색종이 살 때 쓰라, 물 사라, 그러면서 성금을 내고 도망을 가요. 모금함이 없으니까." (냉이)

"가슴 아팠던 일은 근조 리본이 부족했는데, 저를 찾아와서 그걸 너무 갖고 싶대요. 너무 갖고 싶어 해서 제가 달고 있는 리본을 떼줬어요. 그까짓 리본이 뭐라고…. 그거라도 간직하시겠다고…." (젠틀맨)

시민분향소 운영진은 그토록 많은 사람을 분향소로 안내하면서도 정작 그 자신들은 분향소에서 분향을 해보지 못했다고 한다. 왜 그랬을까? 그들은 그 이유를 '지켜 드리지 못한 죄의식' 때문이었다고 스스로 진단한다. 유족도 아닌 그들이 분향소를 만들고, 상주가 되어 문상을 받고, 집에 가지도 못하며 분향소를 지켰다. 긴 시간 줄을 서서 분향하는 사람들도 마찬가지였다. 그 고행은 자기 마음속의 미안함을 지워 보려는 노력이었을지도 모른다. 후퇴하는 민주주의와 인권, 그런 현실에 아무런 대응도 하지 못하는 무기력에 대한 죄의식이 그들을 그곳으로 불러내고 있었다. 그 5월, 그들은 모두 상처받은 영혼들이었다.

그럼에도 그들이 그 7일을 '축제'라고 말하는 이유는 뭘까. 같은 상처를 가진 사람들은 외롭지 않았다. 그들은 서로의 상처를 무언으로 확인하며 그것을 치유하고 치유 받았다. 분향소를 운영하는 사람들이든, 자원봉사를 하는 사람들이든, 서너 시간 줄을 서서 기다리는 사람들이든 모두 동병의 상처를, 가슴속의 얼음 덩어리 같은 분노를 서로 확인하며 외로움을 극복했다.

시민들이 '나의 대통령'을 위해 스스로의 제단을 차리고 곡을 했을 뿐, 장례 의전의 품격 같은 건 관심이 없었다. 그 핵심은 이 장례를 바로 자신들이 치르고 있다고 여기기 때문이었다. 그렇기에 시민분향소의 상주는 시민이었고, 노 대통령의 장례는 민장(民葬)이었다. 국장이든 국민장이든 적어도 경찰로 포위한 국상은 없는 법이기에 더욱 그러했다.

시민들은 한사코 정부에서 마련한 서울역사박물관 분향소와 서울역광장 분향소를 마다하고, 불편하고 초라한 대한문 앞의 분향소를 찾았다. 그곳이 작은 봉하마을이었다. 시민분향소에는 장례기간 중 100만 명이 넘는 시민들이 찾아왔고, 이중 80만 명의 시민들이 조문을 한 것으로 추산된다.

바보 노무현을 위한 노래

"위로나 위안이 될까 싶어 노래를 공개했는데 오히려 듣는 사람들이 더 많이 울었습니다. 보신 분들에게 미안해지네요."

노 대통령 추모곡 〈We Believe〉를 만든 락별 씨(29, 본명 김성만)가

한 신문과 인터뷰를 시작하면서 한 말이다. 그는 홍대 주변에서 활동하는 인디밴드 '울트라컨디션'의 멤버다.

"이런 말씀 드리기는 뭐하지만, 서거 소식을 듣고 난 다음 한참 멍하게 있다가 냉장고에 있던 소주를 꺼내 마셨어요."

망연자실해하던 그는 '밴드를 하기 때문에 본능적으로' 기타에 손이 갔다. 그리고 정신을 차리고 보니 자신도 모르게 노래의 가사가 쓰였다. 락별 씨는 코러스부터 음악까지 혼자 작업했다고 한다. 노래를 만든 '경위'는 노랫말에 다 나온다.

〈 We Believe 〉 작사/작곡 : 락별

"5월 어느 토요일 잠결의 뉴스 / 믿을 수 없는 이야기 / 아름답던 그 사람 볼 수 없다는 / 저만치 떠나갔다는 / 바람만 슬피 울고 / 아무 대답도 없어 / 밝은 해가 뜨는 그날이 오면 / 우리 다시 만나요 / We believe forever / We believe in you… / 미쳐버린 세상에 산다는 것은 / 너무나 힘든 일이죠 / 하지만 난 당신을 가슴에 담고 / 그렇게 버텨 갈게요 / We believe forever / We believe in you… / 멀리서겠지만 가끔 그렇게 / 우릴 지켜봐 줘요 / 밝은 해가 뜨는 그날이 오면 / 우리 다시 만나요 / 이젠 모두 잊고 편히 쉬세요 / 우린 당신을 믿어요 / 우린 당신을 믿어요 / 정말 고마웠어요"

노래의 간주 부분에는 "우리 아이들에게 결코 불의와 타협하지 않아도 성공할 수 있다는 하나의 증거를 꼭 남기고 싶었습니다."라는 노 전 대통령의 육성이 삽입됐다. 락별 씨는 유튜브에 "홧김에 곡을 쓰고, 술기운에 불러봅니다. 오늘은 대한민국이 자랑스럽지 않네요......"라는 말과 함께 이 곡을 올렸다. 5월 24일이었다.

인터넷 동영상에 그의 노래가 올라오자 인터넷은 또다시 눈물바다가 되었다. 누리꾼들은 이 동영상을 개인 블로그와 게시판 등으로 옮기기 시작했고, 이 곡은 순식간에 인터넷에서 대표적인 추모곡이 되었다. 이 UCC는 5월 27일 서울 덕수궁 정동길에서 열린 추모문화제의 마지막에 상영됐다. 가던 길을 멈추고 귀를 기울이던 시민들은 또 울어야 했다.

추모곡은 그것만이 아니었다.

〈우리반 반장 임영박〉이라는 풍자노래로 인기를 끌었던 '꿈꾸는 잡리스'. 세종대 음대 성악과 출신들이 결성한 프로젝트 그룹이다. 성악을 무기로 사이버상에서 패러디곡 〈내 나이 서른하고 네 살〉 〈비비디바비디부〉 〈신문과 국정홍보처 사이〉 등을 발표하여 각각 청년실업과 비정규직의 문제를 꼬집고, 보수언론을 조롱했던 바로 그 그룹이다.

'꿈꾸는 잡리스'의 김우섭 대표는 노 전 대통령의 갑작스런 서거가 믿기지 않았다고 한다. 서거 전날 울산 공연을 한 뒤 서거 당일 오전 8시에 집에 도착했다. 그날 오후 '실업대회'에서 공연할 예정이어서 잠시라도 눈을 붙일 생각이었다. 하지만 소식을 듣고 쉴 수 없었다. 예정된 무대에 섰지만 공연은 잘 되지 않았다.

"같이 노래하는 친구가 하는 말이, 오늘 생각이 많은 것 같다고 하더군요. 정말 무대에서도 당황스러웠어요. 젊은이들의 실업 현실을 풍자한 우리

노래를 소개하고 있는데 말도 더듬고…….″

집으로 돌아온 김씨 역시 혼자 술을 마셨다. 그리고 가사를 쓰기 시작했다. 23일 오후 6시, 싸이월드 '잡리스' 클럽에 공지를 하고 잡리스 멤버들이 함께 모여 추모곡을 만들기 시작했다. 잡리스는 29일 국민장 때 이 노래를 시민들 앞에서 선보였다. 제목은 〈노무현 레퀴엠〉. 〈우리반 반장 임영박〉과 대칭되는 노래다.

> "바보였던 친구 노무현 얘기를 할게요 / 원칙과 상식을 지켜 반장이 되었죠 / 반장이 되기 전에는 줄반장 분단장 세 번씩이나 떨어졌지요 / 1학년 때 엄석대에게 명패 던지고 이젠 몸을 던지나요 / 반장이면서도 왕따를 당했던 내 친구 / 학생부와 신문부가 미워했던 친구 / 고통없는 세상 상생의 나라로 눈물과 함께 보내드리니 / 역사는 진실로 (그리고 정의로) 기억되리라……"

〈지켜주지 못해서 죄송합니다〉를 만든 김성민 씨는 〈청계천 8가〉〈누가 나에게 이 길을 가라 하지 않았네〉 등을 만든 유명 민중가요 작곡가다. 노동자 노래단과 '꽃다지' 활동을 거쳐 인디음반을 만들던 그는 다음의 아고라에 올라온 글을 읽으면서 추모곡을 만들었다고 한다. 노래 녹음·동영상 제작까지 전 과정은 서거 이틀 뒤인 25일 밤늦게 완성됐다.

작곡가 김성민 씨는 매일 대한문 앞 시민분향소에 나가 추모인파를 지켜봤다고 한다. 무거운 침묵의 추모행렬과 가슴이 저미는 추모의 글귀와 노란 리본을 보면서도 눈물을 흘리지 않았다고 한다. 그런데 노래를 완성한 뒤, 혼자 동영상을 보다 하염없이 울었다고 한다.

"아직도 믿기지 않습니다. 어디선가 다시 만날 기회가 된다면 꼭 담배 한 갑이라도 사드리고 싶습니다."

김성민 씨는 추모곡 UCC를 만들어 인터넷에 올리고 민주당에도 보냈다. 노래는 할하산(할 말은 하고 산다)이라는 노래 모임이 불렀다.

힙합가수 김디지 씨도 "내가 할 수 있는 것이 이것뿐이라서, 노래와 기도, '못하는 랩'밖에 할 수 있는 게 없어서 죄송하다"라는 독백과 함께 추모곡 〈오 캡틴 마이 캡틴〉을 만들어 자신의 미니홈피에 올렸다. 그의 노래도 노래였지만 노래와 함께 올린 그의 독백이 더 사람들의 눈물을 자아냈다.

"수없이 녹음을 하고 지우고 또 지우고 다시 녹음하고 또 지우고, 가사를 읽다가 눈물이 나와 녹음을 할 수 없었던 그 순간이 너무 싫었다. 당신을 부정했던 2005년이, 그리고 당신을 사랑했던 그 후 몇 년이.... 전부 다 다시 시작할 수 없음에... 내가 할 수 있는 게 이거밖에 없어서, 이것뿐이라서, 당신에게 줄 수 있는 게 이거밖에 없어서 미안하고 또 죄송합니다."

〈 오 캡틴 마이 캡틴 〉

"노" 랗게도 물들었던 석양이 지던 언덕 위로 그 위로
"무" 리지어 떠나가던 저 철새들도 그 언덕 언덕 위로
"현" 실을 뒤로 한 채 떠나갔던 그 슬픔 모두 뒤로

수없이 눈물 흘려 보내려 했던 내 마지막 기도

당신은 나를 떠나가도 난 당신을 보내지 못해
고이 보내드리지 못해 이렇게 울기만 하네
슬픔, 외로움 묻힌 아픔 난 이내 쉴새 없네
떠나간 당신은 끝끝내 내 부름에 대답하지 않네

oh captain my captain..
oh captain my captain..
oh captain my captain..
oh captain my captain..

난 기억하죠. 당신의 미소를... 난 사랑했죠 당신의 미소를
난 좋아했죠. 당신의 미소를... 난 알고 있죠. 당신의 미소를
슬퍼지려 하기 전에... 내 눈물이 당신을 잡을 수 있다면 매일같이
울겠어요. 그렇게라도 할 수만 있다면...

단 한 번만이라도 그 목소리만이라도 들을 수 있다면 이렇게
슬퍼하진 않겠죠…
당신은 그리 떠났어도 내 가슴이 마음이 내 눈물이 아직 당신을
보낼 수 없네요. 보낼 수가 없네요.

곳곳에서 추모곡이 만들어지고 불렸다. 27일 봉하마을에서는 때 아닌 즉석 공연이 열리기도 했다. 경남 밀양에서 온 '아름나라' 어린이 합창단이 노 대통령을 추모하며 〈바보같은 노무현 사랑해요〉란 합창곡을 불렀다. 그런가 하면 자신을 광주 동신여고 3학년생이라고 소개한 조재희 양은 친구들과 함께 만든 추모곡 〈천국으로 띄우는 편지(For my hero)〉를 유튜브에 올렸다. 조재희 양은 "학생들이라 시간이 없어서 서거 일부터 금요일까지 새벽 3~4시까지 작업을 해서 만들었다."라며 노 대통령의 명복을 빈다고 밝혔다.

추모곡만이 아니었다. '노간지' 영상 UCC 열풍도 이어졌다. 생전의 소박한 모습을 담은 '노간지' 사진을 이용한 '노간지 시리즈'들이 속속 만들어져 올려졌다. 그들은 각종 사진을 긁어모아 그것으로 영상 구성을 한 다음 노 대통령이 평소에 좋아했던 〈상록수〉나 〈아침이슬〉 〈타는 목마름으로〉 〈솔아 솔아 푸르른 솔아〉 등 민중가요나 애절한 서양음악을 편집하여 올렸다. 이런 노간지 영상 UCC는 수백 개가 넘어 그 정확한 숫자를 세기도 힘들다.

누리꾼들이 만들어 올린 동영상은 참으로 다양했다. 〈영원한 대한민국의 대통령 노무현〉 〈노무현, 당신이 사무칩니다〉 〈노무현, 그런 사람

또 없습니다〉〈얼마나 힘들었으면〉〈노무현, 영원히 기억될 그 이름〉〈바보 노무현〉 등 제목부터 노 대통령에 대한 애도의 마음을 절절하게 담고 있었다. 이런 UCC는 노 대통령의 정치 인생부터 생전에 보여줬던 인간적인 면모, 인상적인 연설 등이 포함돼 있어 많은 누리꾼들에게 깊은 공감과 감동을 불러일으켰다. '국민 앞에 고개 숙일 줄 아는 우리의 영원한 대통령'을 그들은 그들만의 방식으로 그리워하고 그들만의 방식으로 추모했다.

노 대통령이 생전에 노래를 부르던 영상도 인터넷에 많이 올라왔다. 민주당 대선 후보로 결정된 날, 지지자들과 〈타는 목마름으로〉를 부르는 영상, 대선기간 동안 술집에서 〈작은 연인들〉을 부르는 모습, 또 평생의 화두이기도 했던 '사람사는세상'이 돌아와 너와 내가 부둥켜 안을 때...'로 시작되는 민중가요 〈어머니〉를 부르는 모습, 선거 유세 중에 〈부산 갈매기〉를 멋들어지게 부르는 모습이 인터넷에서 빠르게 퍼져 나갔다.

싸이월드 배경음악 다운로드 차트에는 생전에 노 대통령이 즐겨 불렀던 〈상록수〉가 1위에 올랐고, 이승철이 부른 〈그런 사람 또 없습니다〉가 2위에 올랐다. 공중파 라디오 방송 프로그램에서도 노 대통령을 추모하며 〈사랑으로〉〈작은 연인들〉 등 노 대통령이 좋아했던 노래들이 자주 방송되어 청취자들의 가슴을 울먹이게 했다.

5월 27일, 때맞춰 국민장 장의위원회는 '사람사는세상'의 봉하사진관에 노 대통령의 생전 모습이 담긴 미공개 사진 48장을 공개했다. 주로 재임 시절의 모습으로, 소탈한 일상과 대통령의 고뇌가 담긴 것들이었다. 집무실에서 소파에 누워 휴식을 취하는 모습이나 비행기 안에서

막힌 귀를 뚫고자 귀를 당겨 보기도 하고 코를 막고 바람을 불어 보는 모습 그리고 손녀딸과 과자를 가지고 장난하는 사진 등이었다. 이 사진들은 다시 빠르게 확산돼 갔고 옮겨 다니는 사진마다에는 댓글들이 달렸다.

"다른 때 같았으면 킥킥 웃으며 댓글을 달았을 텐데…….
더는 이런 사진을 볼 수 없다는 생각에 서러움이 흐릅니다.
비행기 안의 사진에 웃음이 나와야 하는데 눈물이 자꾸자꾸 납니다."

이어 28일에는 노 대통령 퇴임 후 봉하마을에서의 일상을 담은 사진 31장이 추가로 공개되었다. 마을 주민들과 쪼그려 앉아 이야기를 나누는 장면과 밭에서 농사일을 하는 모습, 손녀딸과 동네를 산책하는 모습 등이 담겨 있었다. 누리꾼들은 이런 사진들이 나오면 곧바로 또 다른 추모 UCC를 제작했다. 장례기간 동안 인터넷에 게시된 UCC와 사진, 그리고 웹툰과 추모 글 등은 수천 개가 넘어 정확한 집계가 불가능하다.

이런 과정을 거치며 초기의 분노는 점점 노 대통령에 대한 그리움으로 변해 갔다. 그리움은 다시 성찰과 반성과 약속으로 이어졌다. 그가 꿈꿨던 '사람 사는 세상'을 위한, 진보적 시민민주주의를 위한 다짐의 글들이 속속 이어졌다. 그즈음 분향소에 나오기 시작한 손팻말에는 이런 말들이 쓰이기 시작했다.

"꼭, 투표하겠습니다!"
"평생 한나라당 찍지 않겠습니다!"

강남역에 부는 뜨거운 바람
●

서울 강남 지역은 노 대통령이 환영받지 못한 대표적인 지역이다. 그런 강남, 서초, 송파 지역에 '시민분향소'가 생겼다. 강남역 시민분향소가 만들어지는 과정을 보면, 전국의 시민분향소가 어떻게 만들어지고 어떻게 지켜지고 어떻게 확산됐는지가 보인다. 그들의 증언을 통해 그 과정을 재구성해 보자.

23일 오전, 서거 소식이 알려지자 '강남촛불' 카페에 몇몇 회원들이 분향소 설치를 제안하고 정오께 공지 글을 올린다. 그리고 오후 1시께 강남역 6번 출구 앞에 몇 명의 강남촛불 회원들이 모였다. 그들은 급히 노 대통령의 사진을 준비하고, 분향소를 꾸밀 작은 조화와 헌화용 국화, 리본을 꽃집에 주문한다. 그리고 향로와 촛대를 구하기 위해 뛰어다녔다. 그리고 오후 2시 30분께 아주 작은 분향소가 만들어진다. 분향소라고 해봐야 외환은행 앞 인도에 작은 테이블을 놓고 화단에 영정사진을 올려놓은 것이었다. 그들은 '삼가 명복을 빕니다'라는 출력물을 들고 촛불을 밝힌다. 처음에는 그들 자신도 그저 '우리 자신을 위한 우리들의 분향소' 정도쯤으로 생각했다. 그러나 예상은 빗나갔다.

한두 사람씩 분향소를 찾았다. 절을 올릴 자리조차 마련되지 않은 분향소였건만 길을 가던 시민들이 헌화를 시작했다. 국화 한 송이를 헌화하고는 자리를 뜨지 못하고 오열하는 사람도 있었다. 준비한 향 한 갑이 모두 소진될 무렵 한 50대 아주머니가 향 한 갑을 놓고 갔다. 한 젊은 부부는 사과와 참외 그리고 술을 준비하여 영전에 올렸다. 작고 초라한 강남역 시민분향소는 그날 밤 10시까지 엄숙하고 차분하게 추모객들을 맞았다.

다음날인 24일 오후 1시. 다시 강남역 분향소가 추모객들을 맞았다. 외환은행 관리인의 요구로 분향소는 맞은편 노점 옆으로 옮겨야 했다. 그런데 전날과는 전혀 다른 풍경이 연출되었다. 전날 MBC 뉴스에 소개되면서 강남역 분향소에는 분향을 기다리는 사람들로 기다란 줄이 만들어졌다. 통행에 지장을 줄 정도로 많은 추모객이 몰렸다. 그날 이후 강남 분향소는 변신과 변신을 거듭한다. 시민들의 손에 의해서.

강남역 시민분향소에 추모객이 몰리자 주변의 노점상들은 모두 철시를 결정한다. 하루 벌어 하루 먹고 산다는 소규모 노점이 생업 공간을 포기하고 자진 철시한 것이다. 그뿐이 아니었다. 천막 하나 없이 세워진 분향소를 보고 머리핀을 파는 노점상은 작은 천막을 기증했다. 또 다른 노점상은 조명시설을 지원했다. 그리고 인근 상가의 주민들도 분향소와 추모객들을 위해 편의를 제공했다. 편의점 주인은 냉수를 공급했고, 노점상연합회에서는 천여 병의 생수를 기부했다.

분향소에 천막을 설치하자마자 비가 쏟아졌다. 작은 천막으로 분향소는 겨우 비를 피했다. 그러나 줄을 서 있는 조문 행렬은 비를 피하지 않았다. 인근 상가의 처마 밑으로 들어가 비를 피할 수도 있었지만 행렬은 그대로 비를 맞았다. '환하게 웃는 밀짚모자의 노무현'에게 가는 길은 비로 젖고 눈물로 젖었다.

강남역 시민분향소에 붙어 있던 대자보의 전문이다.

본 분향소는 강남에 거주하는
일반 시민들(다음 강남촛불)이 스스로 만든
순수한 시민분향소입니다
향초 하나로 시작해서 화환, 천막, 음료수...
십시일반 순수한 마음이 점점 커지고 있습니다.

생업에 지장을 받는 노점상 시민 분들이
분향소 자리를 위해서 영업을 중단하셨습니다.

꼭 이런 순수하고 고마운 마음 전달해 드리고자 합니다.
감사합니다. 사랑합니다.
대한민국의 민주주의를 지켜 주시는 국민 여러분...

분향소가 너무 초라하다고 우는 추모객도 있었다. 그러자 인근의 이벤트 업체에 근무하는 직원들이 대형 천막을 사들고 왔다. 다른 시민은 대형 조화를 주문하여 분향소에 설치했다. 수많은 익명의 시민들로부터 국화가 배달됐다. 국화만이 아니었다.

"익명으로 주문합니다.
분향소로 그냥 갖다 주세요. (노사모를 찾으세요)
중국 동포"

어느 익명의 중국 교포가 12만 100원어치의 생수를 보내오며 남긴 글이다. 빵과 김밥, 과자 등 많은 후원물품이 끊이지 않았다. 이러한 후원물품을 자원봉사자들은 추모객들에게 나눠 주었다. 몇몇 청년들이

향 한 갑, 양초 두 개, 컬러프린터로 뽑은 영정으로 세웠던 분향소는 이렇게 시민들의 손으로 점점 커지고 진화하며 '시민분향소'가 되어 갔다. 분향소에서 자원봉사를 하던 '강남촛불' 회원들은 시민들의 후원과 지원에 왈칵 눈물을 쏟아내곤 했다. 심지어 환경미화원들까지 대형 쓰레기봉지를 한 묶음 지원했다. 근처의 주점에서는 수차례나 가게 냉장고의 얼음을 모두 꺼내 분향소에 보냈다. 또 한 휴대폰 가게에서는 판촉행사 때 사용하는 조명시설과 전기를 지원해 주었다.

분향을 기다리는 추모객의 행렬은 300미터가 넘었다. 그들은 대한문 앞에서 들 수 없었던 촛불을 손에 들고 있었다. 양초를 나눠 주는 자원봉사자가 대한문의 상황을 빗대며 "촛불 들고 계시면 잡혀 가실 텐데 그래도 촛불 드실래요?"라고 말하면, 시민들은 "네, 주세요."라며 양초를 받아들었다.

"저도 양초 주실래요?"

"저도요."

그러면 자원봉사자가 한 번 더 시민들에게 결심을 묻는다.

"정말이에요. 시청 대한문 분향소에서 경찰들이 강제로 촛불 끄고 분향하라고 하고 있어요. 잡혀 갈 각오가 되어 있어요? 다들?"

추모객들은 빙긋 웃으며 촛불을 받아들었다. 서로 불을 나눠 붙이고 촛불을 들었다. 양초가 다 닳도록 줄은 줄어들지 않는다. 대한민국의 서울, 그중에서도 강남역, 그 주변으로 길게 길게 촛불이 이어졌다. 시민들은 긴 촛불의 행렬을 따라 분향소로 걸어갔다. 분향소가 가까워지면 훌쩍이는 소리도 커졌다.

시민 상주는 많은 추모객이 순서를 기다리며 늘어서 있으니 분향 시간을 조금씩만 짧게 해 달라고 부탁했지만 소용없는 일이었다. 추모객들은 모두들 조금이라도 고인과의 시간을 더 가지려고 했다. 그저 컴퓨터로 뽑아 만든 사진 한 장일 뿐인데, 그들은 그 앞에 조금이라도 더 오래 머물려 했다. 그들의 작별 시간을 통제할 수는 없었다.

　　분향 행렬이 지체되는 이유는 또 있었다. 분향을 마친 추모객은 돌아서서 글을 남겼다. 그냥 가는 사람이 거의 없었다. 한 자 한 자 또박또박 글을 남기며 조위록 위로 눈물이 뚝뚝 떨어지기도 했다. 어떤 이는 쉽게 고별사를 쓰지 못하고 펜을 든 손을 떨고만 있기도 했다. "행복했습니다. 사랑합니다."라고 적으며 눈물을 닦는 사람이 있는가 하면, "대통령님, 왜 이렇게 국민들을 아프게 하고 가셨습니까?"라며 원망의 눈물을 흘리는 사람도 있었다.

　　추모객이 늘어나면서 자원봉사자들도 늘어 갔다. 자원봉사자들은 시민상주, 현장 안내, 음료수 서비스, 헌화할 꽃 다듬기, 조위록 담당, 분향객 신발 정리까지 모든 일을 처리했다.

　　강남역 시민분향소는 29일 새벽 4시 30분, 봉하의 발인식을 몇 시간 앞두고 마지막 추모객의 문상을 받았다. 마지막 추모객이 물러선 후 분향을 마친 시민들이 지켜보는 가운데, 강남촛불과 자원봉사단이 영정 앞에 줄지어 섰다. 그리곤 일제히 4배를 올렸다. 1배, 2배, 3배를 올리고, 마지막 4배를 마치자 참고 참았던 울음이 터져 나왔다. 어떤 자원봉사자는 엎드린 채 일어나지 못했다. 그의 어깨가 오래도록 들썩였다.

　　강남역 시민분향소에는 23일부터 29일까지 7일 동안 1만여 명이 넘는 추모객이 다녀갔다. 그리고 조위록과 추모객이 남긴 글, 종이학 등 모든 자료를 봉하마을로 이관했다.

대한민국은 슬프다

노 대통령의 서거 사실이 알려지자마자 가장 먼저 민첩하게 추모 대책을 마련하고 움직였던 단위는 노사모와 시민광장을 비롯한 노 대통령 지지자 모임이었다. 이들은 지역의 시민사회단체와 연대하여 분향소를 만들었다. 분향소의 제단은 초라하고, 격식도 갖추지 못했지만, 그리고 장소조차 구하지 못해 영정사진을 들고 옮겨 다니기도 했지만 가장 노무현스러운 분향소였고 가장 아름다운 분향소였다. 그래서 가장 서럽기도 했다. 전국 시민분향소에 대해 상세히 소개하는 것은 불가능하다. 중앙 언론에 소개된 몇 개의 시민분향소만을 간략히 기록으로 남긴다.

부천

5월 23일 11시. 부천시민연합, 부천 노사모, 풀뿌리부천자치연대의 대표들이 모였다. 이들은 긴급회의를 갖고 부천 송내역 앞 광장에 시민분향소를 설치하기로 결정했다. 그리고 정오께 KBS와 SBS 방송국에 연락하여 방송 자막 안내 요청을 했다.

오후 3시. 부천 송내 북부역에 분향소가 설치됐다. '영원한 우리의 대통령! 고 노무현 전 대통령 분향소'라고 써 붙였다. 영정사진은 웃고 있는 노무현 대통령의 사진을 현수막에 실사 인쇄하여 걸었다. 그 밑에 촛불을 켜고 향을 피웠다. 분향소가 설치되자 길을 가던 시민들도 추모행렬에 동참했다. 노 대통령은 웃는 모습이었으나 조문객들은 그 모습에 더욱 절통했다. 주저앉아 통곡하는 시민들도 많았다. 그 모습에 참았던 눈물을 다시 쏟기도 했다.

다음날인 24일부터 분향소를 찾는 추모객의 수는 엄청나게 불어났다. 행렬이 버스정류장까지 한 바퀴를 돌았다. 부천 시내 곳곳에 추모 현수막이 내걸렸다. 추모위원회에서는 각 가정에 조기달기 캠페인을 벌였고, 추모객들의 편의를 위해 부천역과 역곡역, 그리고 동암역에도 분향소를 설치했다.

부천 송내역 분향소에는 23일 약 5천 명의 추모객이 분향을 했고, 24일 1만 5천여 명, 25일 1만여 명, 26일에는 1만 2천여 명이 분향소를 찾았으며, 27일에는 1만 2천여 명의 추모객이 분향을 했다. 이날 추모위에서는 만장 30개를 제작하고 시청 앞 노제에 참석하기로 결정한다. 28일은 분향 마지막 날이라 추모인파가 더욱 몰렸다. 그동안 한 번에 20명씩 분향하던 것을 묵념만으로 간소화하여 조문을 마치도록 추모객들에게 협조를 구해야 했다.

부천 송내역 분향소는 29일 새벽 2시에 철수했다. 총 분향 인원은 약 7만 명. 모금액만 4,900여 만 원에 달했다. 부천시 추모위원회는 이 모금액으로 분향 기간 동안의 경비를 지출하고 남은 금액으로는 안장식이 열리는 49재에 맞춰 치러진 부천시민 촛불문화제를 개최하는 데 사용했다.

백선기(풀뿌리 부천자치연대 대표) 추모위원은 "5월 23일 비보를 듣고 노사모, 시민단체, 시민들은 즉각 분향소를 설치하자는 데 의견을 모았다. 오후 4시, 전국 최초로 부천 송내역에 분향소를 설치했는데 당일 조문객이 5천 명을 넘었다. 다음날은 조문객이 1만 5천 명에 달했고, 분향소는 부천역, 역곡역으로 확대되어 매일 1만여 명의 추모객을 맞았다. 부천시민들의 성숙한 시민의식에 경의를 표한다."라고 말했다.

부천 분향소에서는 150여 명의 자원봉사자가 활동했고, 15박스에 달하는 추모 글이 접수됐다.

광주

하필 5·18항쟁 기간 중 날아든 비보였다. 2002년 대선 당시 이른바 '광주발 노풍(盧風)'의 진원지였던 광주에서는 노사모를 중심으로 23일 오후 4시 분향소 설치를 결정했다. 그리고 눈물과 땀으로 범벅이 되어 가며 옛 전남도청 본관 앞에 분향소를 설치하기 시작했다. 밤 11시께 5·18민주화운동의 최후 항쟁지였던 옛 전남도청에 노 대통령의 영정과 분향 제단이 마련됐다. 분향소 제단을 설치하면서 부족했던 200만 원은 신분을 끝내 밝히지 않은 한 여성이 내놓았다. 국화 1천 송이를 보내 준 시민, 조문객과 자원봉사자들이 먹을 수 있는 떡과 컵라면, 음료를 보내온 시민들이 7일 동안 이어졌다.

옛 도청 입구에는 '님이여, 무등산의 통곡이 들리십니까?' '감사합니다. 행복했습니다.'라는 추모 문구가 추모객을 맞았다.

25일 오후 3시 30분에는 '고 노무현 전 대통령 광주전남 추모위원회'를 결성하고 기자회견을 열었다. 위원장에는 송기숙 전 전남대학교 교수가 추대되었고, 고문단에는 조비오 신부, 강신석 목사, 지선 스님 등과 박광태 광주시장, 박준영 전라남도지사도 포함되었다. 시민사회가 스스로 나서 공식적인 추모위원회를 결성한 것은 전국에서 처음 있는 일이었다.

추모위는 기자회견에서 28일 오후 7시 시민추모제를 제안했다. 또한 28일을 기해 전국적으로 범국민추모제를 열 것과 아울러 28일 오후 9시부터 10분간 일제히 소등해 추모할 것도 아울러 전 국민에게 제안했다.

광주의 추모위원회 제안 중 눈에 띄는 건 또 있었다. 바로 노무현 대통령의 노제를 광주에서 할 것을 봉하마을의 장의위원회 측에 공식적으로 요청한 것이었다. 광주 시민이라고 운구차가 광주까지 거쳐 가는 게 무리라는 것을 어찌 몰랐겠는가. 그러나 그들은 요청했다. 그것은 광주 시민이 노무현 대통령에게 바치는 아름다운 헌사이기도 했다. 그들은 그렇게 노무현 대통령을 '민주의 아들' '광주의 아들'로 품었다. 광주 시민의 자부심이 만들어낸 눈물겨운 포옹이었다. 광주와 노무현은 그렇게 다시 만나고 있었다.[18]

시민합동분향소에는 24일 밤부터 촛불이 켜졌다. 추모객들은 분향소 부근에 촛불 800여 개를 밝히고 밤늦게까지 노 대통령을 추모했다. 25일 오후 7시게 1,200여 개의 촛불이 강물처럼 흘렀다. 광주 노사모와 광주 아고라연합, 시민광장 등 시민단체의 자원봉사자들이 추모객들에게 촛불을 나눠 주었다. 조문을 기다리는 기다란 촛불의 행렬은 숙연했다.

28일 오후 7시, 옛 전남도청 광장에서 광주전남시민추모위원회

18
봉하마을의 장의위원회는 광주 추모위의 이 제안에 일정상 너무 어려운 요청이라며 정중하게 고사의 뜻을 밝혔고, 광주 추모위는 그것을 받아들였다.

주관으로 '故 노무현 전 대통령 시민추모제'가 열렸다. 도청 일대는 노란 색 물결로 뒤덮였고 어둠이 내리자 5만여 명의 시민이 운집하여 옛 도청 앞 5·18민주광장을 가득 메우고 촛불을 들었다. 마치 80년 5월처럼 '민족민주화성회'를 연상케 했다. 추모식에서 김준태 시인은 〈광주여! 우리나라의 십자가여!〉를 외치던 그해 5월의 그 목소리로, 고 노무현 대통령에게 바치는 시를 낭송했다.

    우리들 자신이기도 하는 노무현 대통령!
    결코 혼자서는 떠나보낼 수가 없습니다.

        - 노무현 대한민국 제16대 대통령 영전에
        김준태(시인)

    슬픕니다.
    오늘은
    봉화산 부엉이처럼
    밤새도록 울고 싶습니다.

    님이여,
    지금 이 땅에
    노무현 아닌 사람이 누가 있습니까?
    갈라진 땅 분단 64년의 한반도
    지금 이 땅에
    노무현 아닌 사람이 어디 있습니까?

    갈갈이 찢기고, 여기저기 얻어터진,

온몸에 온 넋에 상처 투성이뿐인 오늘의
대한민국 사람은 모두가 노무현입니다!

민주주의를 부르짖다가
민족통일을 부르짖다가
자유와 평화와 사랑을 꿈꾸다가
겨울강 얼음짱 밑으로 사라져간
그 수많은 사람들의 푸른 넋들
그 넋들 속에서 태어난 노무현!
⋯⋯

2009년 5월 28일 밤, 광주 금남로에서 배곡(拜哭)!

광주는 비장했다. 2002년 대선 당시 여전히 '지역감정'이라는 틀로 수많은 언론이 광주를 해석하고 있을 때, 그들은 노무현을 선택했다. 그 광주발 노풍은 그해 노무현 열풍의 서막이 되었다. 그 광주에서 노무현은 다시 살아나고 있었다.

처음 분향소 설치 당시 광주 노사모 회원 10여 명이 시작했지만 시민광장 광주 지역 회원들과 광주 아고라연합이 여기에 가세하며 자원봉사자는 30여 명으로 늘어났다. 또 광주 지역 각 시민단체 회원들은 물론 일반 시민, 여고생 등 자원봉사자 50~80명은 매일 새벽까지 분향소를 지키며 시민들의 조문을 도왔다.

광주의 시민합동분향소 앞 추모 게시판의 전지는 시민들의 애도 글로 40장 가까이 덧씌워졌고, 추모 글이 담긴 노란 리본 1만여 개는 옛 도청과 금남로·충장로를 뒤덮었다. 7일간 타오른 추모 촛불은 3만여 개였으며, 시민들에게 나눠 준 '근조(謹弔)' 리본도 7만여 개에 달했다. 수백 수천 장의 쪽지 글들이 곳곳에 붙여졌다. 그중에 한 여고생이 남긴 글이 광주의 시민의식을 대변하고 있었다.

"다음 대선에서 제가 꼭 꼭 노무현 전 대통령님 같은 분을 뽑을게요."

강원

노사모 강원 총괄본부는 24일 오후 3시 원주 강원감영지 앞에 분향소를 설치했다. 전날인 23일 노사모에서는 노 대통령의 서거 소식을 듣고 긴급회의를 소집, 원주시 중앙로 만남의 거리에 분향소를 설치하기로 했으나 다음날 오전 인접 상가들의 불편을 피해 원주 강원감영지 앞으로 옮긴 것이다. 이날 분향소 설치와 함께 이계진 의원을 비롯해 원경묵 원주시의회 의장, 각 기관 단체장들의 발길이 이어졌으며, 400여 명의 조문객이 노 대통령을 조문하고 애도를 표하고 돌아갔다.

한편, '2009 춘천마임축제'가 열리는 춘천에서는 개막행사에 앞서 유진규 마임축제 예술감독이 노 전 대통령의 서거를 추모하는 마임 퍼포먼스를 펼쳤다. 유진규 감독은 쌀에 향을 꽂은 젯상을 마련해 놓고 마임 퍼포먼스를 통해 노 전 대통령 서거에 애도를 표현했다. 또 불을 이용해 몸짓과 표정을 내보이며 슬픔을 극복하고 화합의 장을 마련하자는 메시지를 전달했다. 이날 축제에 참가한 시민들도 유 감독의 퍼포먼스를 지켜보며 떨어지는 하얀 종이를 잡아 가슴에 안고 숙연한 모습을 보였다.

축제 관계자는 "국민들의 애도 마음을 담기 위해 기획자 대표 등과 논의를 통해 갑작스레 퍼포먼스를 준비하게 됐다."라며 "축제 기간 동안 노전 대통령 서거로 인한 국민들의 슬픔을 함께하겠다."라고 말했다.

대전

24일 대전 중구 서대전시민공원에 마련된 분향소에는 시민들의 애도의 발길이 끊이지 않았다. 서대전시민공원의 분향소는 대전 지역 노사모와 시민단체, 노 대통령 지지자 등이 자발적으로 만든 분향소였다. 애초 분향소는 이곳이 아니었다. 23일에는 대전역광장에 설치되어 있던 임시분향소가 이곳으로 옮겨온 것이었다.

민주당 대전시당 관계자는 "대전역광장에 분향소를 설치하려고 대전역과 협의를 하였으나 대전역 측으로부터 상부의 지시로 허가할 수 없다는 통보를 받아 분향소를 설치하지 못했다."라고 밝혔다. 이에 대해 대전역 관계자는 "23일 오후 6시경 상부로부터 이메일로 대전역광장에 분향소를 설치하는 것을 허가하지 말라는 통보를 받아 상부의 지시에 따른 것뿐"이라며 난감해하기도 했다.

서대전시민공원 분향소 주변 나무에는 추모객들이 달아놓은 노란 풍선과 메시지를 적은 노란 리본이 물결을 이루고 있다. 분향소를 찾은 시민들은 노 대통령의 서거를 애통해 하면서 오열하기도 하고, 이명박 정부와 검찰을 향해 거침없이 분노를 터트리기도 했다.

서대전시민공원 분향소를 찾은 정혜미 씨(22)는 주변을 아랑곳하지 않고 펑펑 눈물을 쏟아냈다. "너무 안타깝고 원통하다. 그분은 약한 사람들에게는 한없이 약했고, 강한 사람들에게는 한없이 강했던 분이었다. 분하고 분하다."라며 눈물을 참지 못했다.

조문을 마친 시민들은 노란색 리본과 종이에 "지켜 드리지 못해서 죄송합니다, 사랑합니다." "봉하에 가서 찾아뵙고 싶었는데, 지금도 생생한 모습이 아른거립니다, 꿈인 것만 같습니다." 등의 추모 글을 적어 나무와 분향소 등에 걸어 놓았다.

어린아이와 함께 조문하는 가족들, 노구를 이끌고 조문하는 노인, 타고 가던 버스에서 내려 조문을 하는 아주머니, 보충수업을 끝내고 귀갓길에 조문행렬에 참여한 고등학생, 그리고 젊은 연인 등 노무현 대통령을 추모하는 행렬은 계속되었다.

부산

2009년 5월 28일 오후 8시경
부산역광장

23일 오후부터 설치한 민주당 부산시 지부와 개성고(옛 부산상고) 총동창회 부전동 장학회관 등 두 곳에 분향소가 설치되었다. 그리고 서면 쥬디스 태화 옆에 조촐한 시민분향소를 마련하고 100여 명의 시민과 대학생, 시민사회단체 회원들이 촛불추모제를 열었다.

시민분향소에는 '서민을 죽이려고 서민 대통령을 죽인 것인가, 민주주의 죽이려고 민주 대통령을 죽인 것인가?'라는 검은 펼침막을 배경으로 작은 탁자에 검은색 천을 깔고 노 전 대통령의 영정을 모셨다. 노사모 회원을 비롯한 시민단체 회원들은 매일 촛불을 밝히며 노 전 대통령을 추모하고 현 정권과 검찰, 조중동 등 보수언론을 향해 거침없이 격한 감정을 토해냈다.

한편, 부산시는 24일 장례식이 국민장으로 결정됨에 따라 부산역 광장과 BEXCO 1층 전시실에 분향소를 설치하기로 하고, 25일 월요일 오전 7시부터 일반인의 조문을 받는다고 밝혔다. 그리고 조문객들의 편의를 위해 24시간 조문이 가능하도록 안내요원을 배치하였다.

노 대통령의 '정신적 지주'로 알려진 송기인 신부와 정윤재 전 청와대 의전비서관도 부산역 분향소를 찾았고, 정윤재 전 비서관은 상주 자격으로 조문객을 맞으며 분향소를 지켰다.

서면의 쥬디스 태화 앞에 마련된 시민분향소에서는 28일 오후 7시 30분부터 촛불추모제가 열렸다. 500여 명의 시민이 참석해 노 대통령의 서거를 애도했다. 촛불추모제는 분향소와 스크린이 좁은 인도에 설치되어 있는데다가 추모객들이 촛불을 들고 앉아 있어 통행이 불편했다. 다른 지역과는 달리 분향소를 향해 불만을 토로하는 시민도 있었다.

"왜 이렇게 좁은 인도에서 이러냐? 작년 촛불집회 때는 중심가 대로변에서 하지 않았느냐?"

추모제 관계자들은 "그러게 말입니다. 그분을 이렇게 보내 드리면 안 되는데…… 경찰이 허가를 안해 주네요. 여기서도 하마터면 못할 뻔 했습니다."라고 답변했다. 추모제 주변 도로변에는 여러 대의 전경버스가 배치되어 있었다.

오후 8시경에 촛불추모제가 끝나고 부산역광장에서 열리는 추모문화제에 합류하기 위해 시민들이 이동하려 하자 경찰과 마찰이 생겼다. 촛불추모제 관계자가 "부산역까지 침묵으로 추도행진 갑시다. 촛불이나 국화 들고 따라오십시오." 하고 행진을 시작하자 경찰이 방패를 들고 앞을 가로막은 것이다.

"안녕하십니까, 시민 여러분. 저는 부산진경찰서장입니다. 여러분은 지금 불법을 저지르려 하고 있습니다. 도로교통법상 야간행진은 하지 못하게 되어 있습니다. 돌아가 주십시오." 확성기 소리가 들렸고 경찰은 강력 저지했다. 30여 분 후 경찰이 통제를 풀면서 촛불을 든 시민들은 추모제가 열리고 있는 부산역에 합류했다.

경북 안동

23일 오후 1시경 안동시 시민사회단체 회원들은 긴급회의를 갖고 노 대통령 임시분향소를 설치하기로 결정했다. 오후 3시께 안동시 신한은행 앞 '차 없는 거리' 입구에 분향소를 만들고 조문객을 받기 시작했다. 24일 장의 형식이 국민장으로 자리잡아 가자 오후 4시경 안동시청 관계직원이 찾아와 시민단체 회원들과 분향소 설치에 대해 논의하였다.

논의 결과 시청 차원의 별도 분향소를 설치하지 않고 시민단체의 분향소를 안동시 공식 민관 합동분향소로 일원화하기로 합의하였다.

이후 시청의 물적·행정적 지원으로 분향소 규모를 격에 맞게 갖추고 시장과 실국장 등이 시민분향소를 찾아 분향하였다. 지역구 국회의원인 김광림 의원이 비서진과 함께 분향소를 찾았고, 안동경찰서 서장을 비롯한 경찰 간부들도 이곳 분향소에서 조문하였다. 시민들의 발길도 이어졌으며, 여느 분향소와 마찬가지로 눈물의 바다를 이뤘다.

안동의 분향소는 29일 발인날 자정까지 운영되었으며 약 7천여 명의 추모객이 조문을 마쳤다. 그리고 소요경비를 제한 시민 성금을 안동 MBC에 불우이웃돕기 성금으로 기탁하기도 했다.

한편, 안동의 시민사회단체 회원들과 시민 35명은 관광버스를 임대하여 서울광장에서 열린 노제에 참석하기도 했다.

수원

23일 오후 8시, 수원 '시민광장' 회원들이 주축이 되어 수원역 남측 광장에 시민분향소를 마련했다. 29일 자정, 분향소를 철거하기까지 7일 동안 약 7만여 명의 조문객이 다녀갔다. 분향소 설치 초기에는 잘 알려지지 않아 천막 하나로 분향소를 운영했지만 시간이 지남에 따라 감당할 수 없을 만큼 많은 추모객이 밀려들었다. 여성과 어린이들은 국화를, 일부 중년 남성들은 담배에 불을 붙여 영정사진 앞에 놓으며 눈물을 훔치는 모습을 자주 볼 수 있었다. 저녁에는 분향소를 지키고 있는 자원봉사자들에게 익명의 시민이 제공한 30인분의 음식이 배달되기도 했다.

순수한 자원봉사로 운영된 수원역 시민분향소는 매일 20~30명의 시민과 학생들이 자원봉사를 자청하고 나서 현장의 조문객들에게 편의를 제공했다.

또한 수원역 시민분향소를 설치했던 수원 '시민광장' 회원들과 자원봉사자들은 29일 새벽 전 국민을 감동시킨 자원봉사에 나섰다. 바로 노 대통령의 운구행렬이 지나는 길을 노란색으로 꾸미는 작업이었다. 경부고속도로 수원 인터체인지에서 수원 연화장까지 7킬로미터에 이르는 길에 노란 리본과 노란 풍선, 추모 펼침막을 다는 작업을 담당했다.

수원역 시민분향소에는 1,600만 원이 넘는 성금과 후원물품이 답지했다. 그중 700여 만 원의 잔여금액을 추모집 발간과 추모행사에 사용하고 나머지 금액은 노 대통령 기념관 건립 기금으로 기증했다.

제주

민주당 제주도당은 24일 오전 제주시 서사라에 위치한 당사에 노 대통령의 분향소를 마련하고 제주도민의 조문을 받았다. 이날 민주당 제주도당은 민주당 소속 도의원과 당원 100여 명이 참석한 가운데 합동 분향을 진행했으며, 김태환 제주도지사와 우근민 전 지사, 강택상 제주시장, 양성언 교육감 등 도내 주요 기관장과 각 기관 간부와 직원들이 분향소를 찾아 헌화하며 고인의 명복을 빌었다. 제주도민들도 충격적인 노 대통령 서거 소식을 접하고 안타까워하며 분향소를 찾아 애도의 뜻을 표했다. 한편, 노 대통령의 분향소는 민주당 외에도 한라산 관음사와 제주시청 어울림 마당에도 설치됐으며, 어울림 마당에서는 추모 문화제도 열렸다.

산사의 분향소

산사에서도 추모 열기가 이어졌다. 서거 직후 대한불교조계종은 노 대통령을 추모하는 분향소를 전국 주요 사찰에 설치하기로 결정한다. 조계종 총무원장 지관 스님은 "국민과 애도의 마음을 함께하며, 큰 충격과 슬픔에 잠겨 있을 유가족에게 위로의 말씀을 전한다."라는 애도문을 발표했다. 그리고 서울 종로구 견지동 조계사를 포함해 해인사, 통도사, 송광사, 수덕사, 월정사 등 전국 100여 곳의 사찰에 분향소를 마련할 것을 지시했다. 이에 따라 전국 주요 사찰에서 노 대통령을 추모하는 불자와 시민들의 추모행렬이 계속되었다.

조계종 관계자는 노 대통령이 천주교 세례를 받았지만 해인사를 몇 차례 방문한 인연이 있고, 2003년에는 조계종 종정인 법전 스님이 권양숙 여사에게 '대덕화(大德花)'라는 법명을 내렸을 정도로 불교와 깊은 인연을 맺어 왔다고 전했다.

노무현 대통령의 분향소가 설치된 사찰은 경기 용주사 봉선사, 강원 신흥사 월정사, 충북 법주사, 충남 마곡사 수덕사 갑사 동학사, 대구 동화사, 경북 직지사 은해사 불국사 고운사 보경사, 부산 범어사, 경남 해인사 쌍계사 통도사, 전북 금산사 선운사, 광주 원각사 문빈정사, 전남 백양사 화엄사 송광사 대흥사, 제주 관음사, 서울 조계사 봉은사 도선사, 인천 인천불교회관 등이었다.

조계사에서는 하루 2만여 명의 조문객이 분향을 했고, 경내에는 노란 리본과 대형 흰 천으로 된 조위록, 그리고 만장으로 장엄되었다. 아침과 점심 시간에는 직장인과 불자들이, 저녁 퇴근 시간 이후에는 가족 단위 조문객들이 찾아와 분향했다.

또한 봉하마을에서 장례절차를 조언하고 있는 불교장례연구회 연화회의 요청에 따라 조계종에서 영결식에 사용할 만장 제작을 맡기도 했다. 26일 조계사 대웅전 앞에서 조계종 총무원장 지관 스님이 노란색 만장 두 개에 친필 애도문을 쓰는 것을 시작으로 스님과 불자들이 참여하여 2천 개의 만장을 제작했다. 일반 추모객들도 오색의 천 위에 추모 글을 쓰며 만장을 만드는 데 참여하였다.

한편, 30도를 웃도는 더위 속에 만장을 제작하던 중, 웃지 못할 정부 방침이 내려왔다. 만장의 깃대를 플라스틱 관으로 대체하라는 것이었다. 당초 조계사나 장례연구회에서는 2천 개의 만장을 전통 불교의례에 맞게 대나무로 제작하기로 하고 대나무를 주문했었다. 그러나 정부는 시위용품으로 변질될 우려가 있다며 플라스틱 관으로 교체할 것을 강력히 요청했다. 영결식과 노제에 참여하는 추모객을 '잠재적인 불법 폭력시위자'로 보는 게 정부의 시각이었다.

조계사를 비롯한 100여 곳의 사찰에서는 조문객 숫자를 집계하지 않았다. 다만 조계사에는 분향소가 마련된 이후 15만여 명의 조문객이 다녀간 것으로 알려졌다.

해외 분향소, 나라 밖이라 더 서러웠다

해외 공관과 해외동포들도 분향소를 설치하고 노 대통령을 추모했다. 정부는 해외 공관에 150여 개의 공식 분향소를 설치하여 거주 동포들과 현지 정부 관계자의 조문을 받았다. 이뿐 아니라, 세계 구석구석에 있는 동포들이 자체적으로 분향소를 마련하고 국내와 같은 뜨거운 추모 열기를 이어갔다. 전 세계 한인사회가 노무현 대통령을 추모하고 있는 가운데 5월 23일 뉴욕의 노사모가 뉴욕 플러싱의 작은 공원에 분향소를 설치했다. 뉴욕 노사모는 이곳에 이어 25일 맨해튼의 한인 거리인 32번가에도 분향소를 설치하여 한인들의 분향을 도왔다. 뉴욕 노사모 회원인 김대창 씨는 "갑작스럽게 준비했습니다. 그런데 생각보다 많은 분들이 분향을 하고 갔습니다."라며 한인들의 추모열기를 전했다.

노무현 대통령의 영결식이 있던 5월 29일 오전 11시에는 뉴욕 한인타운에서도 추모식이 열렸다. 이날 약 200명이 모인 추모식에서 문동환 목사는 "노무현 전 대통령의 서거 소식을 듣고 충격을 금치 못했다."면서 "노 전 대통령의 죽음은 절대 무위로 끝나지 않을 것이다."라고 추모했다.

롱아일랜드에서 세 자녀의 손을 잡고 맨해튼의 추모식에 참석한 오승훈 씨는 자녀들에게 '아버지가 좋아하는 대통령을 보러 가자.'라고 말했다고 한다. 오씨는 "우리나라에 이런 대통령이 있었다는 사실이 너무 기뻤다."라며 "참 소중한 사람을 잃었다."고 말했다. 추모식은 노 대통령이 즐겨 부르던 〈상록수〉를 함께 부르며 끝났다.

워싱턴 인근의 20여 개 한인단체는 24일부터 미주동포 전국협회 사무실에 분향소를 차리고 조문객들을 맞이했다. 멀리 샤롯스빌에서부터 버지니아 텍의 유학생들까지 인터넷을 보고 찾아오는 등 조문객이 300명을 넘었다. 한국에서 국민장이 엄수된 29일에는 워싱턴 인근에서 추모 촛불집회도 열었다.

추모제에서 홍덕진 평화번영(PNP)포럼 사무국장은 "노무현 전 대통령을 기억하고 애도하는 한인동포들의 열기에 감동했다."라며 감사의 말을 전했다. 그리고 김응태 전 워싱턴 평통 회장은 "그를 누가 죽였는지, 왜 그렇게 돌아가셔야 했는지 우리는 알고 있다."면서 "1년 만에 무너져 내린 민주주의와 또 1년 만에 다시 만들어진 부패한 정치권력에 대해 단호한 경고의 메시지를 보낸다."라며 이명박 정부를 비판하기도 했다.

미주 동포들이 가장 많이 사는 로스앤젤레스(LA) 지역에도 노 대통령을 추모하는 발길이 이어졌다. 민주평통 LA지역협의회와 6·15공동선언실천 미서부위원회, 민화협 미서부지부, LA 노사모 등 10여 개 단체가 LA 한인타운에 마련한 분향소에는 일요일인 24일 오전부터 가족단위 조문객 등 추모행렬이 끊이지 않았다.

하지만 미주와 유럽, 아시아, 아프리카 등 해외 공관에 설치된 150여 개의 공식 분향소는 오후 6시까지 업무시간에만 운영되어 많은 동포들의 비난을 샀다. 분향소와 멀리 떨어져 있는 곳에 근무하는 동포들이 업무시간 중에 시간을 내서 분향소까지 찾아갈 수는 없었다. 그러자 공관과 멀리 떨어진 지역에 거주하는 동포들은 자체적으로 분향소를 만들어 가까운 이웃들끼리 노 대통령을 추모했다.

다음은 인근에 분향소가 없어 자신의 방에 분향소를 만든 다음, 그 사실을 인터넷으로 주변의 동포들에게 사진과 함께 소개한 글이다.

중국 소주(蘇州) 가정집에서 이렇게 분향소를 만들었습니다.
중국 친구들도 와서 조문을 하구요,
같이 앉아 노무현 전 대통령님 설명을 많이 했습니다.
중국 친구들에게 근·현대사를 가르쳤답니다.

소주에도 많은 교민들이 있지만, 이곳을 대표하는 단체들이 분향소를 만들어 주지 않아 저희가 직접 집에 분향소를 차렸습니다.
담배도 많이 꽂아 드리고, 중국 소주에 계신 지인들이 컵라면도 사다 주시고.
3일째군요. 아침부터 오시는 분이 있었지만, 왜 그리 반가운지.
방금은 세 시간 떨어진 남경에서도 오신다고 전화를 주셨네요.
눈물이 앞을 가립니다.

혹시 이 글을 보시는 분들 소주에 지인이 계신다면 꼭 이곳 중국 소주에도 분향소가, 비록 초라하지만 그분을 기리는 장소가 있다고 말씀해 주세요.
민박집 하시는 사장님께서 김치도 가져다주시고, 슈퍼 하시는 사장님이 컵라면도 가져다주시고, 출장 나오신 분이 양초도 사오셨습니다.

위치 : 소주 공업원구 소수로 천항화원 3동

- 중국에서, 노무현 전 대통령님을 그리워하는 룰루 배상

상해에 거주하는 한 동포는 노 대통령의 충격적인 서거 소식을 듣고 인근의 분향소를 찾아 조문한 심경을 적어 다음 아고라에 올려놓기도 했다.

〈 상해 사는 교민입니다. 너무 가슴이 아픕니다. 〉

어제 노무현 전 대통령의 서거 소식을 듣고.... 하루 종일 분노에, 착잡함에 경황없이 하루를 보냈고, 믿을 수 없는 현실에 어이 없이 오늘 하루를 보내고 있었습니다. 그런데 친구로부터 가까운 한인타운의 한 불고기집에 '노무현 대통령 분향소'가 차려져 있다는 소식을 듣고 부랴부랴 옷을 갈아 입고 나갔습니다.

분향소가 차려진 곳은 상해 교민 밀집지역인 진후이루 홍췐루의 어느 불고기집의 가장 큰 룸이었습니다. 처음 큰길가에 내렸을 땐 아무 표시도 없고 사람들도 없어 정말 분향을 하는 건가 생각하기도 했습니다. 가까이 다가가자 노무현 대통령 분향소라는 A4 용지가 붙어 있었습니다. 그곳 중국인 웨이터가 안쪽으로 들어가라고 친절하게 안내해 주더군요. 분향실로 가는 도중 두 가족으로 보이는 사람들이 눈물을 훔치며 아이들과 함께 나오는 것을 봤습니다.

분향실에 들어간 후 어찌해야 할 바를 몰라 "그냥 절하면 되는 건가요?" 하니 친절하게 저에게 국화꽃을 주셨습니다.

신발을 벗고 국화꽃을 영정 앞에 올려놓을 때까지 차마 노무현 대통령님의 초상화를 쳐다보질 못했습니다. 절을 두 번 하고 일어서 마지막 합장을 하고 고개를 드니 노무현 대통령님의 초상화가 눈앞에 보이더군요…
1초만 봤습니다. 그 이상은 보질 못했어요. 눈물이 터져 나올 것만 같아서…

방명록에 '다 압니다. 당신이 진정한 대통령이라는 것을' 이라고 적고 재빨리 나왔습니다. 불고기집을 나올 때까지 눈물이 막 터져 나오려 하는 걸 참았습니다. 집으로 돌아가는 길에 어두운 골목길을 지나는데 정말… 하염없이 눈물이 나오더군요.

우리 대통령…. 우리를 위한 대통령… 내 맘속의 대통령…
당신이 진정한 대통령입니다.
사랑해요… 노무현 대통령님.

미국의 '대한민국 제16대 대통령 노무현 남가주 추모위원회'는 합동분향제를 열기도 했다. 합동분향제는 28일 저녁 7시 LA 한인타운에 마련된 남가주 분향소에서 100여 명이 모인 가운데 진행됐다.

이 자리에 모인 한인들은 대형 스크린을 통해 서울에서 열리는 영결식을 함께 시청하며 멀리서나마 추모행사에 참여했다. 영결식이 진행되는 내내 곳곳에서 훌쩍이는 소리가 이어졌고, 한명숙 전 총리가 조사를 낭독하며 "지켜 드리지 못해서 죄송합니다."라고 울먹이자, 참석자들도 함께 흐느꼈다.

이날 참석자 중 한 명이 남긴 추모의 글이다.

"그토록 외로우실 때 우리는 담배 한 개비만도 못했습니다." (scott)

3 작별을 준비하며

'공소권 없음'

5월 24일 장의준비위 운영위원회에서는 검찰이 밝힌 노 대통령에 대한 '공소권 없음' 결정에 대한 입장을 발표한다. 검찰은 그동안 수사 과정에서 의혹만 부풀려 놓고 이에 대한 한마디의 사과나 해명도 없이 '공소권 없음' 결정으로 수사를 종결했다. 따라서 훼손된 고인의 명예는 영원히 회복할 수 없는 일이 되어 버렸다. 그동안 검찰과 언론은 확인되지 않은 사실을 과대 포장하여 노 대통령의 도덕성을 흠집 내고, 나아가 참여정부의 성과까지 훼손했다. 그런데 검찰이 노 대통령 서거로 인해 수사를 진행할 수 없다는 이유로 '공소권 없음' 결정을 내리고 노 대통령에 대한 수사는 종결되어 버린 것이다.

이에 대해 노 대통령 변호인단은 분개했다. 노 대통령을 죽음으로 몰고 간 검찰이 고인과 국민 앞에 엎드려 사죄를 해야 마땅한데도 한마디 사과 없이 종결선언으로 수사를 끝낸다는 것은 용납할 수 없다는 입장을 밝혔다.

이후 6월 12일 이인규 대검찰청 중앙수사부장이 '박연차 게이트'

수사 결과를 발표하면서 "법과 원칙에 따라 최선을 다했다."라고 밝혔다. 고 노무현 대통령에 대한 수사는 '정당했다'는 발표였다. 끝내 수사 책임자는 사과 한마디 없었다. 검찰의 발표 내용을 보면, 노 대통령에 대한 혐의 내용을 판단하지 않은 것처럼, 비껴갔다. 그러면서도 정작 박연차 회장의 혐의 부분에서는 "혐의 내용이 인정된다."라고 했다. 그렇다면 이는 곧바로 노 대통령의 혐의가 인정된다는 것 아닌가? 그 혐의라는 게 동전의 양면과 같은 것 아닌가?

문재인 전 실장과 전해철 전 수석 등 변호인단은 "대통령이 돌아가셔서 아무런 반론을 할 수 없는 상황인데, 검찰이 기존에 했던 행태를 다시 되풀이하고 있다."라고 지적했다. 문 전 실장은 이어 "박연차 회장의 혐의 내용이 정말 인정된다면, 그리고 그에 대해 검찰이 자신 있다면, 박 회장을 왜 기소하지 않느냐?"라고 반문하고, "검찰이 그 이유를 2~3개 들었는데, 궁색하기 짝이 없는 자기변명과 책임회피"라고 비판했다.

전해철 전 수석은 "국민이 알고 싶어 하는 진실은 검찰이 누구의 지시로, 어떤 목적으로, 왜 '정치적 기획수사' '짜맞추기 표적수사'를 했느냐에 대한 것"이라고 지적하면서 다음과 같은 말을 전했다.

"일방적으로 피의사실을 공표하고 사실을 왜곡하는 등 이번 수사와 관련된 검찰의 행태에 대한 통렬한 자기반성과 성찰이 있어야 할 것입니다. 그런데 검찰의 수사결과 발표를 보면 이미 고인이 된 전직 대통령을 두 번 욕보이는 행태에 분노를 느끼지 않을 수 없습니다."

국민장이 결정되다, 그리고 긴 갈등

이런 가운데 봉하마을의 '장의위원회 준비위 운영위원회'는 한시바삐 장례 절차를 결정해야 했다. 가족장으로 조용히 치르겠다는 유족의 뜻이 완강했고, 봉하의 분향소에 모여든 일반 조문객들과 노 대통령 지지자들 대부분이 가족장을 주장했다. 가족장으로 치러야 한다는 주장은 우선, 노 대통령의 유서 행간에 묻어 있는 유지에 따라 가족장으로 조용히 치르는 것이 옳다는 것이었다. 하지만 그 이면은 분노였고 책임론이었다. 노 대통령을 죽음으로 몰고 간 현 정부에 대한 강력한 항의의 의미로 국민장을 거부해야 하고, 국민장으로 할 경우 정부측에서 장의위원회를 구성하여 장의위원장과 위원을 국무총리와 각부 장차관 등이 주관하게 되는데, 현 정부의 인사들에게 고인의 마지막 가는 길을 맡긴다는 것은 어불성설이라는 주장이었다. 결국 국민장은 '죽인 자'가 상주가 되는 꼴이라 결코 받아들일 수 없다는 것이었다.

그리고 또 한편으로는 국민장의 '국민'도 책임이 있다는 주장을 했다. 참여정부 5년 동안, 그리고 노 전 대통령이 서거하기 직전까지 보수언론에 부화뇌동하여 노 대통령이 주장하는 '사실'에 대해 비난하고 차갑게 외면했던 '국민'들도 노 대통령을 죽음으로 내몬 공범이라는 것이다. 서거 후 가슴을 치며 '지켜 드리지 못해 죄송하다'고 하는 참회가 바로 이런 자책감의 증거인데 어떻게 국민의 이름으로 국민장을 할 수 있겠느냐는 주장이었다. 지지자들 중에는 "국민이 죽인 것이나 마찬가진데 어떻게 국민장을 치를 수 있느냐?"라며 통곡하는 이들도 있었다.

'장의위원회 준비위 운영위원회' 회의는 이 문제를 쉽게 결정할 수 없었다. 다수의 의견은 국민장으로 치러야 한다는 생각이었지만 소수의 의견이 워낙 강경했다. 하지만 모든 일이 그렇듯 분노만으로 결정할 수는 없는 일이다.

> 노 대통령 장례식을 정부와 측근들은 국민장을 주장하는데 가족은 가족장을 주장해 결말을 못 보았다. 박지원 의원을 시켜서 '노 대통령은 국민을 위해 살았고 국민은 그를 사랑해 대통령까지 시켰다. 그러니 국민이 바라는 대로 국민장으로 하는 것이 좋겠다.'라고 전했는데, 측근들이 이 논리로 가족을 설득했다 한다.
>
> 2009년 5월 24일. 김대중 마지막 일기
> 『인생은 아름답고 역사는 발전한다』 중에서

김대중 전 대통령의 서거 직후 공개된 일기에도 기록되어 있듯이 24일 봉하마을 빈소에 문상 온 박지원 의원이 김대중 전 대통령의 뜻을 문재인 전 실장에게 전달했다. 장의를 국민장으로 해야 한다는 김 전 대통령의 의사였다. 문재인 실장은 당시 김 전 대통령의 의사를 이렇게 기억했다.

> "김 대통령께서는 당신의 생각을 과연 당신답게, 첫째, 둘째, 셋째 하면서 국민장으로 치러야 하는 이유를 논리정연하게 밝히셨습니다. '첫째, 노 전 대통령은 누구보다 평생 동안 국민들을 사랑하면서 국민들을 위하는 정치를 해 왔고, 둘째로 그렇기 때문에 국민들로부터 대통령으로 선출됐고, 셋째로 대통령 재임 중에도 국민들을 위한 정치를 아주 훌륭하게 했다.

그렇기 때문에 국민들 모두가 장의에 참여하고 국민들이 그분을 보내 드릴 수 있어야 한다. 그러니 국민장으로 하는 것이 맞다.' 그런 내용을 박지원 의원을 통해 전해 오셨습니다."

문 전 실장은 이러한 김 전 대통령의 의사를 유족에게 전달했다. 유족들은 김 전 대통령의 의견을 듣고는 많이 누그러졌다.

유족들은 운영위원회 위원인 이해찬·한명숙 전 총리, 문재인 전 비서실장, 전해철 전 수석, 정재성 변호사 등 주위의 계속되는 권유를 받아들여 노 대통령의 장례를 국민장으로 치르는 데 동의한다. 이러한 결정이 나오기까지는 노 대통령에 대한 국민들의 추모 열기가 가장 크게 작용했다. 노무현 대통령이 가족만의, 또 일부 지지자들만의 대통령이 아니라는 점이 강조된 것이다. 서거 당일부터 봉하마을과 병원으로 몰려오는 추모인파부터, 양산 부산대병원에서 봉하마을로 운구할 때 길거리로 몰려나와 추념하던 인파들, 서울 대한문과 전국 각지의 분향소를 찾는 수많은 추모객들의 모습 속에서 노무현 대통령은 이미 '국민의 대통령'이었다.

국민장으로 결정되는 과정에 대해 유족 대표인 정재성 변호사는 이렇게 말했다.

"국민장이나 국장을 생각해 보면 그거는 정부가 참여하게 되죠. 그런데 이 정부로 인해서 남편이, 아버지가 돌아가시게 되었는데, 이 정부와 함께 장례를 치른다는 것을 쉽게 받아들일 수 있었겠습니까? 가장 강력하게 반대한 사람이 아들 노건호 씨였습니다. 국민장을 하더라도 총리가 장례위원장을 할 건데 총리나 대통령의 얼굴을 이성을 가지고 볼 자신이 없다고 했습니다. 하지만 전국민적인 추모 분위기가 일어나고 그걸 보면서 감정이 많이 가라앉았고, 결국 국민적인 분위기를 무시할 수 없다, 양보해야 한다는 이야기를 받아들였지요."

유족들은 국민장을 받아들이면서 "장의는 국민장으로 하되 장의의 주관을 우리 측에서 해야 한다. 정부 측에서 주관해서 총리가 장의위원장이 되고 조사를 하는 것은 받아들일 수 없다."라는 입장을 내놓았다. 운영위원회에서 유족의 입장을 최대한 반영하기로 하고 정부 측에 유족의 입장을 전달하고 합리적인 방안을 모색했다.

운영위원회에서는 5월 24일, 노 대통령 장의를 국민장으로 하고 기간은 7일장으로 하되, 장의위원장과 위원을 현 정부 인사와 참여정부 인사를 동수로 구성하는 방안을 정부 측과 협의하기로 결정하였다.

정부도 임시 국무회의를 열고 노무현 대통령의 장의를 국민장으로 거행하기로 의결했다. 이는 노 대통령의 서거를 '국민 화합의 계기로 승화하자는 국민적 요구를 반영한 조치'라고 정부 관계자는 설명했다. 24일 오후 정부는 장의의 공식 명칭을 '고 노무현 전 대통령 국민장'으로 하고, 한승수 총리와 한명숙 전 총리가 공동위원장을 맡기로 결정했다고 발표했다. 장의 기간은 29일까지 7일장으로 정했다. 정부는 또 서울 신문로 서울역사박물관에 공식 분향소를 설치하는 등 전국 각지에 공식 분향소를 마련하고 재외공관에도 분향소를 설치하기로 했다.

그러나 논란은 이것으로 종결되지 않았다. 5월 25일 국민장 장의위원회에서 나온 국민장 공고문의 초안을 보자.

〈 국민장 공고 〉

고 노무현 전 대통령의 국민장을 다음과 같이 거행하게 되었음을 삼가 알려드립니다.

- 영결식
일시 : 2009년 5월 29일 (금) 00:00
장소 : (1안) 서울시 경복궁 앞뜰
       (2안) 진영공설운동장 (김해시 진영읍)

- 안장식
일시 : 2009년 5월 29일 (금) 00:00
장소 : (1안) 봉하마을 정토사 / 사저
       (2안) 봉하마을 선영

장의위원장   한승수 한명숙
부위원장
고문
위원
운영위원장   문재인
집행위원장   이달곤
집행위원   (논의 결과 반영)
2009년 5월 25일

　　　　고 노무현 전 대통령 국민장 장의위원회
　　　　위원장 한승수 한명숙

영결식 장소를 어디로 할 것인지, 안장은 어디에 할 것인지 결정을 하지 못하고 있음을 보여주고 있다. 봉하의 운영위원회에서는 논의를 거듭했다. 정부 측과 협의를 하기 이전에 내부적으로 결정해야 할 문제들이었다. 먼저 영결식 장소를 정하는 것도 큰 문제였다. 당초 영결식 장소는 김해시 진영읍의 공설운동장이나 주변 초등학교에서 개최하는 방안이 유력했다. 하지만 서울에서 개최해야 한다는 의견도 만만치 않았다.

    영결식을 진영읍에서 갖자는 의견은, 노 대통령이 재임 시에도 지역균형발전에 주력해 왔고, 퇴임 후에도 고향에 돌아와 주민들과 함께 농촌살리기 활동을 해 왔던 점, 그리고 전 대통령의 영결식을 사상 최초로 서울이 아닌 지방에서 한다는 의미도 크다는 주장이었다. 또한 장지를 봉하로 결정한다면 더욱 진영에서 영결식을 하는 것이 현실적으로 타당하다는 입장이었다. 대부분의 운영위원들이 공감하는 부분이었다.

    하지만 진영에서 영결식을 개최할 경우 노제 등에 국민의 참여가 제한될 수밖에 없다는 취약점이 있었다. 영결식을 서울에서 열고, 서울광장에서 노제를 지낼 경우 보다 많은 국민들이 노 전 대통령의 장례에 참여할 수 있다는 장점이 있었다. 차츰 국민장을 선택한 것이 단지 장의의 '격식'을 높이기 위한 것이 아니라면 보다 많은 국민들이 장례에 참여할 수 있도록 해야 한다는 주장에 힘이 실리기 시작했다. 결국 서울광장에서 많은 국민과 함께하는 노제가 영결식 자체보다 의미가 더 크다고 판단하여 서울에서 영결식을 갖기로 결정했다.

    그러나 이러한 운영위원회의 결정은 다시 정부와 갈등을 겪는다. 정부 측에서는 장의 절차를 논의하기 위해 행정안전부 의정국 직원이 봉하마을에 파견되어 있었다. 또한 25일 6시께 봉하마을을 찾은 이달곤 행정안전부 장관과도 협의를 가졌으나 영결식 장소는 미정이었다. 정부 측에서는 경복궁이 현재 복원공사 중이기 때문에 영결식 장소를 동대문운동장이나 외곽의 제3의 장소에서 거행하고, 영결식에 참석하는 인원도 줄일 것을 주장했다.

하지만 봉하마을의 운영위원회는 강하게 반발했다. 당시 봉하마을 운영위원회는 사실 참여정부의 청와대 비서실과 인적 구성이 같았다. 참여정부 시절 고 최규하 전 대통령 국민장을 거행했던 경험도 갖고 있었다. 즉각 당시 실무 준비팀이 경복궁 현장을 실사하고 영결식 장소로서의 적부를 판단했다. 결과는 돌만 치우면 충분히 가능하다는 보고였다. 정부 측에서도 봉하마을 측의 사실에 근거한 요청을 받아들여 5월 27일 최종적으로 경복궁 앞뜰에서 영결식을 거행한다는 결정이 났다.

이후 자연스럽게 노제 문제가 대두되었다. 노제 문제도 상당한 진통이 따랐다. 5월 26일 정부 측에서는, 노제는 이제까지 '전례가 없는 일'이라는 이유로 부정적인 입장을 전달해 왔다. 가장 큰 이유는 거리시위가 우려된다는 점이었다. 하지만 경복궁에서 영결식을 거행하고 운구행렬이 광화문으로 나와 서울시청 앞을 지나갈 수밖에 없는데 시민들이 운집하여 영구차를 가로 막아서는 일이 일어나면 '노제 아닌 노제'가 될 수밖에 없는 일이었다. 운영위원회로서도 노제는 양보할 수 없는 사안이었다. 정부 주도의 영결식은 참석 인원이 제한되어 있어 많은 국민들이 참석하는 것이 불가능하다. 따라서 노제를 지냄으로써 노 대통령의 마지막 가는 길을 많은 국민들이 배웅할 수 있도록 해야 한다는 생각이었다. 장례기간 동안 보여준 그 많은 국민들의 추모 열기를 생각하면 어떻게든 그들의 애도에 화답해야만 했다.

27일 공동장의위원장인 한명숙 전 총리는 서울시청 앞에서 시민들이 붙잡으면 그냥 노제를 할 수밖에 없지 않느냐며 준비와 계획 속에서 노제를 치러야 한다고 정부 측에 부탁했다. 그로부터 약 두 시간 후, 마침내 정부 측으로부터 '노제를 받아들이겠다.'는 연락이 왔다. 그런데 몇 가지 조건이 붙어 있었다.

첫째, 노제의 주체는 장의위원회 집행위원회가 아닌 봉하마을 운영위원회에서 주관한다. 장의위원회 집행위원회는 법령에 따라 각부 장관이 분야별 위원으로 구성되어 있다. 결국 한마디로 노제로 인해 발생하는 문제는 모두 봉하마을에서 책임져야 한다는 것이었다. 둘째, 노제에 사용되는 만장 등 깃발의 깃대는 모두 대나무가 아닌 플라스틱 봉으로 교체하고 노제가 끝나면 즉각 현장에서 수거한다는 것이었다. 노제에 대해 정부 측이 가장 우려하는 부분이 군중시위였다. 대나무가 시위용품으로 변질되지 않도록 현장에서 수거하고 질서 유지도 봉하마을에서 책임지고 스스로 확보할 것을 요구한 것이다.

봉하마을 운영위원회는 정부의 요구를 수용했다. 그러나 이러한 요청을 하는 것은 정부 측의 기우에 불과했다. 봉하마을 운영위원회나 수많은 추모객, 서울 쪽의 시민사회단체 등도 모두 노 대통령 추모를 다른 목적으로 이용해서는 안 된다는 공감대가 폭넓게 형성되어 있었다.

한편, 노제 준비는 김명곤 전 문화부 장관이 총괄했다. 운영위원회는 24일 영결식과 노제의 총진행을 김명곤 전 장관에게 위임했다. 국민장으로 결정되면서 영결식 행사는 행정안전부 의정국에서 담당하게 되었고, 노제는 기획부터 행사 진행까지 김 전 장관이 총괄했다.

김명곤 전 장관은 26일 기획연출팀을 구성하여 준비에 들어갔다. 세부 계획을 세우고 출연자들을 교섭하는 등 일사천리로 추진했다. 그런데 27일 문제가 발생한다. 노제에 참여하기로 했던 국립무용단, 국립창극단, 국립국악관현악단의 출연에 제동이 걸린 것이다. 이는 바로 노제는 '국민장 장의위원회 집행위원회'가 주관하는 것이 아니라 봉하의 운영위원회에서 주관하는 것으로 정부 측에서 선을 그었기 때문이었다. 따라서 문화체육관광부 산하의 국립예술단체가 노제에 참가하는 것이 어려워지게 되었다.

정부 측에서는 국립예술단체가 참여하지 않고 민간 무용가나 연주단만으로 간단하게 노제가 치러지길 원했다. 김명곤 전 장관은 불같이 화를 내며 문화부와 국립극장을 찾아갔다. 국립단체의 단원들뿐 아니라 행정관리들도 김 전 장관의 마음과 같았지만 문화부의 눈치를 보고 있었.

국립예술단체 노조가 들고 일어났다. 전임 대통령의 영결식 날 치러지는 노제에 단원 몇 명이 참여하여 가시는 길을 배웅하는 것이 뭐가 잘못이냐며 국립극장장에게 강력히 항의하는 사태가 일어났다. 결국 이 문제는 노제가 채 열두 시간도 남지 않은 28일 자정 무렵에야 해결되었다.

봉하의 참여정부

큰일을 치르려면 사람도 많이 필요하고, 사람

이 많이 모이면 이견이 많이 나오기 마련이다. 특히 장례의례는 절차와 격식이 대단히 복잡하고 사람들마다 옳거니 그르거니 말이 많다. 하지만 봉하마을 노 대통령 장례에 대해서는 이런 문제가 전혀 없었다. 가장 큰 이유는 참여정부 인사들로 구성된 '봉하의 참여정부'가 있었기 때문이다.

그들은 서거 직후부터 각자의 역할과 업무를 참여정부 시절과 똑같이 배분하고 민첩하게 움직였다. 마치 청와대에서 매일 열리던 상황점검회의와 흡사하게 하루 2회 이상 수시로 현안을 점검하는 운영위원회 회의를 가졌다. 한명숙·이해찬 전 총리, 이병완·문재인 전 비서실장, 전해철·윤승용 전 수석, 김경수 비서관, 정재성 변호사가 실질적인 운영에 참여했다. 전해철 전 수석과 김경수 비서관이 회의를 주도적으로 챙겼으며, 주요 안건은 모두 이 회의에서 결정되었다. 회의 결과에 따라 전체 상황실 운영(윤승용, 이호철), 현장 분향소 운영(차성수, 이정호), 홍보(천호선, 윤태영), 행사기획·준비(김종민, 오상호, 임상경), 총무·재정회계(김정호, 최시호) 등의 역할 분담이 이루어졌다.

그리고 필요한 사안에 대해서는 전문가의 조언을 받아들여 신속히 의사결정을 하였다. 복잡하고 까다로운 장례 절차에 대해선 동국대학교 불교대학원 생사의례학과의 지원을 받았다. 생사의례전문가 유재철 씨 등이 봉하마을에 상주하며 장례, 조문의례, 장사 등에 대한 세부적이고 구체적인 조언을 내놓았다.

장의위원장을 맡은 한명숙 전 총리를 비롯해 참여정부의 주요 인사들이 봉하마을과 서울의 주요 분향소에서 자발적으로 상주 역할을 맡았다. 모든 역할은 참여정부 시절에 맡았던 역할이 그대로 이전된 것과도 같았다. 노 전 대통령과 유일하게 '맞담배'를 피울 정도로 막역했던 이해찬 전 총리는 봉하마을의 '맏상주'였다. 이 전 총리는 중국에 머물다 노 대통령의 서거 소식을 듣고 23일 밤 곧바로 귀국해 이후 줄곧 봉하마을을 지키며 분향소를 찾는 정치인, 각계 주요 인사 등을 맞았다. 문재인 전 청와대 비서실장은 마지막까지도 봉하마을의 '비서실장'이었다. 그는 노 전 대통령이 떠난 이후에도 장의위원회 운영위원장을 맡아 영결식 및 장례의 모든 일을 묵묵히 챙겼다.

386 측근들의 맏형 격인 이호철 전 청와대 민정수석은 봉하마을에서도 '군기반장' 역을 맡았다. 방송 카메라가 늘어선 포토라인 근처에서 전 참여정부 비서관·행정관이 모여 담배를 피우거나 하면 "모양이 좋지 않다."라며 자제를 요청했다. 그는 노 대통령의 아들 건호 씨에게도 "분향소에 나가 봐야 안다. 아버지가 얼마나 훌륭한 분인지."라며 직접 분향소에 나가 조문객을 맞을 것을 설득하기도 했다.

참여정부 초기부터 온갖 타깃이 되어 홀로 돌팔매를 맞으며 노무현 대통령을 가장 가슴 아프게 했던 안희정 민주당 최고위원은 '시묘살이'를 도맡았다. 국민장 기간 내내 거의 잠을 자지 않고 분향소 상주 자리에서서 조문객들을 맞았다. 퀭한 얼굴로 조문객을 맞는 안 최고위원의 얼굴에서 노 전 대통령을 잃은 상실감이 얼마나 큰가를 알 수 있었다.

윤태영 전 청와대 대변인은 한명숙 전 총리가 낭독했던 눈물의 조사(弔辭)를 썼다. 천호선 전 청와대 대변인은 봉하마을에 몰려든 취재진을 상대로 '현장 브리핑'을 맡았다. 김만수 전 청와대 대변인은 봉하마을 아나운서를 맡아 나지막한 목소리로 '알리미' 역할을 했다. 대통령의 임종을 지켜 봐야 했던 문용욱 비서관은 유족들과 함께 마을회관에서 빈소를 지켰고, 박은하 비서관은 사저에서 충격으로 몸을 가누지 못하는 권양숙 여사를 장례기간 내내 그림자처럼 보필했다.

이 외에도 일일이 거명하기 어려울 만큼 수많은 인사들이 각자 참여정부 시절 맡았던 업무에 따라 헌신적으로 역할을 수행했다. 부속실이나 의전비서관실 출신들은 의전과 제례업무를 전담하고, 시민사회수석실 출신들은 시민사회 등 각계 인사 초청업무를 전담하고, 홍보수석실 출신들은 홍보와 인터넷-보도지원 업무 등을 담당했다. 그리고 총무비서관실 출신들은 질서유지와 지원시스템을 별도로 책임지는 분담체계가 갖춰졌다. 가히 7일간의 완벽한 '임시정부'였다.

돌아오는 동지들

사선을 넘어 임시정부를 찾아가던 그 옛날의 동지들이 그랬을까. 서거 3일 만인 26일 오후, 강금원 회장이 보석으로 석방돼 봉하로 들어온다. 뇌종양 판정으로 인한 것이었다. 오후 4시 20분 대전교도소를 나온 강 회장은 이날 8시 40분 봉하에 도착한다. 분향소로 들어서는 강 회장의 얼굴은 이미 터져 나오는 울음으로 일그러져 있었다. 분향을 하는 내내 그의 어깨가 들썩였다. 분향을 마친 그는 상주가 되어 서 있는 안희정 의원을 껴안고 한참을 울었다.

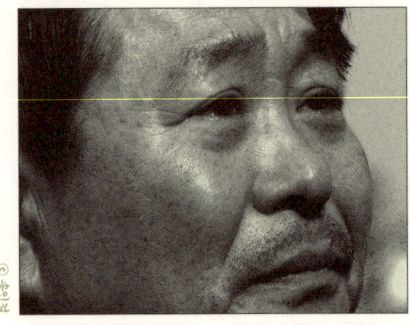

2009년 5월 26일 오후 8시 40분
봉하마을의 강금원

노무현 대통령은 그가 구속됐을 때 "모진 놈 만나서 벼락을 맞은 것이다. 이번이 벌써 두 번째다. 미안한 마음 이루 말할 수가 없다."라며 누구보다도 그의 구속을 괴로워했다. 강금원 회장과 노무현 대통령, 그들은 걸어온 길은 달랐지만 분명 후원자 이상의 동지였다. 잠시 노무현 대통령의 회고를 들어보자.

"강 회장이 나를 찾아온 것은 내가 종로에서 국회의원에 출마했을 때였다. 어느 날 모르는 사람한테서 전화가 왔다. 그리곤 대뜸 물었다. '후원금은 얼마까지 낼 수 있지요?' 내가 '일년에 5천만 원까지 낼 수 있습니다.' 라고 대답하자 그는 알았다고 전화를 끊었다. 그리곤 며칠 후 그 사람이 사무실로 왔다. 그가 바로 강 회장이었다. 그의 첫마디는 더 가관이었다. '나는 정치하는 사람한테 눈꼽만큼도 신세질 생각이 없는 사람입니다.' 첫 마디부터 사람 기 죽이는 사람이었다. 눈치 안 보고, 생각대로 말하고, 하고 싶은 대로 하는 사람이구나 싶었다. 그래서 경계를 하지 않았다. 인연은 그렇게 시작됐다."

노무현 대통령보다 일곱 살 아래였던 강금원 회장은 전북 부안 태생으로 전라도 출신으로는 드물게 경남 지역에서 사업에 성공한 사람이었다. 그는 낙선이 불 보듯 뻔한데도 자꾸만 도전하는 이 '바보'를 찾아갔고, 그리고 후원자가 됐다. 언론마저도 늘 '노무현의 후원자'라는 수식어로 그를 불렀다. 그러나 그 후원은 그에게 영광보다는 고난을 더 많이 안겼다. 노무현 대통령은 늘 그것을 미안해하며 자신을 '면목 없는 사람'이라고 했다. 그 '면목 없는 사람' 앞에서 그는 오래도록 울었다. 왜 그랬을까, 그들은 서로가 서로에게 늘 자신을 '면목 없는 사람'이라고 칭했다. 분향을 마치고 나오며 강금원 회장은 울먹이며 다시 또 '면목 없다'고 했다.

> "면목 없습니다. 사랑하는 우리 대통령님이 돌아가셨습니다. 화요일에 제가 나오는 것을 그렇게 기다렸는데, 대통령님이 무슨 잘못이 있기에 이럴 수가 있습니까? 일국의 대통령까지 지내신 분을 이렇게 치사한 방법으로 괴롭히다니……"

다음날인 27일, 이강철 전 시민사회수석, 정상문 전 총무비서관, 그리고 이광재 의원이 구속집행정지를 받고 봉하마을에 도착한다.

가장 먼저 도착한 이강철 전 수석은 오열을 터트리며 "우리가 늙으면 오순도순 살기로 했는데 먼저 떠나 버리셨다. 정말 살아 있는 제가 부끄럽다."라며 말을 잇지 못했다. 정상문 전 비서관 역시 도착하면서부터 이미 손으로 입을 가린 채 오열하고 있었다. 어깨를 들썩이며 분향을 마친 그는 기다리고 있던 기자들에게 아무 말도 하지 못한 채 빈소가 있는 마을회관으로 들어갔다. 천호선 전 대변인이 "정 비서관이 현재 말씀을 하기 힘든 상황"이라며 양해를 구했다.

7시 반경, 마지막으로 이광재 의원이 도착한다. 이 의원은 아들의 손을 꼭 잡고 손수건으로 눈물을 훔치며 분향소에 들어섰다. 분향을 하는 내내 그는 서럽게 울었다. 돌아서는 그를 한명숙 전 총리가 껴안아줬다. 두 사람은 그렇게 얼싸안고 한참을 울었다.

분향 후 눈시울이 붉어진 이 의원 역시 심경을 밝혀 달라는 기자들의 요청을 뒤로 하고 마을회관 빈소로 들어가려 했다. 그러나 계속된 기자들의 요청이 이어지자 이 의원은 몸을 돌려 목례를 했다. 그는 힘겹게 말을 이어 갔다.

"대통령님을 지키지 못한 사람이 무슨 할 말이 있겠습니까. 여사님과 남은 가족들, 제가 살면서 숨이 끊어지는 순간까지 함께할 것입니다."

그의 마지막 말은 울음에 묻혔다. 노무현 대통령의 후보 시절부터 '좌희정 우광재'로 불리며 각별한 참모로 여겨졌던 이광재 의원, 그 역시 안희정 최고위원과 함께 참여정부 초기부터 온갖 타깃이 되어 집중적인 공격을 받았다. 결국 그 역시 자신의 '주군'이었던 노무현 대통령처럼 '정치'에 환멸을 느꼈던 것일까. 그는 박연차 수사로 구속되면서 '정치를 그만두겠다'며 의원직 사퇴를 선언했다. 그리고 구속 5개월 만인 8월 10일 그는 석방된다. 그날 그는 말했다.

"말씀드린 대로 국회의원직을 사직하고 봉하마을의 자원 봉사자로 내려갈 겁니다. 49재에도 참석하지 못해 죄송할 뿐입니다. 시묘살이를 하는 마음으로 살겠습니다."

돌아온 그들과 함께 봉하는 다시 울었다. 그들이 '늙도록 오순도순 살고 싶었던', '평생'을 '숨이 끊어지는 순간까지' 함께하고자 했던 '그 사람'은 이미 떠나고 없는데, 그들은 돌아왔다. 너무 일찍 떠난 주군이자 친구이며 동지였던 이의 영전에 술잔을 올리며 그들은 울고 또 울었다. 그들과 함께 창공을 날아오르며 푸르게 시작됐던 참여정부의 꿈, 그 신새벽의 아침은 다시 돌아온 듯한데, 오직 '그 사람'만이 그들 곁에 없었다. 봉하의 밤은 긴 통곡으로 이어졌다.

노사모, 그 이상의 시민군단

참여정부의 대통령을 보내며 상주를 자처하는 이들은 그의 동지들만이 아니었다. 그야말로 100만 조문객 모두 '상주'이자 '참여정부의 국민'이었다. 갑자기 쏟아지는 폭우 속에서도, 30도를 웃도는 땡볕 아래서도 평균 네다섯 시간씩 줄을 서서 숙연하고 엄숙하게 조문을 하고 돌아갔다. 그리고 수많은 추모객들이 봉하마을에 남아 자원봉사자로 일을 거들었다. 하루 평균 500여 명이 자원봉사로 일손을 거들었다. 밀려오는 조문객들을 위해 조문객 질서 유지, 리본 및 조화 나눠주기, 국밥 끓이기, 쓰레기 줍기, 설거지, 간이화장실 청소 등을 도우면서 스스로 상주가 되었다.

그들의 모습을 보며 간혹 추모객들은 "어디 노사모냐?"라고 묻곤 했다. 그러나 그 많은 자원봉사자들 중에는 노사모가 아닌 사람이 더 많았다. 시민들은 그런 질문을 받을 때마다 대답하곤 했다.

"저희는 노사모 회원이 아닙니다. 여러분들께서도 노사모가 아니어도 이렇게 나와 추모하고 계시지 않습니까?"

이런 상황은 강남 분향소나 대한문 분향소도 마찬가지였다. 언론은 그때까지도 간혹 '노사모 등이 주최하는 분향소'가 어디어디에 설치되었다는 식으로 보도하곤 했지만 그건 명백한 오류였다. 분향소 대부분의 주체는 강남역 분향소를 이끈 '강남촛불'처럼 커뮤니티를 통해 활동하던 '새로운 시민'들이었다. 노무현 대통령은 생전에 늘 말했다.

"노사모는 내 개인의 팬 카페가 아니라 보통명사가 되어야 하는 게 아닌가, 그렇게 생각해요. 아니 그렇게 되어야만 하고, 또 어떤 측면에서는 이미 그렇게 되었다고도 생각합니다. 시민들의 자발적인 참여, 깨어 있는 시민의 상징으로, 그리고 그 모델로 노사모는 보통명사가 된 것이지요."
― 영상 백서 《참여정부 5년의 기록》

전국 각지의 시민분향소, 그리고 그 많은 자원봉사자들, 이제 더 이상 예전의 노사모는 없었다. 새로운 노사모, 확장된 노사모, 끝내 보통명사가 되어 버린 그 노사모가 있을 뿐이었다. 그것은 노무현 대통령이 늘 말하던 '깨어 있는 시민', 그 새로운 신새벽의 시민들이었다.

그 뒤로는 또 수많은 참여정부의 '국민'이 있었다. 여건이 안 돼 봉하마을이나 시민분향소를 찾지 못한 시민들은 각자 자기만의 분향소를 만들어 갔다.
행정고시를 준비하는 박철희 씨(27세)는 친구들과 함께 신림동 태양놀이터에 작은 분향소를 마련했다. 박씨는 29일까지 24시간 분향소를 운영했다. 반바지에 슬리퍼를 끌고 골목길을 산책하던 고시생들이 하나둘 분향소 앞으로 모여들었다. 그들은 주변을 살펴보더니 박씨의 얼굴을 쳐다봤다. 그리고 향을 사르며 펑펑 울기 시작했다. 한밤중에 찾아온 이도 있었다. 그리고 울고 갔다. 가슴에 검은 리본을 달고 그들은 다시 고시원의 칸막이 책상 앞으로 돌아갔다. 그들만의 조용한 추모였고, 조용한 저항이었다.

직장인 오영태 씨는 자기 방 책상 위에 작은 분향소를 차렸다. 인터넷에서 구한 노 전 대통령의 사진을 출력하여 벽에 붙여 놓고 불붙인 담배 한 개비를 올렸다. 그는 장례기간 동안 퇴근하여 돌아오면 꼭 담배 한 개비를 피워 놓고 노 대통령을 추모했다. 장례가 끝난 직후 그는 언론소비자주권국민캠페인(언소주)에 가입했다. 대학생 금경희 씨(25세)는 5월 마지막 주를 검은 옷만을 입고 지냈다. 저녁마다 빨아 입었다. 그렇게 검은 옷을 입고 강남으로 과외를 하러 다녔다. "젊은 것들이 지조가 없어. 대통령 할 때는 그렇게 욕하더니 죽은 다음에 왜 난리야? 대한문 앞에 있는 것들이 제정신인 거야?" 어느 학생의 어머니가 그렇게 대놓고 말을 해도 금경희 씨는 가슴에 단 검은 리본을 떼지 않았다. 고학생으로 학비를 벌어야 했지만 신념까지 내줄 수는 없었다고 한다. 검은 리본은 노무현이었고, 민주주의였다.

20대인 소연 씨는 서울 강남의 룸살롱에서 일한다. 가명인 소연 씨는 기업체 사장들이 술을 마시는 자리에 동석했다. 사장들 옆에 앉아 술을 따르는데 그들은 "자살한 노무현" 운운했다. 소연 씨는 한마디 했다. "왜 자살이에요? 서거지." 같이 들어간 동료 아가씨들도 거들었다고 한다.

"아니 이년들이 미쳤나, 당장 나가!" 그 룸살롱이 생긴 이래 아가씨와 사장님들이 정치적 견해 차이로 불화가 생긴 것은 처음 있는 일이었다. 웃음을 팔되 진심까지는 팔아넘길 수 없었던 소연 씨의 저항이었다.

『한겨레21』에 소개된 이들의 추모는 주목받지 못했다. 하지만 이들이 노무현스럽게 노무현을 추모하고 노무현을 가슴에 새긴 노무현의 국민이었다.

또 하나 빼놓을 수 없는 점은 그들이 모두 자신들만의 영정을 고집했다는 점이다. 이미 봉하마을에서는 표준영정이 올려진 상태였다. 그러나 시민들이 만든 시민분향소, 개인이 만든 개인분향소에는 양복을 입은 그 표준영정이 사용되지 않았다. 그들은 '자신이 가장 좋아하는 사진'을 골라 자신들만의 영정을 만들었다. 밀짚모자를 쓰고 있거나 환하게 웃고 있거나 점퍼를 입고 있는 모습들이 그들이 즐겨 사용한 영정이었다. 시민들이 분향소를 세우고 그곳에 올린 이 영정들이 어찌 표준영정이 아니라고 할 수 있으랴. 그것은 국민들이 선택한 국민들의 표준영정이었다. 노무현 대통령은 가장 많은 표준영정을 지닌 대통령이 되었다.

25일이 지나면서부터 조문객들의 분위기도 점차 안정을 찾아 갔다. 서거 직후 쏟아져 나왔던 이명박 정부와 검찰, 언론에 대한 강도 높은 비난도 잦아들었다. 이는 봉하마을 운영위원회나 추모객 모두 '일단 장례부터 치르자'는 데 암묵적으로 동의했기 때문이었다. 모두 일단 노 대통령이 편히 가실 수 있도록 장례를 잘 치르는 것이 최우선이라고 생각하고 있었다. 침묵 속에 분노의 덩어리는 가슴속 깊이 자리 잡았다.

영결식을 하루 앞둔 봉하마을에는 최소 25만 명이 넘는 추모객들이 몰려들었다. 그들은 여전히 가슴을 쥐어뜯으며 통곡했고, 치솟는 울음을 삼키며 목울대가 꿈틀거렸다. 봉하의 하늘은 저물어 가고 누이의 눈썹 같은 초승달만 서럽게 떠 있었다. 그리고 '노무현'은 그들의 가슴속 깊이 자리 잡았다.

29일 0시. 봉하마을의 스피커에서는 "노무현 대통령님께서 가시는 마지막 길을 함께하자."라는 안내방송과 함께 〈상록수〉가 흘러나왔다. 같은 시각 대한문 시민분향소, 부산, 광주, 대전, 청주, 원주…… 전국에서 일제히 "저 들에 푸르른 솔잎을 보라……" 울음인지 노랫말인지 모를 〈상록수〉가 울려 퍼졌다.

그날 밤 유시민 전 보건복지부 장관은 자신의 팬카페 '시민광장'에 글 하나를 올린다.

> 가슴속에 억제하기 어려운 분노가 들끓는 것은 저도 다르지 않습니다. 노무현 대통령님의 원통한 죽음, 그 진상을 규명하고 책임을 묻는 것은 우리 모두의 과제입니다. 원망 때문이 아닙니다. 대한민국 민주주의의 성패가 걸린 중대한 일이기 때문입니다. 우리는 장례식이 끝난 후에 그 일을 반드시 해낼 것입니다. 그러나 내일 하루만큼은 분노를 절제 없이 표출하지 말고 견뎌냅시다.

봉하마을의 조문객 수는 5월 24일 13만 명, 25일 40만 명, 26일

50만을 넘었고, 28일에는 100만 명을 넘겼다. 3일째쯤 되면 줄어들겠거니 했던 참여정부 참모진들의 예상은 완전히 빗나갔다.

500만 송이의 국화

노 대통령 장의기간 동안 전국에는 300곳이 넘는 분향소가 마련되었다. 정부와 지방자치단체가 설치한 공식 분향소 외에 민주당이 중앙당 및 전국 시도당 지역위원회와 지역 의원사무실 등에 분향소를 설치했다. 대한불교조계종은 종단 차원에서 전국 100여 곳의 주요 사찰에 분향소를 마련하였고, 서울대와 연세대, 고려대, 이화여대, 중앙대 등 대학들에서도 학생들이 자발적으로 분향소를 설치했다.

서울대 중앙도서관 3층 복도에 차려진 분향소는 노 대통령의 영정사진, 초 두 개와 향로가 놓인 조촐한 제단이었다. 이는 대학 측이나 총학생회가 나서기 전에 한 학생이 책상을 빌려서 만든 분향소다. 다른 전국의 수십 개 대학들도 사정은 비슷했다. 학생들이 먼저 촛불을 켜고 향을 사른 후 학생회나 대학 측이 지원하는 경우가 많았다.

또한 시민들 스스로 작은 사무실, 학교, 아파트, 놀이터나 공터, 그리고 단칸방 등에 간이분향소를 차리는 사례도 있었다. 노인정에서 작은 상에 수수한 제물을 올리고 향을 피웠다.

행정안전부가 5월 29일 최종적으로 작성한 '고 노무현 전 대통령 분향소 설치 현황(5월 29일 18:00)'에 따르면 분향소 운영 주체별로 지방자치단체 운영 102개소(시·도 20개소, 시·군·구 82개소)와 민간 운영 233개소로 집계되었다. 행정안전부는 장의기간 동안 전국에서 500여 만 명이 조문한 것으로 집계했다. 행정안전부는 102개소의 지방자치단체가 운영하는 분향소에서 5월 29일 18시까지의 조문 인원 누계를 총 98만 5,531명으로 집계했다.

노 대통령 국민장 장의위원회는 국민장 기간 동안 전국의 조문객 수는 500만 명에 이른 것으로 추산했다. 장의위원회는 28일 오후 5시까지 봉하마을 분향소 94만 명을 포함해 전국 332개 분향소에 432만 명의 조문객이 다녀간 것으로 공식 집계했다. 서울 82만 9천 명, 부산 8만 2천 명, 대구 8만 6천 명, 경기 86만 명, 인천 27만 명, 광주 16만 5천 명, 대전 16만 8천 명, 충남 21만 2천 명, 전북 10만 4천 명, 전남 26만 3천 명 등이다. 하지만 29일 새벽까지 밀려든 조문객 수를 모두 더하면 봉하마을은 100만 명이 넘었고, 전국적으로도 새벽까지 조문 행렬이 이어져 500만 명이 넘는 조문객이 분향한 것으로 집계되었다.

그러면 조문 인원 집계는 어떻게 했을까. 봉하마을의 조문객 수는 김해시에서 집계했다. 김해시는 2명의 공공근로자를 봉하마을 입구에 배치해 방문객을 집계했다. 이들이 일일이 조문객 수를 헤아려 노트에 기록했다. 김해시는 공공근로자를 오전 9시부터 오후 6시까지 근로시간만 배치하여 집계하였으나 밤에도 많은 조문객의 발길이 끊이지 않자 25일부터는 직원 2명을 추가 배치하여 이날 밤부터 24시간 집계하였다. 그렇게 집계한 수치가 김해시 관광과에서 발표하는 공식 조문객 수가 되었다.

반면 경찰의 집계방식은 일일이 조문객 수를 헤아리는 김해시청과는 다르다. 경찰은 한 명 한 명 일일이 세지 않고 추산한다. 봉하마을에서는 한번에 10~60명 단위로 조문토록 했다. 토·일요일 오후처럼 조문객이 밀리면 한꺼번에 60명이 헌화하고 묵념하였다. 여기에 걸리는 시간은 30초 정도로, 1분에 최대 120명이 조문하는 것이다. 그러나 60명이 조문할 경우 시간이 더 걸리는 점을 감안 1분에 최대 100명 정도로 잡아 추산했다. 그러나 경찰과 김해시의 집계 차이가 많이 나면 적절하게 가감한 것으로 알려졌다. 예컨대, 경찰은 조문객을 받기 시작한 23일 오후 9시부터 26일 오전 9시까지 28만여 명이 조문했다고 밝혔다. 그러나 26일 오전 일부 언론에서 김해시청의 누적통계를 인용하여 40만 명으로 보도하자, 경찰은 당황했다. 그리고 장의기간 중 경찰은 조문객 수와 관련한 언급을 회피했다. 경남지방경찰청 정보과 관계자는 "조문객 수는 정치적 입장에 따라 민감한 사안이 될 수 있어 내부 참고자료로만 쓴다."라고 말했다.

시민단체 등에서 운영했던 분향소에서는 주로 구입한 국화꽃 송이 수에 근거하여 조문객 수를 추산했다. 국화꽃을 몇 송이 구입하여 몇 차례 재사용했는지에 따라 조문객 수를 산정하는 방식이다. 그런데 익명의 시민 후원으로 많은 양의 국화꽃이 배달되었고 직접 꽃을 사들고 분향소를 찾은 추모객들이 많아 조문객 수를 추산하는 데 어려움이 많았다.

한편, 장의위원회는 따로 조문객 수를 집계하지 않고 김해시 관광

과와 행정안전부가 발표한 수치를 인용했다.

- **故 노무현 前 대통령 지방 분향소 설치 현황** (5. 29, 18:00)

지방자치단체 운영 : 102개소 (시·도 20, 시·군·구 82)

시·도	설치 장소	설치일	조문 개시
서울 (8)	역사박물관 1층 현관	5. 24	5. 25 07:00
	서울역 시계탑 앞 광장		5. 25 07:00
	성북구청 내 문화홀 (1층)		5. 25 07:00
	서대문구청 내 1층 현관		5. 25 07:00
	구로구청 1층 현관 앞		5. 25 07:00
	강동구청 1층 현관		5. 25 07:00
	양천구청 강당 (3층)		5. 25 07:00
	영등포구청		5. 25 07:00
부산 (2)	부산역광장	5. 24	5. 25 07:00
	해운대 벡스코 제3전시장		5. 25 07:00
대구 (1)	두류유도관 (두류공원)	5. 24	5. 25 09:00
인천 (5)	시립 도원체육관	5. 24	5. 25 09:00
	인천종합문화예술회관	5. 25	5. 26 10:00
	계양구 계산역 앞	5. 26	5. 26 16:00
	서구 성남체육공원		5. 27 14:00
	부평구청 1층 로비		5. 26 22:00
광주 (5)	광주시청 1층 시민홀	5. 24	5. 25 09:00
	광산구청 1층 현관	5. 25	5. 25 15:00
	동구청 1층 현관		5. 26 16:00
	남구청 광장		5. 26 16:00
	북구청 1층 현관		5. 26 16:00
대전 (2)	시청	5. 24	5. 25 10:00
	서대전 광장		5. 25 10:00
울산 (2)	울산광역시 종하체육관	5. 24	5. 25 07:00
	동구청 청소년 야외공연장	5. 25	5. 25 14:00
경기 (18)	경기도청 제1회의실	5. 24	5. 25 07:20
	경기2청사 203호		5. 25 07:20
	부천시 대회의실 (3층)		5. 25 08:00
	구리시 종합상황실		5. 25 08:00
	시흥시 2층 상황실		5. 25 06:00
	성남시 실내체육관		5. 26 09:00
	안양시청 1층 로비		5. 25 19:00
	수원시청 중회의실	5. 25	5. 25 18:00

지역	장소	날짜	일시	
	포천시청 자원봉사센터 앞		5. 25	20:00
	의왕시청 대회의실		5. 26	00:00
	평택시 평택역 앞 광장		5. 25	18:00
	평택시 송탄출장소		5. 25	18:00
	평택시 서부문예회관	5. 25	5. 25	18:00
	김포시 시민회관 전시실		5. 25	19:00
	안산시 상록구청 대회의실		5. 26	09:00
	오산시청 광장		5. 25	18:00
	화성시 봉담읍사무소		5. 26	09:00
	하남시청 광장		5. 26	09:00
강원 (6)	도청 별관4층 회의실	5. 24	5. 25	14:00
	강릉시청 1층 로비		5. 25	14:00
	원주시 따뚜공연장		5. 25	18:00
	삼척시 1층 로비	5. 25	5. 26	08:00
	영월군 문화예술회관		5. 26	08:00
	정선군 문화예술회관		5. 25	15:00
충북 (11)	도청 민원실 앞(신관1층)	5. 24	5. 24	16:00
	제천시 시민회관 광장		5. 24	16:00
	진천군청 현관(홍보관)		5. 25	15:00
	영동군 영동문화원		5. 25	14:00
	충주시 충주체육관		5. 25	17:00
	보은군 보은읍사무소		5. 25	16:00
	옥천군 관성회관야외공연장	5. 25	5. 25	14:30
	증평군청 민원실 앞		5. 25	15:00
	괴산군 괴산군민회관 광장		5. 25	18:00
	음성군 설성공원 야외음악당		5. 25	16:00
	단양군 중앙공원		5. 25	16:00
충남 (8)	도청 대강당		5. 25	09:00
	천안시청 중회의실	5. 24	5. 25	09:00
	논산시 공설운동장		5. 25	09:00
	부여군 군민체육관		5. 25	14:00
	당진군 신터미널 앞		5. 25	14:00
	금산군 인삼전시관	5. 25	5. 25	15:00
	연기군 조치원역광장		5. 25	15:00
	청양군 청양도서관		5. 25	09:00
전북 (7)	전북도청 대강당 1층	5. 24	5. 25	09:00
	전주시 종합경기장		5. 25	09:00
	김제시청 현관		5. 25	09:00
	군산시 시민문화회관	5. 25	5. 25	17:00
	남원시 문화예술지원센터		5. 25	17:00
	무주군청 후정		5. 25	17:00
	익산시청 1층		5. 26	09:00
전남 (8)	전남도청 윤선도홀	5. 24	5. 25	06:00
	목포시 목포역광장		5. 25	09:00

	고흥군청 앞 광장	5. 25	5. 25 10:00
	신안군 압해면 자치센터		5. 25 10:00
	보성군 보성역광장 앞		5. 25 16:00
	함평군청 충무실 앞		5. 25 16:00
	영암군청 앞 광장		5. 26 09:00
	구례군 종합사회복지관		5. 25 18:00
경북 (12)	경북도청 강당	5. 24	5. 25 09:00
	포항시 문화예술회관		5. 25 16:00
	경주시청 대회의실	5. 25	5. 25 15:00
	구미시청 4층 대강당		5. 25 15:00
	안동시 문화의거리	5. 24	5. 24 16:00
	상주시 상주문화회관		5. 25 09:00
	영천시 영천문화원		5. 26 08:00
	경산시청 대회의실	5. 25	5. 26 09:00
	군위군 군위읍사무소 회의실		5. 25 15:00
	칠곡군 군민회관	5. 26	5. 26 09:00
	울진군청 대회의실	5. 25	5. 25 14:00
	영양군청 회의실	5. 26	5. 26 16:00
경남 (6)	도청 4층 회의실		5. 25 07:00
	양산시 종합운동장	5. 24	5. 25 09:00
	밀양시청 지하상황실		5. 25 09:00
	마산시청 회의실	5. 25	5. 25 18:00
	거제시청		5. 25 19:00
	하동군 최참판댁 주차장	5. 26	5. 27 10:00
제주 (1)	제주시 한라체육관 앞 광장	5. 24	5. 25 10:00

민간 운영 : 233개소

지역	설치 현황	비고
서울	덕수궁 앞, 조계사, 강남역, 민주당 시당, 봉은사, 도선사	6개소
부산	개성고 장학회관, 민주당 시당, 범어사, 해운정사, 동명불원, 성암사, 중앙공원, 영도 남항대교 하부	8개소
대구	민주당 시당, 동화사, 원기사, 2·28기념공원	4개소
인천	민주당 시당, 동암역, 송영길 민주당 최고위원 사무실, 김교흥 민주당 사무부총장 사무실, 인천불교회관, 민주당 지역사무소 5개소	10개소
광주	민주당 시당, 민주당 도당, 구 전남도청, 원각사, 문빙정사, 향림사, 원효사	7개소
대전	민주당 시당	1개소
울산	민주당 시당, 정토사, 대공원 동문	3개소

경기	수원역광장, 민주당 경기도당사, 김진표 국회의원 사무실, 수원사, 팔달문시장 야외무대, 성균관대, 경기대, 성남 21세기포럼 사무실, 김태년 前 의원 사무실, 세이브존백화점 앞, 야탑역 광장, 수진1동 제2경로당, 태평3동 주민신협 앞, 고양 문화광장, 장항근린공원, 화정역광장, 항공대, 안산 화랑유원지, 중앙역 동서코아 앞, 부천 송내역 광장, 부천역 북부광장, 원혜영 국회의원 사무실, 역곡 남부역 광장, 석왕사, 용인시 통일공원(우제창의원), 수지 죽전역 앞, 신갈 프로스펙스, 안양역 광장, 이종걸 의원 사무실, 범계역 앞, 삼막사, 군포 산본중심상업지역 원형광장, 구리 수택동 돌다리공원, 남양주 최재성 의원, 박기춘 의원 사무실, 봉선사, 시흥 조정식 의원 사무실, 삼미시장 입구 이마트 앞, 광명 철산역, 평택시 정장선 의원실, 의정부시 문희상 의원 사무실, 의정부역 동부광장, 화성 병점역광장, 용주사, 파주 금촌역광장, 보광사, 광주시 舊 시청사 주차장, 이천시 문화의 거리, 양주시 정성호 前 의원 사무실, 덕정역 앞, 오산시 오산역광장, 하남시 문학진 의원 사무실, 상불사, 여주군 군민회관, 신륵사, 양평군청 경민정 정자, 용문호병원 장례식장, 가평읍사무소 앞 주차장, 과천 중앙공원, 종각사, 내혜홀광장(안성), 중앙대, 의왕시 롯데마트 맞은편, 연천 전곡읍 대우에너텍 난방전시장, 동두천 지행역 앞	66개소
강원	민주당 도당(춘천), 팔호광장(춘천), 석왕사(춘천), 강원감영지(원주), 천곡동 대학로(동해), 민주당 연락사무소(태백), 대우증권앞 공터(속초), 신흥사(속초), 구.보건소(홍천), 민주당 연락사무소(횡성), 민주당 연락사무소(영월), 법흥사(영월), 월정사(평창), 건봉사 포교당(고성), 낙산사(양양), 철원군 이용삼 국회의원사무실, 화천군 동아체육사 2층	17개소
충북	청주 상당공원, 민주당 도당, 법주사(보은), 이시종 의원 사무실(충주)	5개소
충남	천안역 광장, 공주 금강둔치공원, 서산 1호광장, 태안 국민은행 앞, 서천구민회관, 민주당 도당, 보령시 로터리광장, 아산시 온양온천역, 부여군(장소물색 중), 홍성군 복개주차장, 예산군(예산읍 분수대), 마곡사(공주), 수덕사(예산), 갑사(공주), 동학사(공주), 지장정사(논산)	14개소
전북	민주당 도당, 전주 2개소, 금산사(김제), 선운사(고창), 정읍지원 앞, 전북대, 전주대, 원광대, 강천사(순창), 원불교총부, 원불교 중앙교구, 용주사(남원), 관음사(남원), 고창 종합사회복지관, 내소사(부안), 부인읍 중앙외과 앞, 익산역 광장, 민주당 지역사무소 설치 14	32개소
전남	민주당 도당, 백양사(장성), 화엄사(구례), 선암사(순천), 송광사(순천), 대흥사(해남), 여수 문화의 거리, 순천 조은프라자 앞, 나주 2개소, 곡성군청 앞, 영광 1, 장성 1, 흥국사(여수), 광양시청 야외공연장, 민주당 최인기의원 사무실(화순), 완도 해변공원 야외음악당	17개소

경북	직지사(김천), 은해사(영천), 고운사(의성), 불국사(경주), 도리사(구미), 관음사(고령), 김용사(문경), 대성사(문경), 대원사(울릉), 관음사(영주), 김천 민주당위원장실, 영주 민주당사, 영천시 둔치마당, 청화사(청도), 선석사(성주), 서악사(예천)	16개소
경남	민주당 도당, 봉하마을 3, 해인사(합천), 쌍계사(하동), 통도사(양산), 진주시의회 앞, 통영시 문화마당, 무봉사(밀양), 거창군청 앞, 표충사(밀양), 남해 종합사회복지관, 창원 정우상가 앞, 청곡사(진주), 부림사(함양), 다솔사(사천), 백천사(사천), 삼천포 공설운동장(사천), 고성읍사무소 주차장(고성)	20개소
제주	민주당 도당, 관음사, 제주시청 어울림마당, 서귀포시 1호광장, 부현사, 신산공원, 김재윤 민주당 국회의원 사무실	7개소

　　7일 동안 계속된 노무현 대통령의 국민장은 뜨거운 추모 열기로 인해 장례 역사상 전무후무한 기록들을 만들어냈다. 국민장 장의위원도 역대 최다인 1,404명이다. 참여정부의 인사들과 전·현직 공무원, 각계 각층의 대표, 친지 등으로 구성됐다.

　　노 대통령의 마지막 가는 길에 3,700개의 만장이 준비되었다. 부산 민족예술인총연합 등에서 만든 1,700개의 만장은 봉하마을에서 서울로 떠나는 운구차를 뒤따랐고, 서울광장 노제에서도 조계사에서 스님들과 신도, 일반 추모객이 참여하여 2천여 개의 만장을 준비했다.

　　봉하마을에서 헌화를 위해 사용한 국화는 모두 20만 송이 이상이었다. 100만 명의 추모객이 온 만큼, 한 송이가 다섯 번 사용된 셈이다. 이 외에도 노사모가 준비한 국화와 각지에서 기증받은 것까지 합하면 실제는 이보다 훨씬 더 많았을 것으로 보인다.

　　시골 마을에서 치러진 7일장을 무리 없이 진행한 데는 무엇보다 자원봉사자들의 노력이 컸다. 노사모와 김해시 자원봉사회, 대한적십자사 김해지회, 김해시 새마을부녀회 등 30여 개 단체의 자원봉사자 등 1천여 명은 전국에서 몰려오는 조문객들에게 식사와 음료 등을 제공했다.

봉하마을로 찾아온 조문객들을 위해 제작된 근조 리본은 대략 120만여 개에 이른다. 처음 60만 개가 제작됐으나 곧 동이 나 추가로 만들어졌다. 봉하마을 조문객들이 먹은 음식에 사용된 재료들도 상상을 초월한다. 국밥을 만드는 데 사용된 쌀만 약 72톤으로 20kg짜리 3,600부대가 사용됐다. 국밥에 쓰인 쇠고기는 하루 평균 800kg으로 6일 동안 5톤에 이른다. 또 간식으로 제공된 빵과 우유는 각각 하루 평균 14만 개가 공급됐다. 500ml 생수도 50만 병이 제공됐다. 이 밖에 수박은 4,800여 통, 김치는 2천 kg, 컵라면 3천 상자(12개들이)가 사용됐고, 쓰레기봉지만도 50L, 120L짜리 약 1만 2천 장이 사용되었다. 조문객들이 '대통령의 마지막 담배'에 가슴 아파하며 제단에 올린 담배만도 하루에 세 박스가량이 쌓였다.

다시 대한문 시민분향소

대한문의 시민분향소는 여전히 봉쇄 속에 있었다. 5월 25일, 주상용 서울지방경찰청장이 말한다.

"소통에 문제가 있으니 일부에서는 버스를 치워달라고 요구하지만 일부는 경찰 버스가 막아 주니 분향하는 데 오히려 아늑하다고 말하는 사람도 있다."

이에 앞서 강희락 경찰청장은 "정치적 집회로 변질되고 폭력화도 우려되고 해서 서울시에서도 사용허가를 하지 않고 있고, 우리도 그런

우려가 있어 이렇게 (분양소 설치를 금지)하고 있다."라고 말했다. 도로는 여전히 전경버스로 가로막혀 있었다. 분향소로 가는 길은 가늘고도 좁았다. 때이른 초여름의 더위 속에서도, 갑자기 내린 빗줄기 속에서도 시민들은 서너 시간씩 줄을 서서 분향해야 했다.

주상용 서울청장의 발언이 언론을 통해 알려지자 분노한 시민들의 항의가 빗발쳤다. 전직 대통령을 잃은 국민들이 슬퍼하고 추모할 자유마저도 공권력으로 틀어막고 그도 모자라 "아늑하다."라고 말하는 경찰의 태도에 시민들은 "인간으로서는 할 짓이 아니"라며 공분했다. 한 추모객은 "시민들의 슬픔이 분노로 바뀌는 것은 경찰과 현 정부의 이러한 처사 때문이다."라고 하면서 한마디를 더 보탰다.

> "우리는 아늑한 환경을 찾아 조문하러 온 사람들이 아니니, 그렇게 아늑하고 좋은 전경버스는 경찰청장 집이나 빙빙 둘러쳐 놓으시라."

주상용 서울경찰청장의 발언은 정부, 여당의 애도, 추모, 예우라고 하는 말이 얼마나 가식적인지를 보여주는 단적인 예였다.

그 속에서도 시민들은 꿋꿋했다. 진정 두려워하는 쪽은 시민들이 아니라 경찰이었다. 경찰은 분향소 주변을 버스로 에워싸고 전·의경 병력으로 지하도와 인도를 차단하여 추모객들의 자유로운 분향을 가로막았다. 시민들의 슬픔과 통곡소리까지 새어나가지 못하게 차단했다. 시민들은 하얀 국화 한 송이와 촛불을 들고 줄을 서서 기다렸고, 경찰들은 곤봉과 방패를 들고 무장했다. 경찰의 이러한 무력시위 속에서도 시민들은 대한문 시민분향소를 찾았으며 비통한 심정으로 노 대통령을 추모했다.

이에 대해 24일 봉하마을 측에서도 정부에 시민분향소에 대한 경찰 봉쇄를 풀어 자유로운 조문을 보장해 달라고 공식 요청했다. 하지만 경찰은 움직이지 않았다. 24일 민주당 국회의원 8명이 국무총리를 면담하고 전경버스 철수를 다시 요청했다. 총리는 "알아보고 개선해 보겠다."라고 답변했다. 그러나 전경버스는 대한문 앞을 떠나지 않았다. 25일 오전 국민장 장의위원회 공동위원장인 한명숙 전 총리는 다시 한 번 대한문 앞 전경버스를 철수해 달라고 행안부 장관에게 요청했다. 그러나 전경버스는 움직이지 않았다. 그리고 그날 저녁 행안부 장관이 봉하마을을 방문했을 때 또다시 전경버스의 철수를 요구했다. 행안부 장관은 조치를 취하겠다는 같은 답변을 내놓았다. 그러나 전경버스는 여전히 대한문을 둘러싸고 있었다.

비난 여론이 거세지자 26일 오전 10시부터 단계적으로 분향소 옆 차도를 가로막았던 12대의 버스를 빼기 시작했다. 낮 12시 30분께 분향소에서 150여 미터 떨어진 성공회 성당 인근 조선일보사 옆에 세워진 버스 9대를 제외하곤 모두 철수시켰다. 그런데 더 위협적인 최신 무기가 등장했다. 바로 물대포 차량과 페퍼포그 차량이 조선일보사 쪽에서 조문 행렬을 감시하며 숨어 있었던 것이다.

그 순간에도 서울광장은 여전히 전경버스 32대로 가로막혀 있었다. 죽어 버린 광장, 그 광장의 무덤 안 푸른 잔디밭에는 몇 마리 비둘기만이 모이를 쪼고 있었다.

5월 27일, 시민추모제가 열렸다. 그러나 서울광장은 끝까지 열리지 않았다. 추모제는 옹색하고 비좁은 정동길에 갇힌 채 열릴 수밖에 없었다. 서울시 홈페이지는 수많은 누리꾼들의 "추모할 마음이 있으면 광장을 돌려달라."는 글이 쇄도하고 있었지만, 32대의 전경버스는 서울광장을 에워싸고 움직이지 않았다.

'노무현 전 대통령 시민추모제'를 위해 참여연대, 한국여성연합, 경실련 등 29개 시민·사회단체와 천주교정의구현사제단 등 4개 종교단체로 구성된 '노무현 前 대통령 시민추모위원회'의 대표들은 오세훈 서울시장을 오전 11시 20분경 면담했다. 오세훈 시장은 "비정치·비폭력 행사가 보장된다면 광장 개방을 정부에 건의하겠다."라고 말하며 "행정안전부 등과 협의한 후 최종적으로 답변을 주겠다."고 밝혔다. 하지만 서울시의 답변은 종내 무소식이었다. 비정치, 비폭력을 주장하는 오세훈 시장과 행정안전부가 시민의 광장인 서울광장을 개방하지 않은 것은 다분히 정치적인 이유에서였다. 비폭력을 요구하지만 그들은 시민들의 감정을 자극하여 폭력을 유발시키고 있었다. 결국 집회가 시작될 무렵 서울광장을 봉쇄하고 있던 경찰은 시민추모위의 방송차량마저 억류하였다.

추모제는 시작 예정 시간을 넘겨 서울시립미술관 앞에서 열렸다. 추모제에 모인 시민들은 추모제를 불허하는 현 정부를 사람의 마음을 헤아릴 줄 모르는 옹졸하고 냉혹한 정권이라고 비난했다. 시민들은 주최 측이 제공한 하얀 종이에 추도사를 쓰고 〈임을 위한 행진곡〉을 부르며 "독재타도" "명박퇴진"을 외쳤다. 일부 시민들은 '근조 민주주의'라고 쓰인 검은색 관을 들고 차도로 내려가 경찰과 대치하기도 했다. 이날 밤 늦도록 덕수궁 돌담길은 현 정부를 비난하는 시민들의 분노로 들끓었다.

이날 시민추모제에는 시민 1만여 명(주최 측 추산, 경찰 추산 4천여 명)이 참석했다. 경찰은 32개 중대 2,500여 명을 서울시청과 덕수궁 주변에 배치했지만, 큰 충돌은 없었다.

자정을 넘긴 시각에도 대한문 시민분향소의 추모 행렬은 줄어들지 않았다. 분향소 옆에선 노 전 대통령을 추모하는 '학 접기'가 한창이다. 자원봉사자들이 나눠 준 색종이로 시민들은 종이학을 접어 박스에 넣고 있다. 박스에는 수천 마리의 종이학이 담겨 갔다.

또 한쪽에서는 노 대통령의 초상이 환하게 웃고 있었다. 이날 오전 4시부터 김한조 씨(34) 등 부천에서 온 젊은 미술가 4명이 4~5미터에 달하는 대형 천에 그린 웃고 있는 노무현 대통령의 초상화였다. 추모 시민들은 그림 주변을 촛불로 환하게 밝혀 놓았다.

이날 밤 추모제는 서울 덕수궁길 시립미술관 앞을 비롯하여 전국적으로 열렸다. 광주 옛 도청 앞 광장에서, 서대전 공원에서, 부산 서면 쥬디스 태화 앞에서, 제주시청 어울림마당에서, 여수에서, 서산시청 분수대 앞 공터에서, 공주에서, 안양역에서…… 전국의 시민분향소에서 추모 시민이 모여 촛불을 밝혀 들고 한목소리로 노 대통령을 외쳐 부르며 울었다. 대한민국이 울고 있었다.

거절당한 추도사

5월 27일 봉하마을 운영위원회는 경복궁에서 열

리는 영결식에서 김대중 전 대통령에게 추도사를 부탁하기로 결정한다. 그리고 공동장의위원장인 한명숙 전 총리 명의로 김대중 전 대통령에게 추도사를 요청했다. 김 전 대통령은 이를 흔쾌히 받아들였다. 노 대통령이 후임 대통령이고 민주화운동의 동지라는 동질감에서 비롯된 애석함이 컸던지라 곧바로 추도사 문안 작성에 들어갔다. 그러나 상상할 수 없는 일이 일어나고 만다. 5월 28일 정부 측에서는 김대중 전 대통령의 영결식 추도사를 승인할 수 없다고 거부 의사를 밝혔다.

정부 측은 거부 이유로 김영삼, 전두환 두 전직 대통령과의 형평성 문제와 전례가 없었다는 점을 들었다. 그러나 고인에 대한 추도사는 유족 측의 의견이 많이 반영되는 것이 상식인데도 정부 측에서 완강하게 반대했다는 점은 다른 이유가 있을 수 없다. 바로 전국에 생중계되는 영결식에서 김 전 대통령이 노 대통령의 업적을 긍정적으로 평가하거나 현 정부 책임론을 거론할 경우 부담스러울 수밖에 없기 때문에 반대하지 않았겠느냐는 분석이었다.

다음날인 28일, 불편한 몸을 이끌고 김 전 대통령은 이희호 여사와 함께 서울역광장에 마련된 분향소로 나왔다. 그의 건강을 고려해 조문 순서를 앞당겨 모시려 했으나 김 전 대통령이 고사했다. 시민들과 함께 순서를 기다리겠다는 것이었다. 그 자리에서 김 전 대통령은 작심을 한 듯 마이크를 달라고 요구했다.

"그 용감하고 낙천적이고 지칠 줄 모르던 그분이 서거한 데 대해서 급작스러울 뿐 아니라 충격을 금할 수 없었습니다. 또 하나 놀라운 것은 전례가 없는 조문 군중들이 이렇게 매일같이 모여든 그 사실에 대하여 감동을 받고 놀라지 않을 수 없습니다. 국민이 왜 이렇게 슬퍼하고 모여들까요. 그것은 물론 우리의 위대한 영웅인 노 전 대통령의 서거를 슬퍼하는 동시에, 나는 국민 각자의 마음에 있는 슬픔을 노무현의 슬픔과 같이 묶어서 슬퍼하고 있다고 생각합니다. 우리나라의 민주주의가 지금 위기에 처해 있습니다. 보십시오. 시청 앞에서 분향하는 것조차 막고 있습니다. 내가 내일 추도사를 하게 되어 있는데 정부가 반대를 해서 그것도 못하게 되었습니다."

이어 김 전 대통령은 "서민경제의 빈부 격차가 전례 없이 강화돼서 국민이 어려운 상황에 빠져 있다. 우리가 눈으로 보다시피 남북관계가 초긴장 상태에 놓여 있다."라며 "이런 상황에서 국민은 속수무책일 수밖에 없고 그래서 국민은 슬픈 것이다."라고 말했다. 마지막으로 김 전 대통령은 노 대통령을 다시 한 번 거론했다.

"국민들은 '그런 시원한 남자는 처음 봤다. 아주 사랑한다.' 라고 말하는데, 이것이 국민들의 직설적인 생각 아닙니까? 노 전 대통령은 길이길이 역사에 남을 것입니다."

100만 개의 '아주 작은 비석'

5월 28일 저녁, 대한문 시민분향소에는 노 대통령 얼굴을 그린 대형 걸개그림이 내걸려 있었다. 그리고 분향을 기다리는 추모객들로 인산인해를 이뤘다. 늘어선 행렬은 끝이 보이지 않았다. 밤늦은 시간까지도 '마지막 분향'을 위해 광화문 방향으로 선 시민들의 줄은 정동 세실레스토랑 골목으로 휘어져 들어가 있고, 또 다른 줄은 시청역 지하계단 안까지 들어가 있다. 줄의 끄트머리는 다시 지하철역을 돌아나와 프레스센터까지 이어졌다. 특히 정동극장 방향으로 선 행렬은 경향신문사 사옥을 넘어 문화일보사 사옥까지 다다르고 있다.

2009년 5월 28일 오후 9시
덕수궁 정동길

5월 29일 0시. 전국에서 일제히 〈상록수〉를 불렀다. 추모객들의 노랫소리가 제대로 나오지 않았다. 감정이 북받쳐 목이 잠겨 끝까지 이어 부를 수가 없었다. 그리고 〈상록수〉와 함께 수백 개의 '추모 풍등'이 서울 밤하늘을 물들였다. 민주당 정범구 대외협력위원장 등 당직자들과 시민들은 자정을 넘기면서 풍등에 불을 붙여 하늘로 날려 보냈다. 300여 개의 '추모 풍등'은 바람의 도움을 받아 노 대통령보다 몇 시간 먼저 날아올라 하늘 길을 열었다. 시민들의 노랫소리가 그 풍등을 타고 하늘로 퍼졌다. "비바람 맞고 눈보라 쳐도 온 누리 끝까지 맘껏 푸르라."

대한문 주변은 이미 거대한 '기록의 벽'이었다. 지난 엿새간 다녀간 조문객들이 남긴 추모 글과 노란 리본, 검은 리본이 시청 지하철역 벽부터 인도의 가로수, 덕수궁 돌담, 공중전화 부스, 그리고 쳐놓은 줄에도 빼곡히 붙어 있었다. 유치원생부터 80 노인에 이르기까지 추모객들이 적어 놓은 그 추모 글들은 그대로 작은 비문이었다. 국민이 만든 그 비문들이 거대한 비석이 되어 대한문 주변에 차곡차곡 박혀 가고 있었다.

2009년 5월 28일 오후 9시
서울 시청역

이날 새벽 시민분향소의 자원봉사자들은 작은 쪽지글부터 전지에 쓴 대자보 격문까지를 모두 수거하기 시작했다. 영결식이 끝나면 경찰의 침탈이 있을 거라는 사실을 알았기 때문이었다. 그들은 그렇게 100만 명의 슬픔과 분노와 참회를 한 장 한 장 소중하게 떼어냈다. 그가 그토록 원했던 '아주 작은 비석'들이었다.

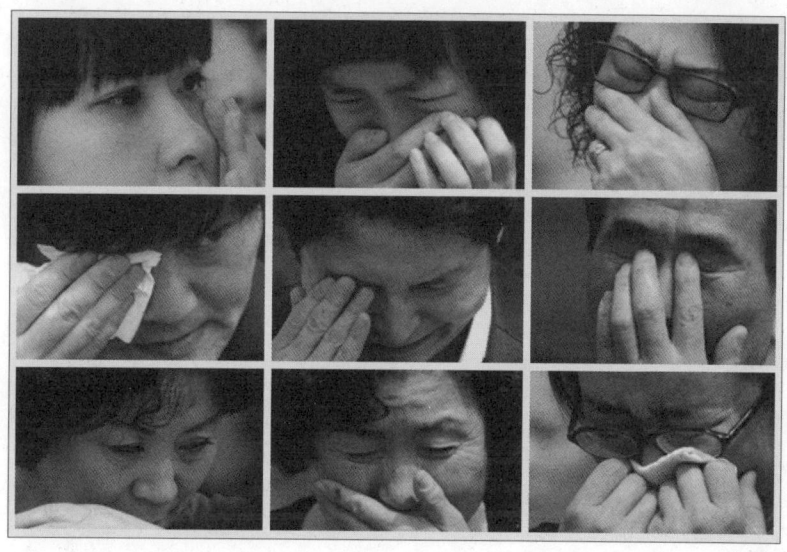

04

謹弔

| 노란 비행기 날다

내 마음속 대통령

내 마음속의 대통령

| 봉화산 기슭에 잠들다

1 노란 비행기 날다

노란 길, 마지막 길

5월 29일 새벽 4시 40분, 푸른 여명이 밝아오면서 봉하마을의 분향이 끝났다. 유족 측과 자원봉사자들은 마을회관 앞 공터를 청소하는 등 본격적인 발인제 준비에 들어갔다. 발인제에 참석하기 위해 이미 전날부터 기다리고 있던 2만여 명의 추모객들이 근처를 가득 메웠고, 마을 입구 도로까지 발 디딜 틈 없이 추모객들이 줄서 있었다.

새벽 5시, 발인제가 시작됐다. 국군의장대 병사들이 빈소 안에서 노 대통령이 잠든 관 위로 대형 태극기를 덮었다. 영정을 앞세우고 영구가 마을회관 문을 나서자 도열해 있던 의장병들은 일제히 "받들어 총!"을 하며 마지막 예를 표했다. 대통령의 영구는 영결식장으로 가기 위해 영구차에 실렸다. 영정은 분향소로 옮겨졌고 견전제가 행해졌다. 상주 건호 씨가 술잔을 올렸다. 그의 표정은 엄숙하고 침통했다. 할아버지의 영정에 술잔을 올리는 아버지의 설움을 아는지 모르는지, 대통령의 손녀딸 서은 양은 카메라를 향해 'V'자를 그려 보였다. 대통령과 함께 자전거를 타고 봉하마을을 누비던 그 손녀딸이었다. 아무것도 모른 채 천진난만한 미소만 짓고 있는 그 손녀딸 옆에서 권양숙 여사는 차마 고개도 들지 못하고 흐느끼고 있었다.

대통령의 영정이 사저로 향했다. 퇴임 후 꼭 15개월을 머물렀던 생애 마지막 공간, 그곳을 둘러보기 위해 사진 속의 그가 집으로 들어가고 있었다. 영정이 막 사저 마당으로 들어서는 순간, 그때까지도 의연하게 버티던 권양숙 여사가 비틀거렸다. 서은 양이 그 할머니의 손을 잡고 있었다. 영정이 사저를 둘러보는 사이 길가에서는 "대통령님!"을 부르며 울부짖는 소리가 계속 이어졌다. 이 처연한 이별 위로 푸른 새벽하늘이 서서히 열리고 있었다.

잠시 후 대통령의 영구차가 서서히 마을 입구로 향하기 시작했다. 추모객들의 울음소리가 더욱 커졌다. 그들은 영구차 주변으로 몰려들었다. 오전 6시 5분, 마을 길을 천천히 돌아 나온 영정이 영구차에 오르고 차는 서서히 움직이기 시작했다. 운전을 맡은 사람은 최영 씨(45세)였다. 노무현 대통령의 첫 국회의원 시절부터 귀향 이후 마지막 순간까지 21년간 운전을 맡아 왔던 사람, 마침내 대통령의 마지막 길마저 그의 몫이었.

영구차가 움직이기 시작하자 추모객들은 발을 동동 구르기 시작했다. "못 가십니다!" "보내 드릴 수 없습니다!" 외쳐대는 소리는 울부짖음에 가까웠다.

그 순간 누가 먼저랄 것도 없이 약속이라도 한 듯 수십 수백의 노란 종이비행기를 날려 보냈다. 노란 종이비행기는 꽃으로 장식된 영구차

보닛 위로 내려앉아, 그 꽃 속에 갇힌 채 차곡차곡 쌓여 갔다. 하얀 국화 꽃 속에서 노랗게 피어난 노란 종이비행기 꽃. 차는 천천히 움직였고 종이비행기는 자꾸만 그렇게 내려앉아 노란 꽃을 피웠다. 노란 종이비행기를 날리며 사람들이 〈임을 위한 행진곡〉을 부르기 시작했다. 울음에 섞인 노래는 음정도 박자도 맞지 않았다. 마침내 영구차가 서서히 속도를 내기 시작하자 노랫소리는 이제 목 놓아 부르는 통곡의 합창으로 변했다. 휘날리는 수백 개의 만장이 이 눈물의 이별을 배웅하고 있었다. 추모객들이 날려 올린 노란 종이비행기는 그렇게 영구차의 보닛 위에 실린 채 서울의 영결식장으로 향했다.

한편 그 시각, 서울 덕수궁 대한문 앞에서는 3천여 명의 시민들이 모였다. 새벽에 나온 이들도 있었고, 아예 이곳에서 밤을 보낸 시민들도 있었다. 노제에 참석하기 위해 지난 밤 지방에서 올라온 시민들도 있었다. 이들은 대한문 앞에 설치된 대형 화면을 뚫어져라 쳐다보고 있었다. 마침내 화면을 통해 대통령의 운구 장면이 나오자 울음이 터져 나오기 시작했다. 노란 종이비행기가 영구차를 향하여 날아오르고 어느 아주머니가 영구차 앞에 엎드려 통곡하는 모습이 나오자 흐느낌은 더욱 커졌다. 어떤 시민은 목 놓아 통곡했고 어떤 시민은 하늘을 향해 고함을 치기도 했다. 덕수궁 돌담을 주먹으로 내리치며 통곡하는 30대 남성의 모습도 보였다.

화면 속에서 영구차의 행렬이 고속도로로 진입하자 대한문 앞 현장에서는 음악이 흘러나왔다. 스피커를 통해 나오는 음악은 〈함께 가자 우리 이 길을〉이었다. 몇몇이 노래를 따라 부르기 시작했지만 아니나 다를까, 이내 소리는 잦아들고 대한문 앞은 오열로 가득 찼다. 따라 부르는 이 없는 노래가 스피커에서 홀로 노래하고 있었다.

시민들의 오열 속에서도 시민분향소의 자원봉사자들, 그리고 노사모와 '시민광장' 회원들의 손길이 바빠졌다. 그들은 정부 주도의 국민장 영결식이 아닌, 별도의 '범민주시민 국장'으로 영결식을 치르고자 했고 이미 그 준비를 마친 상태였다. 1톤 트럭에 노 전 대통령의 대형 영정을 설치하고 승합차 한 대를 수천 송이 국화꽃으로 장식했다. 별도의 검은색 만장도 준비했다. 신영복 교수의 글씨를 받아 만든 만장 수십 개가 대한문 앞에 나란히 내걸렸다. 한 인터넷 커뮤니티에서는 대한문과 남대문 주변의 문구점과 지업사를 빠짐없이 돌며 노란 종이를 구입해 왔다. 이날 아침 시민들이 대한문 앞 땅바닥에 주저앉아 접은 노란 종이비행기만 3만 개가 넘었다.

노란 풍선 장식도 빠지지 않았다. 시민들은 새벽부터 나와 서울광장 주변과 도로 연변마다에 노란 풍선을 매달았다. 서울광장 주변뿐만이 아니었다. 청계광장 입구에서부터 숭례문 앞에까지 1킬로미터에 이르는 길 양편에 풍선이 매달렸다. 자원봉사자들이 풍선을 매달고 있는 모습을 보면 시민들이 팔을 걷고 거들었다. 근무 나온 전경도 이들을 도와 노란 풍선을 매달기도 했다. 이 장대한 거리 장엄에 소요된 노란 풍선이 최소 20만 개였다.

그 순간에도 서울광장은 여전히 전경버스로 봉쇄되어 있었고 갑호 비상령이 내려진 가운데 수천 명의 전경 병력이 배치되었다.

대한문 주변 곳곳에 '또 다른 영정'들이 내걸리기 시작했다. 이 또 다른 영정은 다름 아닌 이날 아침에 나온 『한겨레』와 『경향신문』이었다. 전면을 차지한 대통령의 얼굴, 그리고 거기에는 저마다의 추모 글귀 하나씩이 박혀 있었다. 바로 인터넷 커뮤니티 회원들이 십시일반 모금하여 만들어낸 추모광고였다. 시민들은 추모광고가 올라온 신문의 면을 곳곳에 붙였다. 시민들의 모금으로 만들어진 시민들의 영정이었다.

추모광고 모금운동은 노 대통령 서거 직후부터 시작됐다. 신문에 추모광고를 게재하자는 의견이 올라오자 의견이 올라온 대부분의 커뮤니티에서 순식간에 몇 천만 원의 돈이 모아졌다. 자발적으로 단기간에 그것도 인터넷으로 시작한 모금이 수천만 원에 이른 것이다. 각 커뮤니티 회원들은 광고 문안을 스스로 기획했다. 자신들이 가장 좋아하는 대통령의 사진과 자신들이 가장 하고 싶은 말로 광고를 만들었다. 그렇게 만들어진 크고 작은 추모광고가 7일 내내 신문에 올랐다.

이들 광고가 실린 곳은 주로 『한겨레』와 『경향신문』이었다. 그리고 무가지인 『메트로』와 주간지인 『시사인』에도 시민 추모광고가 실렸다. 광고주는 '다음 아고라' '클리앙' '뽐뿌' '82cook' 'SLR클럽' '베이스볼파크' 'MLBpark' 'DVDprime' '듀나의 영화게시판' '홀림' '와싸다닷컴' 등이었다. 7일 동안 끊이지 않고 이어지던 이 광고 추모행렬은 영결식 당일에 이르러 가장 화려하게 꽃피었다. 이날 『한겨레』와 『경향신문』은 지면마다 추모광고가 넘쳐났다.

수백에서 수천만 원을 모금하여 신문광고를 낸 이들 커뮤니티들의 정치적 성향은 어떠할까? 요리법과 일반 상식을 공유하는 82cook, 사진과 디지털 카메라에 대한 전문적인 지식을 나누는 SLR클럽, 제품 사용기 등을 공유하는 뽐뿌, 각종 전자제품과 일반제품의 리뷰를 공유하는 클리앙, 영화에 대한 정보를 나누는 듀나의 영화게시판, 오디오 동호회 와싸다닷컴, 디비디와 영화에 대한 정보를 나누는 DVDprime, 피겨 스케이트 동호회 홀림, 야구를 좋아하는 베이스볼파크와 MLBpark...... 하나같이 취미를 공유하는 사람들이 모여 만든 커뮤니티들이었다. 정치색 같은 건 전혀 없이 모인 그들이 스스로 돈을 내고 7일 내내 추모광고 행렬을 주도했다. 이중 일부 커뮤니티들은 『경향신문』과 『한겨레』 등 여러 곳에 동시에 광고를 내기도 했다.

> "당신이 다시 태어나
> 바보 대통령이 또 한 번 된다면,
> 나는 다시 태어나 그 나라의
> 행복한 국민이 되겠습니다."
>
> – SLR클럽, 뽐뿌, 82cook 광고문구 중

추모광고 행렬이 줄을 이은 이날, 그와는 정반대로 '다음' '네이버' '네이트' 등 인터넷 포털 사이트들은 메인 화면의 광고를 중단했다. 그들만의 방식으로 치러지는 또 다른 추모광고 행렬에의 동참이었다. 그런가 하면 몇몇 인터넷 게임업체들은 이날 게임 서비스를 중단하기도 했다.

경찰이 서울광장을 개방하겠다는 시각은 오전 7시였다. 그러나

7시를 넘겨서도 서울광장을 막고 있는 전경버스는 철수하지 않았다. 그때 몇몇 사람들이 현장에 서 있는 경찰간부들 앞으로 가 항의를 하기 시작했다. 그들은 다름 아닌 노제 행사 준비팀이었다. 노제를 하자면 무대는 물론 영상장비와 음향시설 등 대형 장비들을 설치해야 했다. 시민들이 몰려오기 전에 해야만 하는 일, 무엇보다 현장에서 최종 리허설도 해야 했다. 그렇지 않아도 시간이 턱없이 부족한데 경찰은 철수 시간마저 지키지 않고 있었다.

경찰 철수가 미뤄지면서 시민들의 항의도 가세됐다. 일부 시민은 도로를 점거하며 경찰과 마찰을 빚기도 했다. 오전 7시를 넘어서도 전경버스가 철수하지 않자 시민 100여 명이 몰려갔다. 그들은 "약속대로 버스를 철수하라."며 '근조 대한민국 대통령 노무현 당신을 영원히 기억하겠습니다.'라는 검은색 스티커를 전경버스에 붙이는 등 거세게 항의했다. 이에 전경들이 사람들을 인도 쪽으로 밀어붙이며 몸싸움을 벌였다.

오전 7시 50분께, 전경버스가 철수하기 시작했다. 마침내 서울광장이 서서히 모습을 드러냈다. 노무현 대통령이 서거한 23일 오후, 경찰이 "시위 등의 불상사가 우려된다."라며 서울광장을 폐쇄한 지 꼭 6일 만이었다.

기다리던 시민들은 서울광장으로 몰려들었다. 경찰은 시민들이 세종로 사거리 쪽으로 접근하는 것을 막기 위해 프레스센터 앞을 봉쇄했다.

오전 8시께 시민 400여 명이 전경들이 철수할 때까지 있겠다며 대한문 앞 도로를 점거하기 시작하면서 경찰과의 마찰이 또 일어났다. 이 과정에서 시민 영결식 행사에 사용하기로 계획했던 영정 차량이 대한문 앞 차로로 나섰다. 경찰과의 옥신각신이 빚어지자 시민 영결식을 준비하던 사람들이 시민들을 진정시키고 나섰다. "노제가 시작되기도 전에 충돌을 빚지 말아 달라."는 간곡한 요청이었다. 한 자원봉사자는 눈물로 호소하기도 했다.

> "대통령님께서 마지막 가시는 길을 제발 힘들게 보내 드리지 맙시다. 경찰과 싸우려거든 장례 끝난 뒤에 싸웁시다. 오늘은 우리 대통령님을 편히 보내 드리는 것이 우리가 해야 할 일입니다."

그 시각, 노 전 대통령의 영구차는 고속도로를 달려 올라오고 있었다. 영구차가 지나는 길에서는 마치 약속이라도 한 듯 주행하던 일반 차량들이 고속도로 갓길로 정차하기 시작했다. 차를 세운 그들은 차에서 내려 지나가는 영구차를 향해 깊게 고개를 숙였다. 그들의 작별인사였다. 반대편 차선의 차량들도 서행하며 경적을 울리는 것으로 조의를 표했다. 누군가는 길게, 누군가는 짧게 여러 번, 불협화음으로 울려 퍼지는 경적 소리가 긴 울음이 되어 고속도로를 울렸다.

부디 대통령 하지 마십시오
●

경복궁 홍례문 앞 영결식장에는 3,500여 개의 좌석이 마련되었다. 은은한 조가가 울리는 가운데 반기로 내걸린 대형 태극기가 가벼운 바람에 휘날렸다. 식단 중앙에는 하트 모양으로 노란색 난꽃 장식 속에 미소를 띤 노 대통령의 영정이 모셔졌다. 지난 2006년 현직 대통령의 신분으로 최규하 전 대통령의 영결식에 참석했던 노 전 대통령이 이제 식단에 모셔진 것이다.

이날 영결식에 초청을 받아 참석하게 된 조문객들 중에는 노 전 대통령을 추모하는 의미라며 노란 스카프를 매고 온 이들이 많았다. 그러나 이 노란 스카프들은 식장 입구 검색대에서 모두 압수당했다. 경찰 측은 "위에서 내려온 지침"이라며 특별한 설명 없이 영결식장에 들어오는 시민들의 '노란 물건'을 모두 압수했다. 이종석 전 통일부 장관은 "영결식장에 들어오는데 경찰들이 노란색 천을 수거했다."면서 "이런 법이 세상에 어디 있느냐."며 분통을 터트리기도 했다.

오전 10시 50분, 마침내 노 전 대통령의 영구차는 375킬로미터의 긴 거리를 달려 영결식장으로 들어왔다. 11시 정각, 영결식이 시작됐다. 국민의례를 시작으로 장의위원회 집행위원장 이달곤 행정안전부 장관의 약력보고, 공동위원장인 한승수 총리의 조사와 한명숙 전 총리의 조사 순으로 진행되었다. 이날 떨리는 목소리로 읽어 내려간 한명숙 전 총리의 조사는 또 한번 국민을 울리고 만다.

노무현 대통령님!
대통령님은 지금 어디 계십니까? 얼마나 긴 고뇌의 밤을 보내셨습니까? 얼마나 힘이 드셨으면, 자전거 뒤에 태우고 봉하의 논두렁을 달리셨던, 그 어여쁜 손녀들을 두고 떠나셨습니까?

대통령님! 얼마나 외로우셨습니까? 떠안은 시대의 고역이 얼마나 고통스러웠으면, 새벽빛 선연한 그 외로운 길 홀로 가셨습니까?

유난히 푸르던 오월의 그날, '원칙과 상식' '개혁과 통합'의 한길을 달려온 님이 가시던 날, 우리들의 갈망도 갈 곳을 잃었습니다. 서러운 통곡과 목 메인 절규만이 남았습니다.
…..

"이의 있습니다!"
3당합당을 홀로 반대하던 이 한마디! 거기에 '원칙과 상식'의 정치가 있었고 '개혁과 통합'의 정치는 시작되었습니다. '원칙과 상식'을 지킨 대가는 가혹했습니다. 거듭된 낙선으로 풍찬노숙의 야인 신세였지만, 님은 한 순간도 편한 길, 쉬운 길을 가지 않았습니다. '노사모' 그리고 '희망돼지저금통' 그것은 분명 '바보 노무현'이 만들어낸 정치혁명이었습니다.
…..

"여러분은 이제 저를 버리셔야 합니다."는 글을 접하고서도 님을 지키지 못한 저희들의 무력함이 참으로 통탄스럽습니다. 대통령님, 지켜 드리지 못해서 죄송합니다. 그래도 꿈을 키우던 어린 시절의 자연인으로 돌아가겠다는 마지막 꿈만큼은 이루어질 것으로 생각했습니다. 그런데 어인 일입니까? 세상에 이런 일이 있습니까? 잔인한 세상은 '인간 노무현'으로 살아갈 마지막 기회조차도 빼앗고 말았습니다. 님은 남기신 마지막 글에서 '책을 읽을 수도 글을 쓸 수도 없다.'고 하셨습니다. 최근 써놓으신 글에서 "지금은 할 수 있는 일이 실패 이야기를 쓰는 것이 맞는 것 같다."고 하셨습니다. 이 말씀이 남아 있는 저희들을 더욱 슬프고 부끄럽게 만듭니다.

대통령님! 님은 실패하지 않았습니다. 대통령님, 보이지 않습니까? 끊이지 않는 저 추모의 행렬을 보십시오. 수많은 사람들이 정성어린 마음을 대통령님께 바치고 있지 않습니까? 대통령님을 향해서 날리려고 들고 있는 노란 풍선을 보고 계십니까? 오열하며 슬퍼하고 있지 않습니까? 님에게 사랑을 고백하고 있지 않습니까? 님은 실패하지 않았습니다. 설령 님의 말씀처럼 실패라 하더라도 이제 걱정하지 마십시오. 이제 저희들이 님의 자취를 따라, 님의 꿈을 따라 우리 국민 모두가 손에 손을 잡고 대한민국의 꿈을 이루겠습니다. 그래서 님은 온 국민의 가슴속에 영원히 살아 있는 대통령이 될 것입니다.

대통령님! 생전에 그렇게 하셨던 것처럼, 분열로 반목하고 있는 우리를 화해와 통합으로 이끄소서. 대결로 치닫고 있는 남북 간의 갈등을 평화로 이끌어주소서. 그리고 우리의 민주주의를 다시 꽃피우게 해주소서.

이제 우리는 대통령님을 떠나보냅니다. 대통령님이 언젠가 말씀하셨듯이, 다음 세상에서는 부디 대통령 하지 마십시오. 정치 하지 마십시오. 또 다시 '바보 노무현'으로 살지 마십시오. 그래서 다음 세상에서는 부디 더는 혼자 힘들어 하시는 일이 없기를, 더는 혼자 그 무거운 짐 안고 가시는 길이 없기를 빌고 또 빕니다.
.....

영결식장 곳곳에서 흐느끼는 소리가 높아졌다. 한명숙 전 총리 역시 몇 차례 눈물을 삼키며 조사를 읽어 내려갔다. 통한과 자책과 슬픔과 다짐이 뒤엉킨 눈물의 고별식이었다.

잠시 후 헌화가 시작됐다. 유족의 헌화가 끝나고 이명박 대통령의 헌화 순서가 이어졌다. 이명박 대통령 내외가 헌화를 위해 영결식단 앞으로 다가서는 순간 장내는 일순 소란이 일었다. 여기저기에서 단발마적으로 이명박 대통령을 비난하는 고함소리가 터졌고, 그 순간 민주당 의원인 백원우 의원이 자리를 박차고 일어나 "이명박 대통령 사죄하시오. 여기가 어디라고." 하며 고성을 질렀다. 경호원들이 달려들어 백 의원의 입을 틀어막고 식장 밖으로 끌고나갔다. 한명숙 전 총리가 일어나 자제하라는 요청을 하였고, 사회자는 연거푸 고인의 큰 뜻을 헤아려 엄숙히 자중하여 달라고 성난 시민들을 진정시켰다.

어수선한 장내가 진정되고 난 후, 또다시 가슴 아픈 장면이 이어졌다. 김대중 전 대통령이 탄 휠체어가 서서히 앞으로 나갔다. 식단 앞에 도착한 그는 천천히 불편한 몸을 일으켰다. 그의 손은 눈에 띄게 흔들리고 있었다. 그의 흔들리는 손에 꽃 한 송이가 들리고 그는 그 꽃을 영정 앞에 올려놓았다. 헌화를 마치고 돌아서던 김대중 전 대통령의 휠체어는 유족 앞에 멈춰 섰다. 유족과 고개 숙여 인사를 나누는 순간, 권양숙 여사의 손을 붙잡은 김대중 전 대통령은 오열하고 말았다. 80의 노객이, 노벨상 수상자가, 전직 대통령이 마치 어린아이처럼 치솟는 슬픔을 감추지 못한 채 끝내 울음을 터트리고 말았다.

'반쪽이 무너지는' 고통을 겪은 사람이라야 그의 오열을 이해할까. 김 전 대통령의 표현대로 '노무현의 슬픔'이 '후퇴하는 민주주의에 가슴 아픈 김대중의 슬픔'과 합쳐져 터져 나온 울음이었을까. 김대중 전 대통령은 이로부터 불과 석 달이 채 안 되는 8월 18일 서거한다. 이제 그는 가고, 그가 자신의 '반쪽'을 위해 준비했으나 끝내 허락되지 못했던 추도사만이 남아, 그의 슬픔을 웅변해 주고 있다.

"노무현 대통령 당신, 죽어서도 죽지 마십시오.
우리는 당신이 필요합니다.
노무현 당신이 우리 마음속에 살아서 민주주의 위기, 경제 위기,
남북 관계 위기, 이 3대 위기를 헤쳐 나가는 데 힘이 되어 주십시오.
당신은 저승에서, 나는 이승에서 우리 모두 힘을 합쳐
민주주의를 지켜냅시다.
그래야 우리가 인생을 살았던 보람이 있지 않겠습니까.
당신같이 유쾌하고 용감하고, 그리고 탁월한 식견을 가진
그런 지도자와 한 시대를 같이했던 것을
나는 아주 큰 보람으로 생각합니다.

저승이 있는지 모르지만 저승이 있다면 거기서도 기어이 만나서
지금까지 하려다 못한 이야기를 나눕시다.
그동안 부디 저승에서라도 끝까지 국민을 지켜 주십시오.
위기에 처해 있는 이 나라와 민족을 지켜 주십시오." [19]

상록수처럼 푸른 역사가 되어

●

서울광장은 이미 노란색 바다였다. 10시가 지나면서 서울광장은 노란 물결로 발 디딜 틈조차 없었다. 노란색 스카프, 노란색 풍선, 노란색 포스터, 노란색 종이모자가 파도처럼 일렁이며 노란

[19] 김대중 전 대통령이 준비했던 이 추도사는 이후 오연호 기자가 쓴 책 『노무현 마지막 인터뷰』에서 추천사 형식으로 발표됐다.

바다를 만들어내고 있었다. 이날 시민들이 들고 나온 풍선과 포스터와 종이모자의 디자인과 글귀는 다양했지만, 가장 눈길을 끈 것은 노란 바탕 위에 노 대통령의 웃는 모습과 '내 마음속 대통령, 노무현'이라는 글귀가 새겨진 디자인이었다. 이 디자인으로 만들어진 종이모자는 10만 개, 포스터는 3만 장이었다. 이것은 민주당 홍보국에서 제작해 배포한 것으로, 한 전각가가 '연각재'라는 자신의 인터넷 블로그에 올린 모필 글씨를 받아 민주당 홍보국의 정향채 차장이 디자인하였다.

시민들은 점점 더 많아지고 있었다. 지하철 시청역의 각 출구로 빠져나온 시민들은 자원봉사자들이 전해 주는 노란색 모자와 노란색 풍선, 그리고 노란색 스카프나 노란색 리본 등을 받아 서울광장으로 향했다. 시간이 지날수록 노란색 물결은 점점 더 넓게 흐르며 퍼져 갔다. 남대문 앞에서부터 세종로까지 온통 노란 세상이었다. 시민들이 서울광장 일대로 몰려들자 이동통신 3사는 통화량이 급증할 것에 대비하여 이동기지국을 대거 급파해야만 했다. 일부 시민들은 경찰이 통제하고 있는 세종로의 세종문화회관 앞쪽까지 나가 이제 그 길로 나올 노 대통령을 맞을 준비를 하고 있었다.

한편, 오전 11시 5분부터 덕수궁 대한문 앞에선 또 다른 영결식이 열렸다. 일반 시민들이 주도하는 영결식이었다. 이 영결식은 '촛불 탤런트' 맹봉학 씨가 진행했다. 드라마 〈내 이름은 김삼순〉에서 삼순이의 아버지로 출연했던 맹씨는 이날 시민분향소 운영진의 요청 전화를 받고 현장에서 기꺼이 영결식 사회를 맡겠다고 승낙했다. 사회자 맹씨는 "난 노사모도 아니고, 노 전 대통령과 아무런 인연도 없고, 더구나 노 전 대통령을 찍지도 않았다. 하지만 그가 정치를 하면서 보여준 소신과 멋진 대통령으로서의 모습에 반해 그를 좋아했다."라고 말했다. 시민 영결식의 음악은 촛불집회 때 만들어졌던 '시민악대'가 맡았다. 최헌국 목사가 추도시를 읽었다. 이날 시민 영결식은 〈임을 위한 행진곡〉을 시작으로 약력 소개, 시민들의 조사, 유서 낭독, 〈상록수〉 합창 순으로 진행되었다. 시민 영결식의 마지막, 시민들은 일제히 노란색 종이비행기와 노란 풍선을 하늘로 날렸다. 시민들은 그렇게 자기들의 마음을 담아 대한민국 제16대 대통령의 영결식을 치렀다.

경복궁 영결식이 마무리되고 노제가 열리는 서울광장으로 영구행렬이 이동하는 사이, 서울광장에서는 방송인 김제동 씨의 사회로 노제 식전행사가 시작되었다. 김제동 씨는 이미 눈이 벌겋게 충혈돼 있었다. 그는 노 대통령 서거 다음날 자신의 팬 카페에 "참 소중한 분을 잃어 많이 울었습니다. 존경하고 사랑했었다는 말씀을 꼭 먼저 전해 드려야 할 것 같습니다. 그곳에서 나중에 꼭 뵙겠습니다. 그립습니다. 사랑합니다."라는 글을 올리기도 했다. 식전행사는 안치환, 윤도현, 양희은 씨 등이 부르는 조가로 이어졌다. 노무현 대통령이 좋아했던 노래여서였을까, 양희은 씨가 〈상록수〉를 부르자 시민들은 다시 또 서럽게 울기 시작했다. 양희은 씨도 "서럽고 쓰리던 지난 날들도 다시는 다시는 오지 말라고" 하는 부분을 부를 땐 참지 못한 듯 울먹였다. 울음에 잠겨드는 그 노랫소리를 들으며 시민들은 또 울었다. 잠시 그쳤다 다시 울고, 잠시 그쳤다 다시 울고, 시민들은 참으로 지치지도 않고 울었다.

잠시 후 김제동 씨의 말이 또 한번 시민을 울린다.

"너무 슬퍼하지 말라고 하셨는데 죄송합니다. 오늘은 좀 슬퍼해야겠습니다. 미안해하지 말라고 하셨는데 오늘 죄송합니다, 조금 미안해하겠습니다. 지켜 드리지 못해서… 누구도 원망하지 말라고 하셨는데 오늘 우리 스스로를 원망하겠습니다. 그분을 지켜 드리지 못해서… 운명이다라고 하셨는데 이 운명만큼은 받아들이지 못하겠습니다. 다만 앞으로 그분이 남기신 큰 짐들 우리가 운명으로 안고 반드시 이루어 나가겠습니다."

돌아오소서, 돌아오소서, 돌아오소서

오후 1시 20분, 노 전 대통령의 영구차는 서울시청 앞 광장으로 천천히 천천히 들어섰다. 경복궁 영결식장에서 출발한 지 한 시간여 만이다. 2천 개의 오색 만장이 바람에 나부끼며 광장으로 들어서는 대통령을 맞이했다. 노란 풍선과 노란 종이비행기가 하늘을 날아올랐다. 크레인으로 만들어진 높은 대 위에 올라선 김명곤 노제 총감독이 초혼(招魂)의식을 거행했다.

"해동조선 대한민국 제16대 노무현 대통령. 복! 복! 복!"
"돌아오소서, 돌아오소서, 돌아오소서."

이날의 초혼의식은 전통 장례의식에 따른 것으로, 이때 하늘에 대고 외쳐지는 세 번의 복(復)은 '떠나간 이여, 어서 돌아오라'는 산 자들의 마지막 간청이며, 외침이다.

    뒤를 이어 국립창극단원이 향로를 매고 영구차를 한 바퀴 돈 후 무대로 넋을 모시는 행사가 이어졌다.

> "북망산천이 머다더니 저 너머 봉화산이 북망이로다
> 어허 넘~차 어화 넘
> 이제 가면은 언제나 올라요 오실 날이나 일러를 주오
> 어허 넘~차 어화 넘"

    만가 소리가 울려 퍼지자 서울광장은 또 다시 눈물바다가 됐다. 뒤를 이어 국립무용단의 진혼무 속에서 안도현, 김진경 시인의 추모시가 낭독되었다. 노제가 진행되는 내내 상주 건호 씨는 아예 손수건에 얼굴을 묻고 고개를 들지 못했다. 딸 정연 씨의 얼굴에서는 쉬지 않고 눈물이 흘러내렸고, 권양숙 여사는 차마 고개도 들지 못하고 어깨만 들썩였다. 애절한 안숙선 명창의 조창이 이어졌다.

> "뒷산도 첩첩헌디 님은 어디로 행하시는가
> 황천이 어디라고 그리 쉽게 가시는고
> 그리 쉽게 가려거든 애초에 오지나 마시든지
> 모든 이들의 슬픔을 남기고 떠나시니
> 백년을 통곡헌들 어느 때나 뵈오리까......"

    노 전 대통령과 각별한 인연을 가지고 있는 장시아 시인이 무대 위로 올랐다. 장 시인은 "슬픔을 억누르며 삼가 노무현 전 대통령님께서 마지막으로 남기신 말씀을 낭독하겠다."라며 유서를 읽어 내려갔다. 또

한번 유족들의 어깨가 흐느낌으로 들썩였다. 크레인 위에서는 하얀 꽃가루가 눈물처럼 쏟아져 날렸다.

"노무현, 당신을 사랑합니다."
"당신을 영원히 기억하겠습니다."

도종환 시인의 선창이 울려 퍼지자 50만 인파가 화답하며 "사랑합니다." "기억하겠습니다."를 외쳤다. 거대한 함성으로 울려 퍼지는 그 외침이 서러워, 모두가 다시 울었다. 길가의 경찰관들도 면장갑 깃으로 눈물을 닦았고 충혈된 눈으로 행사를 지켜보는 경찰관도 있었다. 노 대통령의 애창곡 〈사랑으로〉가 대통령의 육성으로 나오기 시작하자 울음은 다시 통곡으로 변했다. 그 순간 건호 씨와 정연 씨의 울음도 더 커졌다. 그들에겐 이제는 가고 없는 아버지의 육성이었다.

시민들은 흘러내리는 눈물을 닦아내지도 못한 채 모두 일어나 손팻말을 흔들며 대통령의 육성을 받아 〈사랑으로〉를 함께 불렀다. 그들의 손팻말에 쓰인 글귀들이 노란 바다 위에서 춤을 추고 있었다.

'당신은 영원한 우리의 대통령입니다.'
'내 마음속 대통령 노무현'
'지켜 드리지 못해 죄송합니다.'
'우리는 당신을 기억할 것입니다.'

인파를 뚫고 길을 만들기 위해 만장이 영구차 앞으로 나아갔다. 만장이 서서히 길을 뚫고 나오며 노무현 전 대통령의 마지막 길을 열었다.

형형색색으로 나부끼는 수천 개의 만장은 투명한 햇살을 받으며 일렁이는 노란 바다 위에서 일렁였다. 길고 넓고 깊고 환한 길이었다. 그 길을 따라 대한민국 제16대 대통령 노무현이 떠나고 있었다.

"못 가십니다"

오후 2시 20분 노제를 마친 운구행렬은 서울역 광장으로 출발했다. 〈솔아 솔아 푸르른 솔아〉 〈아침 이슬〉 〈함께 가자 우리 이 길을〉 등의 노래를 시민들이 합창했고 영구차는 천천히, 천천히 서울광장을 떠났다. 하지만 '바보 대통령'을 쉽사리 떠나보내지 못하는 시민들은 쉽사리 길을 내주려 하지 않았다. 영구차는 수시로 멈춰서야 했고, 그때마다 시민들은 영구차를 붙잡으며 "사랑합니다."를 외쳤다. 인파에 막혀 영구차 앞에 이르지 못한 시민들은 노란 풍선과 노란 종이비행기를 날려가며 "노무현"을 외쳤다. 영정 속의 대통령은 환한 미소만 짓고 있는데, 시민들은 자꾸만 자꾸만 앞으로 밀려오고, 운구행렬은 좀처럼 움직이지 못했다.

서울광장에서 서울역 앞까지는 1킬로미터 남짓 되는 거리로, 걸어서도 20분이면 충분하지만 영구차는 이곳을 한 시간이 넘도록 지나지 못했다. 경찰의 통제선은 이미 아무런 소용이 없었다. 경찰도, 영구차를 호위하는 장의위원회 사람들도 몰려드는 시민들을 막을 수 없었다. 수십만의 인파가 영구차를 앞서거니 뒤서거니 따랐다. 이미 서울역 주변에도 많은 추모 인파가 운집해 있었다. 서울광장의 인파와 서울역의 인파가 만나며 운구차는 점점 더 거대한 노란 바다 속으로 빨려 들어가는 형국이었다.

영구차가 남대문을 지나 YTN 사옥을 지날 때, YTN 건물의 열린 창문으로 노란 포스트잇을 뜯어 만든 꽃가루가 뿌려졌다. 오색 만장이 서울역 쪽에 도착한 뒤로도 영구차는 서울역 앞으로 진입을 하지 못했다. 시민들은 차량이 질주 중인 서울역 고가차도 위까지 올라가 운구행렬을 향해 노란 풍선을 흔들어 댔다.

장의위원회 측의 애초 계획은 서울역 앞 광장까지 시민들과 함께한 뒤, 만장을 전부 회수하고 곧바로 화장장으로 출발하려고 했다. 하지만 서울역 앞에 도착한 후로도 "보내 드릴 수 없다."며 오열하는 시민들 때문에 영구차는 계속 멈춰서야만 했다. 시민들은 "노무현"을 연호하면서 노무현 대통령을 놓아 주지 않았다. 일부 시민들은 영구차 앞을 가로막거나 아예 드러눕기도 했다. 천천히, 천천히, 느리게, 느리게 영구차는 서울역을 벗어났다.

운구행렬은 남영역을 지나자 방향을 용산경찰서 방향으로 틀었다. 뒤를 따르던 시민들도 두 무리로 나뉘어 일부는 용산경찰서 방향으로 향하는 운구행렬을 따르고, 나머지는 곧장 삼각지역 방향으로 갔다. 삼각지역에서 운구행렬은 다시 앞이 가로막혔다. 장의위원들이 시민들을 위로하고 호소했지만 소용이 없었다. 결국, 상주인 노건호 씨가 차에서 내려 직접 시민들에게 호소하자 그제야 조금씩 길을 터 주었다.

그러나 언젠가는 보내야만 하는 길, 언젠가는 떠나야만 하는 길이었다. 서울광장에서 출발한 지 두 시간여, 노무현 대통령의 운구행렬은 시민들 품을 떠나 수원으로 향했다.

2

봉화산 기슭에 잠들다

'삶과 죽음이 모두 자연의 한 조각 아니겠는가?'

　　　수원 연화장 일대에서는 전날 밤부터 노사모와 민주당, 수원 '시민광장' 등 많은 지지자들이 노 대통령을 맞을 준비를 했다. 수원 나들목에서 연화장에 이르는 8킬로미터의 거리 가로수마다 줄을 치고 노란색 풍선과 리본을 매달아 놓았다. 곳곳에 '사랑해요. 당신을 기억합니다' '당신은 영원한 나의 대통령' 등이 적힌 추모 펼침막도 내걸렸다.

　　　운구행렬은 예정 시간보다 세 시간 가량 늦은 오후 6시 5분께 경기도 수원 연화장에 도착했다. 연화장 주변에는 2만 명에 가까운 인파가 뙤약볕 아래 모여 서서 운구행렬을 기다리고 있었다. 마침내 운구행렬이 연화장에 들어서자 시민들은 오열하기 시작했다. 이제 진정 마지막 길이었다. 시민들은 "노무현, 노무현"을 목메어 외쳤다.

　　　영구차에서 모습을 드러낸 노 전 대통령의 영구는 의장병들에 의해 화장장 안으로 옮겨졌다. 화장장은 영구가 들어서는 순간부터 이미 온통 울음바다였다. 6시 25분경, 마지막 고별의식이 행해졌다. 분향실 8호, 그곳에서 노무현 대통령의 영구는 권양숙 여사와 유가족들, 장의위원, 그리고 평생 그와 함께했던 동지들과 마지막 인사를 나눴다.

화구의 문이 닫혔다. 치열하게 싸웠으나 늘 당당했고, 외로웠으나 동시에 가장 행복했던 사람, 처절했으나 늘 유머를 잃지 않았던 사람, 그의 63년의 삶이 불길 속으로 사라지고 있었다. 연화장에 들어서면서부터 눈물을 감추지 못했던 권양숙 여사는 흐느끼며 의자에 주저앉고 말았다. 그 어머니의 팔을 붙들고 정연 씨는 연신 "아빠 가, 엄마, 아빠 가, 엄마"라며 발을 동동 굴렸다. 그들의 아빠가, 그의 남편이, 국민의 대통령이 가고 있었다.

대형 스크린으로 화장 절차를 지켜보는 추모객들은 목 놓아 울면서 노무현의 이름을 불렀다. "안녕히 가세요." "지켜 주지 못해 죄송합니다." "사랑합니다." "평생 잊지 않겠습니다." 다짐과도 같은 이별사가 간간히 외쳐지고, 외침 뒤로 울음소리는 더 크게 올라갔다 잦아들고 잦아들었다 다시 올라가기를 반복했다.

아들 건호 씨가 태극기가 덮인 작은 유골함을 들고 나왔다. 잠시 잦아들었던 울음은 다시 통곡으로 변했다. 8시 55분경, 작은 유골함은 마침내 귀향길에 올랐다. 잘 가시라, 그대여, 내 마음속의 대통령. 시민들이 띄워 올린 노란 종이비행기가 밤하늘로 날아올랐다.

영결식을 위해 노 전 대통령의 영구가 서울로 떠난 후에도 봉하마을의 분향소에는 조문행렬이 끊이지 않았다. 장례는 끝났지만 조문은 이어졌다. 뒤늦게 찾아온 추모객들은 발인 전에 조문하지 못한 미안함까지 더해 더 서럽게 울었다.

봉하마을에 남아 '돌아오는 대통령'을 기다리고 있던 추모객들은 봉하마을 앞 삼거리에서부터 촛불을 밝히고 도로 가에 국화를 꽂아 길을 만들었다. 봉화산에는 3,300개의 촛불을 밝혔다. 3천여 개는 사저와 부엉이바위 앞에, 300여 개는 정토원 마당에 놓였다. 대통령의 유골함이 임시 안치될 정토원 앞에는 촛불로 '편안히 가십시오'라는 글자가 만들어졌다.

5월 30일 새벽 1시 30분, 약 20시간의 긴 여정 끝에 노 대통령의 유해는 고향으로 돌아왔다. "삶과 죽음이 모두 자연의 한 조각 아니겠는가?" 그의 유언대로 그는 마침내 자연의 한 조각이 되어 고향으로 돌아왔다. 멀어서 고단했던 길, 그러나 그가 넘어지는 고비마다 시민들이 피워 올린 노란 꽃이 만발했으니 그 63년의 길이 어찌 고단했다고만 할 수 있으랴. 그의 유해는 봉화산 정토원 수광전에 임시 안치됐다.

아주 작은 비석

"집 가까운 곳에 아주 작은 비석 하나만 남겨라." 대통령의 유언이었다. 아주 작은 비석, 도대체 그 작은 비석은 어떻게 만들어야 하며, 어떤 말을 새겨야 할 것인가, 어렵고 힘든 일이었다. 전직 국가원수의 묘역이고 비석인데 격은 갖추어야 한다. 무엇보다 그 누구도 예상치 못했던 조문 열기로 보여준 국민의 뜻도 담아야 한다. 전례(前例)는 없지만 예법에 어긋나지 않고, 전통에 근거를 두어야 하지만 그렇다고 옛것만으로는 국민의 뜻을 담을 수 없다. 까다롭고 복잡한 문제였다. 유족들의 뜻은 간결했다. 화장된 유골을 산골하지 않고 안장하되, 봉분은 쓰지 않겠다는 것이었다.

장의기간이 끝나면서 자연스럽게 장의위원회는 해체되었다. 틀을 바꿔 안장식이 거행될 49재까지의 의식을 추진하기 위한 전례위원회가 구성되었다. 동시에 묘비와 묘역 조성을 위해 유홍준 전 문화재청장을 위원장으로 하는 '아주 작은 비석' 건립위원회도 구성됐다.

무엇보다 큰 숙제는 '아주 작은 비석'이었다. 유홍준 비석건립위원장은 앞으로 세워야 할 비석을 한마디의 문장으로 정리했다. '검이불루 화이불치(儉而不陋 華而不侈)', 검소하지만 누추하지 않고 화려하지만 사치스럽지 않다. 『삼국사기』「백제본기」에 나오는 말로 시조 온조왕의 새 궁실을 지을 때 했다는 말이었다. 그 '검이불루 화이불치'한 무덤과 비석은 결국 건축가 승효상의 디자인으로 구현됐다.

2009년 7월 10일 낮 12시 10분, 봉화산 아래에서 안장식이 거행되었다. 밤새 비가 내리고 바람이 불었으나, 아침이 되자 봉하마을의 하늘은 구름 한 점 없이 맑게 갰다.

안장식에는 2002년 대통령선거 당시 찬조연설을 한 '부산 자갈치 아지매' 이일순 씨, 포장마차로 모금운동을 벌인 오영애 씨, 청와대 음악회에서 네 손가락으로 연주를 한 이희아 씨 등 노 전 대통령과 특별한 인연을 맺은 14명의 시민들이 초대됐다. 또한 각 당 대표와 국회의원, 참여정부 주요 인사, 노 전 대통령 중학교와 고교 동기생, 사법고시 동기, 종친회 등 1,600여 명이 초청됐으며, 주민과 일반인 등 모두 2만여 명이 참석했다.

안장식은 유족, 김원기·임채정 전 국회의장과 한명숙·이해찬 전 국무총리, 한나라당을 제외한 각 당 대표, 각계 대표 순으로 향을 사르고 헌화하는 순서로 진행됐다. 처음에는 비교적 차분하게 진행됐다. 그러나 시민대표 14명이 헌화하면서 참지 못하고 통곡하자 조문객들도 함께 울기 시작했다. 뒤를 이어 대통령이 생전에 즐겨 부르던 노래 〈상록수〉를 배경음악으로 고인의 생전 모습을 담은 영상물이 상영되었다. 끝내 안장식마저도 다시 눈물바다, 통곡바다가 되고 말았다.

노건호 씨가 유골이 든 백자합을 석함에 안치했다. 그 옆에 참여정부의 영상백서 〈참여정부 5년의 기록〉 5부작 DVD와 추모 영상을 담은 DVD가 놓였다. 그것이 이 영원한 '비주류 대통령', 영원한 '서민 대통령'이 가지고 떠난 부장품의 전부였다. 그 위로 '大韓民國 第16代 大統領 盧武鉉 1946~2009'라고 음각된 석함의 덮개가 닫혔다.

오후 1시 45분, 너럭바위 형태의 비석이 봉분처럼 올려졌다. 비석에 새겨진 글귀는 '대통령 노무현', 단 여섯 글자였다. 조계종 제32대 총무원장 지관 스님이 쓴 묘표다.

너럭바위 비석 밑 붉은 강판에는 신영복 성공회대 명예교수가 쓴 노무현 대통령의 어록 한마디가 새겨졌다.

"민주주의 최후의 보루는 깨어 있는 시민의 조직된 힘입니다."

2009년 7월 10일
'아주 작은 비석'

국민 여러분께 삼가 고개 숙여 감사드립니다

지난 국민장 기간 동안 저희들과 슬픔을 함께 나누며
애도하고 추모해 주신 국민 여러분께 깊은 감사를 드립니다.

•

비통함을 이기지 못하던 저희들 유족에게 국민 여러분의
애도는 더할 수 없는 큰 힘과 위로가 되었습니다.

•

봉하마을과 전국 곳곳에 설치된 분향소를 직접 찾아와
조문해 주신 많은 분들의 애도와 추모의 마음을
결코 잊지 않겠습니다.
더운 날씨에도 불구하고 불원천리 영결식과 노제,
화장장에 이르기까지 마지막 가시는 길을 함께해 주신
국민 여러분께 감사와 경의의 마음을
어찌 표현해야 할지 모르겠습니다.

•

경건하고 엄숙하게 국민장을 치를 수 있게 마음을 모아 주신
국민 여러분께 다시 한 번 깊은 감사를 드립니다.

•

2009. 5. 31.
故 노무현 前 대통령 유가족 일동

부록 ▶

01 2009년 4월 19일, 부치지 않은 편지

02 2009년 4월 하순, 중단된 글

03 2009년 5월 29일, 영결식 조사

04 노무현 대통령 퇴임에서 서거까지

01 2009년 4월 19일

부
치
지

않
은

편
지

▶

이명박 대통령께 청원 드립니다.*
2009. 04. 19. 10:06

●

이명박 대통령님,

어려운 시기에 국정을 수행하시느라 얼마나 노고가 많으십니까?
전직 대통령으로서 이 어려운 시기에 아무런 도움을 드리지 못하고 있는
처지를 무척 송구스럽게 생각합니다.

오늘은 저와 관련한 일로 대통령께 청원을 드립니다.

청원의 요지는 수사팀을 교체해 달라는 것입니다.

이유는 그동안의 수사 과정으로 보아 이 사건 수사팀이 사건을 공정하고
냉정하게 수사하고 판단할 것이라는 기대를 할 수 없기 때문입니다.

검찰이 하는 일은 범죄의 수사이므로, 검사가 머릿속에 범죄의 그림을
그려놓고 그 범죄를 구성하는 사실을 찾는 것은
자연스러운 일이라고 생각할 수도 있을 것입니다.

그러나 그에 우선하는 검찰의 의무는 진실을 찾아내는 것입니다.
그러므로 검찰은 있는 사실을 찾기 위해 노력해야지 없는 사실을 만들거나

---

* 이 글은 이명박 대통령에게 수사와 관련하여 청원을 하고자 작성하였으나, 참모들과
의 협의를 거친 후 최종적으로 청원을 하지 않기로 결정하여 부치지 않았고, 외부에
공개하지도 않았다.

내 마음속 대통령

관계없는 사실을 가지고 억지로 끼워 맞추려고 해서는 안 됩니다.
나아가서는 피의자에게 유리한 사실도 찾아낼 의무가 있습니다.

그런데 지금 수사팀이 하고 있는 모양을 보면 수사는
완전히 균형을 상실하고 있습니다.

그동안 수사 팀은 너무 많은 사실과 범죄의 그림을 발표하거나 누설했습니다.

피의사실을 공표하거나 누설해 왔습니다.

다음에는 그들이 발표한 사실을 뒷받침하는 증거를 발표하거나
누설해 왔습니다.

그 다음에는 증거의 신뢰성을 뒷받침하는 사리를 설명해 왔습니다.

마침내는 전혀 확인되지 않은 터무니없는 사실까지 발표합니다.

이런 일들은 검찰이 해서는 안 되는 일입니다. 불법행위입니다.
그러나 저는 지금 이 문제를 따질 겨를이 없습니다.

보다 더 중요한 문제는, 이 사건 수사팀이 수사가 끝나기도 전에
미리 결론을 말하고 있다는 것입니다.
뿐만 아니라 발표하거나 누설한 내용을 보면 미리 그림을 다 그려놓고
그에 맞게 사실과 증거를 짜 맞추어 가고 있다는 의혹을 지울 수가 없습니다.

이것은 정상적인 수사가 아닙니다. 이렇게 해서는 도저히 수사의 공정성을
믿을 수가 없습니다.

그리고 이렇게 하면 국민들은 그들이 만든 범죄의 그림을 기정사실로
받아들일 것입니다. 나아가서는 미래에 이 사건의 재판을 맡을 사람의
기억에까지 선입견을 심어줄 우려가 있습니다.

더욱 큰 문제는 수사팀이 끝내 피의사실을 입증할 만한 충분한 증거를

확보하지 못할 경우에도 결론을 돌이킬 수가 없는 상황에 빠져 있다는 것입니다.

그들은 스스로 그려 놓은 그림에 빠져서 헤어날 수가 없는 모양입니다.
그리고 판단을 돌이키기에는 너무 많은 발표를 해버린 것 같습니다.

만일 사건이 이대로 굴러가면 검찰은 기소를 할 것입니다.
그런데 만일 검찰의 판단이 잘못된 것으로 결론이 나왔을 때,
그리고 검찰의 수사과정의 무리와 불법에 관한 문제가 제기되었을 때,
대한민국 검찰의 신뢰는 어떻게 되겠습니까?

상황이 이러하니 수사팀은 새로운 증거가 나올 때까지 증거를
짜내려고 할 것입니다. 이미 제 주변 사람들은 줄줄이 불려가고 있습니다.

끝내 더 이상의 증거가 나오지 않으면 다른 사건이라도
만들어 내려고 할 것입니다.
그러나 이렇게 하는 것은 검찰권의 행사가 아닙니다.
권력의 남용입니다.

그동안 참여정부 사람들이나 그들과 혹시 무슨 관계가 있는지
의심이 갈 만한 기업들은 조사할 만큼 다 조사하지 않았습니까?
그리고 이미 많은 사람이 감옥에 가지 않았습니까?

이미 제 주변에는 사람이 오지 않은 지 오래됐습니다.
저도 오지 말라고 했습니다. 이전에는 조심을 한 것입니다.
그런데 이제는 조심을 하지 않아도 아무도 올 사람이 없게 되었습니다.

저는 이미 모든 것을 상실했습니다. 권위도 신뢰도 더 이상 지켜야 할
아무 것도 남아 있지 않습니다.

저는 사실대로, 그리고 법리대로만 하자는 것입니다.
제가 두려워하는 것은 검찰의 공명심과 승부욕입니다.

사실을 만드는 일은 없어야 합니다.

대통령께서는 이미 이 사건에 관하여 보고를 받고 계실 것입니다.

그러나 이 사건에 이처럼 많은 문제점이 있다는 사실까지는 보고를
받지 못하셨을 것입니다. 그런데 이 사건은 많은 문제가 있습니다.

저는 대통령께서 이 사건을 다시 한 번 보셔야 한다고 생각합니다.

그리고 저는 통상적인 보고 라인이 아니라 대통령께 사실과 법리를
정확하게 말씀드릴 수 있는 다른 전문가들에게 이 사건에 대한 분석과 판단을
받아 보실 것을 권고 드리고 싶습니다.

다시 살펴보아야 할 중요한 점은 다음과 같은 것들입니다.

검찰이 막강한 권능으로 500만 불을 제가 받은 것이라고 만들어내는 데
성공을 한다고 가정하더라도, 과연 퇴임 사흘 남은 사람에게 포괄적 뇌물이
성립할 것인지, 과연 박 회장의 베트남 사업, 경남은행 사업,
그 밖의 사업에 대통령이 어떤 일을 했는지, 무슨 일을 했다면 그것이
부정한 일인지, 이런 문제들에 관하여 신중하게 살펴보아야 할 것입니다.

그리고 박연차 회장이 2007년 6월 저와 통화를 했다면 검찰은 그 통화기록을
확보했는지, 그렇지 않다면 그 이유도 확인해 보아야 할 것입니다.
보도를 보면 통신회사의 기록 보존 기한이 지났기 때문에 찾기가 어렵다고
하는 것 같습니다만, 오늘날 디지털 기술은 통신 서브를 폐기하지 않은 이상
복구가 가능하다고 합니다. 그러나 이런 일을 할 수 있는 힘을 가진 기관은
검찰뿐입니다. 그러므로 이 통화 기록은 반드시 검찰이 찾아서
입증을 해야 할 것입니다. 그런데 검찰은 이 기록을 성의 있게 찾고 있는지
물어보아야 할 것입니다.

그리고 검찰이 이 사건에 관한 단서를 언제 처음 알았는지,

왜 지금까지 수사를 미루어 왔는지, 그동안에 박 회장의 진술이
어떻게 변화하여 왔는지, 지금 검찰이 박 회장의 운명을 좌우할 수 있는
권능을 이 사건 수사를 위하여 남용하고 있는 것은 아닌지,
이런 사정도 살펴보아야 할 것입니다.

그러면 이 사건 수사가 많은 문제가 있다는 사실을 발견할 수 있을 것입니다.

이런 문제들을 해소하는 방법은 수사팀을 교체하는 것입니다.

그런데 이것은 오로지 대통령님만이 할 수 있는 일입니다.
물론 형식적 절차는 법무부 장관의 소관일 것입니다만,
대통령의 결단이 아니고는 할 수 없는 일입니다.

저는 저와 제 주변의 불찰로 국민을 실망시켜 드린 점에 대하여는
이상 더 뭐라고 변명을 드릴 염치도 없습니다. 부끄럽기 짝이 없습니다.
거듭 사죄드립니다.

이제 저는 한 사람의 보통 인간으로 이 청원을 드립니다.

형사 절차에서 자기를 방어하는 것은 설사 그가 극악무도한 죄인이거나
역사의 죄인이거나를 가리지 않고 인간에게 보장되어야 하는
최소한의 권리입니다.

제가 수사에 대응하고, 이 청원을 하는 것 또한 한 사람의 인간으로서
누려야 할 최소한의 권리라는 점을 양해해 주시기 바랍니다.

    2009년 4월
    노무현

02 2009년 4월 하순

중단된 글

▶

추가진술 준비*

-
- 도덕적 책임은 통감합니다.

대통령이 된 본인과 주변 사람들 사이에는 가치관과 사명감,
책임감 이런 것이 좀 달랐던 것 같습니다.
그럴 수밖에 없는 일이라고 생각합니다. 그래서 친인척 관리라는 일이
필요했을 것입니다. 그런데 주변 관리를 철저히 하지 못하여
이런 불미스러운 일이 생겼으니 송구스럽기 짝이 없습니다.
형님까지는 단속이 쉽지 않았다고 변명이라도 할 수 있겠습니다만,
아내와 총무비서관의 일에 이르러서는 달리 변명할 말이 없습니다.

제가 대통령을 하려고 한 것이 분수에 넘치는 욕심이었던 것 같습니다.
국가적 지도자, 훌륭한 지도자, 세상을 조금이라도 바꾼 지도자,
역사의 평가를 받는 지도자, 이 모두가 제 분수에 넘치는 일이었던 것 같습니다.
이런 의욕이 저의 역량을 넘어서는 일이라는 사실을 뒤늦게야 알았습니다.

마음으로 그들이 원망스럽기도 합니다. 그러나 원망을 할 수가 없습니다.
오히려 미안한 생각이 들 때도 있습니다. 제가 대통령이 되려는 욕심을 부리지만

---

* 이 글은 서거 직후 노 대통령의 개인 컴퓨터에서 찾은 것이다.

않았더라면 그들이 지금 이 고초를 당하는 일도 생기지 않았을 것입니다.
저는 야망이 있어서 준비하고 단련해 왔지만, 그들은 아무 준비가 없었습니다.
아무 준비도 되지 않은 사람들을 위험한 권력의 세계로
제가 끌고 들어온 것입니다.

또 다른 원인은 제가 그들에게 경제생활에 대하여 신뢰를
주지 못한 결과일 것입니다.

아내는 오랫동안 이 문제에 관하여 불신과 불안을 가지고 있었습니다.
그렇게 된 데에는 그럴 만한 여러 가지 사정이 있었습니다.
이런 정황에 관하여는 추후 말씀드릴 기회가 있을 것입니다.

총무비서관은 퇴임 후에도 이른바 집사의 역할을 할 사람이
자기밖에 없다는 생각을 가지고 있었습니다.
그런데 총무비서관은 퇴임 후 대통령의 사적인 경제생활의 규모에 관하여
저와는 다른 생각을 가지고 있었던 것 같습니다.
저는 당연히 연금의 범위 안에서 생활을 꾸려야 한다고 생각하고
또 그것이 가능하다는 생각을 가지고 있었습니다.
그러나 총무비서관은 그것이 불가능한 일이라는
생각을 가지고 있었던 것 같습니다.

모든 것이 분수를 넘은 저의 욕심 때문에 생긴 일입니다.
저는 이제 남은 인생에서 해 보고 싶었던 모든 꿈을 접습니다.
죽을 때까지 고개 숙이고 사는 것을
저의 운명으로 받아들일 준비를 하고 있습니다.
사법적 절차의 결과가 어떤 것이든 이 운명은 거역할 수 없을 것입니다.

- 법적인 책임은 별개로 다루어 주시기 바랍니다.

저는 앞으로 내려질 사법적 판단이 어떤 것이든 그것을
제가 감당해야 할 운명으로 받아들일 마음의 준비를 하고 있습니다.
그러나 저는 사법적 절차에서는 최선을 다할 것입니다.

검찰에게 당부하고 싶은 말이 있습니다.
검찰은 도덕적 책임과 법적 책임을 구분하여 다루어야 한다는 것입니다.

지금 검찰이 하는 모습을 보면 먼저 도덕적 책임을 추궁하고 있습니다.
그리고 도덕적 책임을 반드시 법적 책임으로 연결해야 한다는
강박관념을 가지고 있는 것 같습니다.
저는 그것은 검찰의 사명이 아니라고 말하고 싶습니다.

결정적 증거라고 보도되고 있는 박연차 회장의 진술이라는 것은
전혀 사실과 다릅니다. 저는 검찰이 선입견을 가지고 오랫동안 진술을
유도하고 다듬어서 만들어낸 것이라는 확신을 가지고 있습니다.
저는 재판 과정에서 이 과정을 반드시 밝혀낼 것입니다.

보도를 보면, 검찰은 '상식적으로' 몰랐다는 것이 말이 되느냐?
이렇게 공개적으로 묻고 있습니다.
그리고 참고인들에게도 계속 그렇게 묻는다고 합니다.

이것은 재판 절차에서 주장할 일입니다.
그리고 재판 절차에서는 검찰이 설정하고 있는 정황 사실과는 또 다른 많은
정황적 사실이 나올 수 있습니다. 경우에 따라서는 그 상식이라는 것이
정반대의 결론을 내놓을 수도 있을 것입니다.

그런데 검찰이 왜 이런 무리한 짓을 하는지 이해가 되지 않습니다.
피의자와 주변 사람들의 방어 의지를 무력화함으로써 부실한 증거를
보강할 수 있는 진술을 짜내려고 하는 것일 것입니다.

- 앞으로 주장할 정황은 어떤 것이 있을까?

권양숙 여사가 노무현 대통령에게 미국에 아들 집을 사자는 의논을 한다는 것, 노무현이 여기에 동조한다는 것이 과연 상식에 맞는 일일까?

그것도 2007년 6월에 노무현이 집을 사는 데 동의했다는 것이 말이 될까?
- 당시 국내는 부동산 전쟁 중이었고, 미국의 부동산에 관하여는 거품 경고가 나오고 있던 시절이었다.

(중단)

03 2009년 5월 29일

영결식 조사

노무현 대통령님.
대통령님은 지금 어디 계십니까?
얼마나 긴 고뇌의 밤을 보내셨습니까?

얼마나 힘이 드셨으면,
자전거 뒤에 태우고 봉하의 논두렁을 달리셨던,
그 어여쁜 손녀들을 두고 홀로 떠나셨습니까?

대통령님. 얼마나 얼마나 외로우셨습니까?

떠안은 시대의 고역이 얼마나 고통스러웠으면,
새벽빛 선연한 그 외로운 길 홀로 홀로 가셨습니까?

유난히 푸르던 오월의 그날,
'원칙과 상식' '개혁과 통합'의 한길을 달려온
님이 가시던 날, 우리들의 갈망도 갈 길을 잃었습니다.
서러운 통곡과 목메인 절규만이 남았습니다.

어린 시절 대통령님은 봉화산에서 꿈을 키우셨습니다.

떨쳐내지 않으면 숨이 막힐 듯한 가난을 딛고
남다른 집념과 총명한 지혜로 불가능할 것 같던 꿈을 이루어내셨습니다.

님은 꿈을 이루기 위해 좌절과 시련을 온몸으로 사랑했습니다.
어려울수록 더욱 힘차게 세상에 도전했고,
꿈을 이룰 때마다 더욱 큰 겸손으로 세상을 만났습니다.

한없이 여린 마음씨와 차돌 같은 양심이
혹독한 강압의 시대에 인권변호사로 이끌었습니다.
불의에 대한 분노와 정의를 향한 열정은
6월항쟁의 민주투사로 만들었습니다.

그렇게 삶을 살아온 님에게
'청문회 스타'라는 명예는 어쩌면 시대의 운명이었습니다.

'이의 있습니다!'

3당합당을 홀로 반대하던 이 한마디!

거기에 '원칙과 상식'의 정치가 있었고
'개혁과 통합'의 정치는 시작되었습니다.

'원칙과 상식'을 지킨 대가는 가혹했습니다.
거듭된 낙선으로 풍찬노숙의 야인 신세였지만,
님은 한 순간도 편한 길, 쉬운 길을 가지 않았습니다.

'노사모' 그리고 '희망돼지저금통'
그것은 분명 '바보 노무현'이 만들어낸 정치혁명이었습니다.

노무현 대통령님.
님은 언제나 시대를 한 발이 아닌 두세 발을 앞서 가셨습니다.

그러나 우리가 사는 세상은 너무나 험악할 뿐이었습니다.
수많은 왜곡과 음해들도 마다하지 않았습니다.
어렵다고 돌아가지 않았고 급하다고 건너뛰지 않았습니다.

내 마음속 대통령

항상 멀리 보며 묵묵하게 역사의 길을 가셨습니다.
반칙과 특권에 젖은 이 땅의 권력문화를 바꾸기 위해
스스로 권력을 내려놓으셨습니다.

화해와 통합의 미래를 위해
국가공권력으로 희생된 국민들의 한을 풀고
역사 앞에 사과하는 데 주저하지 않았습니다.

님이 대통령으로 계시는 동안,
대한민국에선 분명 국민이 대통령이었습니다.

동반성장, 지방분권, 균형발전 정책으로
더불어 잘사는 따뜻한 사회라는 큰 꿈의 씨앗들을 뿌려놓았습니다.

흔들림 없는 경제정책으로 주가 2천, 외환보유고 2,500억 달러
무역 6천억 달러, 국민소득 2만 달러 시대를 열었습니다.

군사분계선을 걸어서 넘어 한반도 평화를 한 차원 높였고
균형외교로 유엔사무총장을 배출해 냈습니다.

컴퓨터를 자유자재로 쓰는 세계 첫 대통령으로
이 나라를 인터넷 강국, 지식정보화시대의 세계 속 리더국가로 자리 잡게 했습니다.

이 땅에 창의와 표현, 상상력의 지평이 새롭게 열리고
아시아는 물론 아프리카까지 한류가 넘치는
문화르네상스 시대를 열었습니다.

대통령님이 떠난 지금에 와서야
님이 재임했던 5년을 돌아보는 것이 왜 이리도 새삼 행복한 것일까요.
열다섯 달 전에 청와대를 떠난 님은
작지만 새로운 꿈을 꾸셨습니다.

고향으로 돌아와 잘사는 농촌사회를 만드는 한 사람의 농민,
'진보의 미래'를 개척하는 깨어 있는 한 사람의 시민이 되겠다는
소중한 소망이었습니다.

엄마 아빠 손을 잡고 봉하마을을 찾는
아이들의 초롱한 눈을 보며
아이들의 미래를 위해 무엇을 할 수 있을까,
고뇌하고 또 고뇌했습니다.

그러나 모진 세월과 험한 시절은
그 작고 소박한 소망을 이룰 기회마저 허용치 않았습니다.

자신의 문제에 대해선 한없이 엄격하고 강인했지만
주변의 아픔에 대해선 속절없이 약했던 님.

'여러분은 이제 저를 버리셔야 합니다.'는 글을 접하고서도
님을 지키지 못한 저희들의 무력함이 참으로 통탄스럽습니다.
대통령님, 지켜 드리지 못해서 죄송합니다.

그래도 꿈을 키우던 어린 시절의
자연인으로 돌아가겠다는 마지막 꿈만큼은
이루어질 것으로 생각했습니다.

그런데 어인 일입니까?
세상에 이런 일이 있습니까?
잔인한 세상은 '인간 노무현'으로 살아갈 마지막 기회조차도 빼앗고 말았습니다.

님은 남기신 마지막 글에서
'책을 읽을 수도 글을 쓸 수도 없다'고 하셨습니다.

최근 써놓으신 글에서

"지금은 할 수 있는 일이 실패 이야기를 쓰는 것이 맞는 것 같다"고 하셨습니다.
이 말씀이 남아 있는 저희들을 더욱 슬프고 부끄럽게 만듭니다.

대통령님.
님은 실패하지 않았습니다.
대통령님, 보이지 않습니까? 끊이지 않는 저 추모의 행렬을 보십시오.
수많은 사람들이 정성어린 마음을 대통령님께 바치고 있지 않습니까?
대통령님을 향해서 날리려고 들고 있는 노란 풍선을 보고 계십니까?
오열하며 슬퍼하고 있지 않습니까?
님에게 사랑을 고백하고 있지 않습니까?
님은 실패하지 않았습니다.
설령 님의 말씀처럼 실패라 하더라도 이제 걱정하지 마십시오.
이제 저희들이 님의 자취를 따라, 님의 꿈을 따라 우리 국민 모두가
손에 손을 잡고 대한민국의 꿈을 이루겠습니다.

그래서 님은 온 국민의 가슴속에
영원히 살아 있는 대통령이 될 것입니다.

대통령님.
생전에 그렇게 하셨던 것처럼,
분열로 반목하고 있는 우리를 화해와 통합으로 이끄소서.
대결로 치닫고 있는 남북 간의 갈등을 평화로 이끌어 주소서.

그리고 우리의 민주주의를 다시 꽃 피우게 해주소서.

이제 우리는 대통령님을 떠나보냅니다.
대통령님이 언젠가 말씀하셨듯이,

다음 세상에서는 부디 대통령 하지 마십시오.

정치 하지 마십시오.
또 다시 '바보 노무현'으로 살지 마십시오.

그래서 다음 세상에서는 부디
더는 혼자 힘들어 하시는 일이 없기를,
더는 혼자 그 무거운 짐 안고 홀로 가시는 길이 없기를 빌고 또 빕니다.

노무현 대통령님.
님을 놓아 드리는 것으로 저희들의 속죄를 대신하겠습니다.

이제 마지막 가시는 길,
이승에서의 모든 것을 잊으시고, 저 높은 하늘로 훨훨 날아가십시오.

대통령님 죄송합니다.
대통령님 사랑합니다.
대통령님 행복했습니다.

대통령님 편안히 가십시오.

2009년 5월 29일

고 노무현 전 대통령 국민장 공동장의위원장
한명숙

04 노무현 대통령

퇴임에서 서거까지

2008년

2월 25일	-	노무현 대통령 퇴임, 봉하마을로 귀향하다
3월부터	-	봉하마을 찾는 방문객들이 늘고 인터넷에 '노간지' 바람이 불다
3월 12일	-	한나라당, 참여정부 때 임명된 인사들에 대한 자진 사퇴를 촉구하다
3월 14일	-	정상문 전 총무비서관, 당시 청와대 총무비서관을 만나 기록물 사본 제작 경위에 대해 설명하다
6월 12일	-	청와대, 노 대통령 측에 '대통령기록물' 반환하라고 요구하다
6월 14일	-	노 대통령, 이명박 대통령에게 전화하여 기록물 문제에 대해 설명하다
7월 16일	-	노 대통령, 기록물 유출과 관련하여 논란이 계속되자 〈이명박 대통령께 드리는 편지〉를 통해 기록물을 돌려주겠다고 밝히다
7월 24일	-	뉴라이트전국연합과 국가기록원이 노 대통령과 참모진을 '대통령기록물 관리에 관한 법률' 위반 혐의로 검찰에 고발하다
7월 28일	-	검찰, 기록물 유출사건 본격수사에 들어가다
7월 31일	-	국세청, 박연차 회장의 태광실업 세무조사를 시작하다
9월 18일	-	노 대통령, 인터넷 토론 사이트인 '민주주의 2.0'을 오픈하다
10월 1일	-	노 대통령, 10·4선언 1주년 기념행사 참석하기 위해 퇴임 후 첫 서울 나들이를 하다
10월 20일	-	박희태 한나라당 대표가 쌀 직불금 부당수령 사건과 관련하여, 이는 "참여정부 때 일어난 문제"라고 발언하다
10월 25일	-	노 대통령, "쌀 직불금 부당 수령 관련자료를 은폐한 일 없다"고 해명하다

11월 14일 - 기록물 유출사건과 관련하여 〈검찰, 노 전 대통령 방문조사 계획〉이라는
기사가 나자, 노 대통령은 직접 검찰에 출석하여 조사를 받겠다고 밝히다
11월 25일 - 국세청, 박연차 태광실업 회장 탈세 혐의로 검찰에 고발하자
대검 중수부가 본격 수사 착수하다
12월 4일 - 농협의 세종증권 인수 로비 관련 금품수수 혐의로 노 대통령 형님인
노건평 씨 구속되다
12월 5일 - 노 대통령, 방문객들에게 "내년 날씨 좀 따뜻해지면 그때 다시
인사드리겠다"고 마지막 인사를 하다
12월 12일 - 세금포탈과 뇌물공여 혐의로 박연차 회장이 구속되다
12월 29일 - 검찰, 박연차 회장으로부터 노무현 대통령이 빌린 15억 원의
차용증 확보했다고 발표하다

2009년

2월 13일 - 강금원 회장에 대한 정치자금법 위반 혐의 수사가 시작되다
3월 9일 - 노 대통령은 〈좋은 책을 만들어 보자는 것입니다〉라는 글을
'민주주의 2.0'에 올리며 인터넷 협업 방식의 집필에 들어가다
3월 14일 - 검찰이 박연차 회장에 대한 정관계 로비 의혹에 대한
본격적인 수사에 돌입하다
3월 15일 - 박연차 수사가 시작되자 한상률 국세청장이 미국으로 출국하다
3월 26일 - 이광재 민주당 의원이 뇌물수수 혐의로 구속되다

4월 6일 — 강금원 회장이 대전지검 특수부에 가서 조사를 받다

4월 7일 — 박연차 회장으로부터 수억 원 수수한 혐의로 검찰이 정상문 전 총무비서관 체포하다. 이날 노 대통령은 '사람사는세상' 홈페이지에 사과문 게재하다

4월 9일 — 정상문 전 총무비서관에 대한 구속영장이 기각되다

4월 10일 — 강금원 회장이 횡령 및 조세포탈 혐의로 구속되다

4월 11일 — 권양숙 여사가 부산지검에 출석하여 비공개 조사를 받다

4월 12일 — 노건호 씨가 전날 입국하여 검찰에 나가 조사를 받다 이후 다섯 차례 추가 조사를 받다

4월 17일 — 노 대통령은 '사람사는세상'에 올린 〈강금원이라는 사람〉이란 글을 통해 미안한 심정을 표하고 '면목 없는 사람 노무현'이라 하다

4월 19일 — 노 전 대통령이 이명박 대통령에게 청원 형식의 편지 〈이명박 대통령께 청원드립니다〉를 작성하다 이날 정상문 전 총무비서관이 다시 검찰에 긴급 체포되다

4월 20일 — 노건호 씨가 여섯 번째 소환 조사를 받다

4월 21일 — 정상문 전 총무비서관이 구속 수감되다 노 대통령은 〈저의 집 안뜰을 돌려주세요〉라는 글을 통해 최소한의 사생활을 보호받을 권리를 취재언론에 요구하다

4월 22일 — 대검 중앙수사부가 노 대통령에게 '서면질의서'를 발송하다 노 대통령은 이날 〈사람사는세상 홈페이지를 닫아야 할 때가 온 것 같습니다〉 글을 통해 "저를 버리셔야 합니다."라며 마지막 글을 게시하다

4월 25일 - 노 대통령이 검찰에 '답변서'를 제출하다

4월 26일 - 검찰, 노 대통령 측에 30일 소환조사 통보하다

4월 30일 - 노 대통령, 봉하마을에서 서울 대검찰청까지 나가 조사를 받다

5월 1일 - 이날 새벽 노 대통령 귀가하다

5월 4일 - 대검 중수부, 노 전 대통령 수사기록 검토보고서를 임채진 검찰총장에게 보고하다

5월 6일 - 검찰, 박연차 세무조사 구명로비 의혹을 조사하기 위해 서울지방국세청 조사4국, 국세청 법인납세국장 사무실 등을 압수수색하다

5월 7일 - 박연차 세무조사 무마로비 의혹을 받고 있는 천신일 씨의 자택과 세중나모여행 사무실 등 18곳에 대해 검찰이 압수수색을 하다

5월 11일 - 노 대통령 딸 정연 씨 부부가 검찰에 나가 조사를 받다

5월 14일 - 검찰, 천신일 장남 세전 씨, 장녀 미전 씨 참고인 조사하다

5월 19일 - 검찰, 천신일 세중나모여행 회장 피의자 신분 소환조사하다

5월 20일 - 노 대통령이 회고록 『성공과 좌절』의 글을 마지막으로 쓰다

5월 21일 - 검찰, 천신일 세중나모여행 회장 2차 소환조사하다

5월 22일 - 검찰, 천신일 세중나모여행 회장 3차 소환조사하다

5월 23일 - 대한민국 제16대 노무현 대통령 서거하다

5월 29일 - 노 대통령 영결식 엄수하다

7월 10일 - 노 대통령의 유해를 봉하마을 사저 옆에 안장하다

- **재단법인 아름다운 봉하**

  재단법인 아름다운 봉하(재단 이사장 권양숙 여사)는 대한민국 제16대 노무현 대통령의 묘역과 생가 등 봉하마을 주변 경관의 조성과 관리를 통한 대통령 추모·기념사업을 위해 2009년 9월 3일 설립되었다.

- **사람사는세상 노무현재단**

  2009년 7월 10일 노 대통령 안장식 직후 열린 전례위원회 회의를 통해 노무현 대통령 추모사업회를 추진하기로 결정하고, 8월 11일 각계 대표 20여 명이 모여 준비위원회를 발족시킨 후 9월 23일 발기인 대회를 열어 출범하였다.

이 작업의 자료 정리에 참여해 주신 '역사를 기록하는 사람들' 회원분들께 감사드립니다.
그분들의 닉네임을 기록으로 남깁니다.

갈물	마음은천사	소지개	지금/여기	++답답++
거창때기	매그놀리아	순간지기	지역발전	a citizen
건강짱	멋	숲바람	지후맘77	Artaud
고맙습니다	메이	시인의노래	직설화법	asraee
공민왕돌째딸(뚱뚱이)	메주님	앤드	진실을찾아서	didfks(양란)
구름빵님	무극이아빠	어느빠	집앞공원	e노마드
군자삼락	무니씨	어찌하랍니까!	짱나라	EhrEhrEhr
그.립.다..	무현동상	김영미	짱짱33	empty garden
그냥가자	묵향의시	연두랑	天道是耶非耶	hadonguk
기다림	미영	열심히살자	천산이	k2oma
까칠소녀	미국아짐	영혼까지사랑해	칼의 노래	mackkal
까칠해	민심	예지짱	코코아	makpan
꼬봉선사	밀랍인형진열장	오늘은청춘	콩깍쥐	maugham
나라찬	밀접한관계	오아시스	콩깍지	mercury
나름노사모	바다의집	오즈의마법사	쿠쿠루	mixedblessings
나와우리	방긋	옥토	쿼바디스	myjeung
뉴돌	버팔로리	외부후원	클레멘타인	NZ
너와나의세상	보공이	웃음소리	탱크2	obd123
노오란풍선	봄햇살	유화2	터진후라이	promise with U
노짱최고	봉하마님	이네	토르(블루핑크)	rainy
다불어	비타500	이텍	톰소여	samo71
다시오는봄	빛과어둠	자생	하늘우러러	tjdnl
달밤	사로	자연스러움	하얀사과	tlsotanf
달콤살벌	산비둘기	작은나무나	해므아	Weekend
데이지나라	山形	정용전	햇살미추미	Y2K
도레미줌마	삼빈아빠	정의를 꿈꾸는자	행복한인생	
동서통합	새틀	할배/정한교	효천	
동호회비	생각의창	조성미	휘그니아빠	
들에핀꽃	서산댁	조화와균형	5년후다시한번	
디냐	선한사람	죽장망혜	εδε해피루	

꽃이 진들 잊히랴.

내게는 영원히 대통령일
세상에 단 하나였던 사람.
행복했습니다.
당신의 국민이어서.

(추모광고 중에서)

지금 이 땅에
노무현 아닌 사람이 누가 있겠습니까?

2009년 5월 29일

사진을 흔쾌히 제공해 주신 이태경, 박상남, 이영식, 김자윤, 김춘영, 이재곤,
송인걸, 강준범, 윤정구, 심현철, 박정호, 김대호(무순) 님께 깊이 감사드립니다.
더 많은 분들이 사진을 제공해 주셨습니다.
한정된 지면 때문에 이 책에 수록되지 않은 사진은 재단의 소중한 기록으로
보관하겠습니다. 또한, 연락이 닿지 않아 허가없이 쓴 사진이 있습니다.
(id : skykoong, 1semini, zwarin, leegi, swan)
양해를 구하며 꼭 연락 주시기 바랍니다.

01 ・ 그대 떠난 ・ 5월 23일 ・ 봉하
첫새벽
긴 통곡이
남았습니다

지난 여름휴가 때 모시고 다닐 때는 행복했습니다................풀썰매 타시는 모습은 영원히 잊지 못할 것입니다...........................올 여름에도 오신다고 했는데...............이광재

2009년 5월 23일 09:00

따뜻한 봄날 다시 인사 나오시겠다더니……

2009년 5월 23일 14:55 | 5월 23일 14:56 | 5월 23일 15:40

2009년 5월 23일 16:42

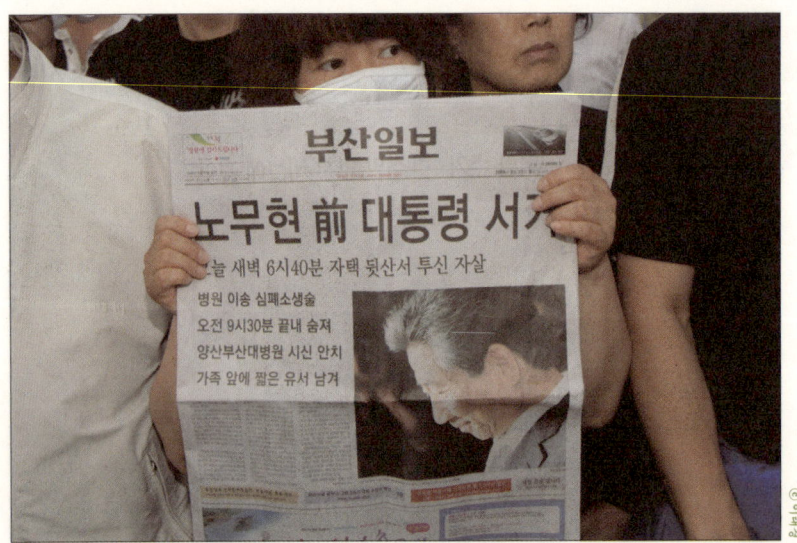

2009년 5월 23일 17:51

내 마음속 대통령   2009년 5월 23일 18:09

2009년 5월 23일 18:35

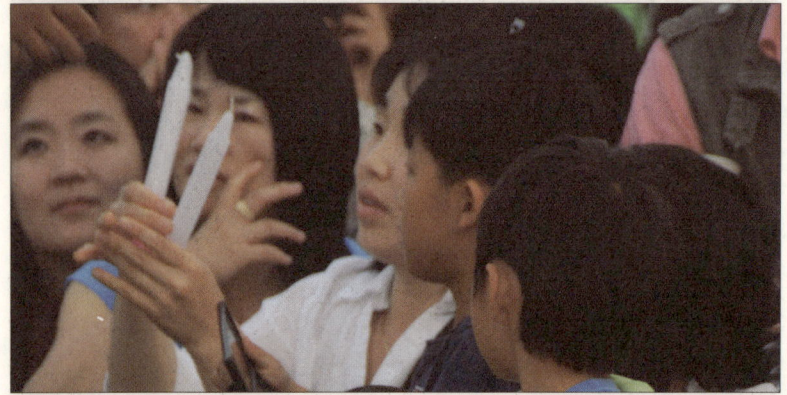

- 2009년 5월 23일 18:51
- 2009년 5월 23일 19:03
- 2009년 5월 23일 20:20

내 마음속 대통령

- 2009년 5월 23일 18:42
- 2009년 5월 23일 20:52

02 • 시청 앞에서 국화 한 송이 들고 만납시다 • 5월 23일 • 대한문

가슴 아팠던 일은 근조 리본이 부족했는데, 그걸 너무 갖고 싶대요.................
너무 갖고 싶어 해서 제가 달고 있는 리본을 떼 줬어요.............그까짓 리본이
뭐라고.....그거라도 간직하겠다고......... 젠틀맨

내 마음속 대통령   2009년 5월 23일 16:50

2009년 5월 23일 14:47

2009년 5월 23일 15:54 | 5월 23일 15:55 | 5월 23일 16:56

- 2009년 5월 23일 17:02
- 2009년 5월 23일 17:03
- 2009년 5월 23일 17:27

내 마음속 대통령

2009년 5월 23일 17:37

2009년 5월 23일 17:08

내 마음속 대통령　　2009년 5월 23일 17:11

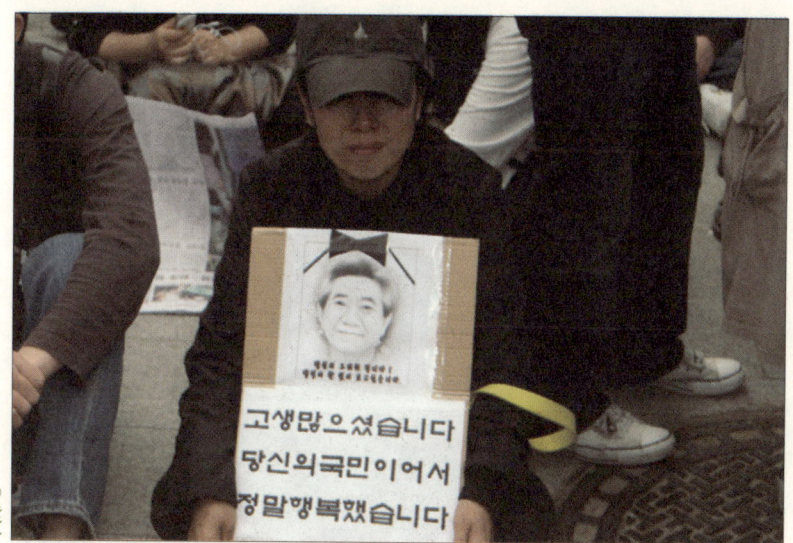

- 2009년 5월 23일 17:06

- 2009년 5월 23일 17:27

- 2009년 5월 23일 17:32
- 2009년 5월 23일 21:07
- 2009년 5월 23일 21:20

내 마음속 대통령

· 2009년 5월 23일 21:56

· 2009년 5월 23일 22:28

03 · 지·못·미 · 5월 24~28일 · 전국
그대에게
바치는 우리들의
고해성사

굿바이 마이 캡틴........ 나의 소중한 친구여................. 당신과 한 시대를 살 수 있어서 행복했습니다.................. 당신은 우리의 영혼 안에 영원히 오는 분으로 살아 계십니다....................... 이제는 아프지 않은 나의 캡틴, 평안하소서................ 김정란

내 마음속 대통령   2009년 5월 27일 23:24, 봉하

2009년 5월 24일 06:55, 봉하

- 2009년 5월 24일 07:07, 봉하
- 2009년 5월 24일 08:04, 봉하
- 2009년 5월 24일 09:40, 봉하

내 마음속 대통령

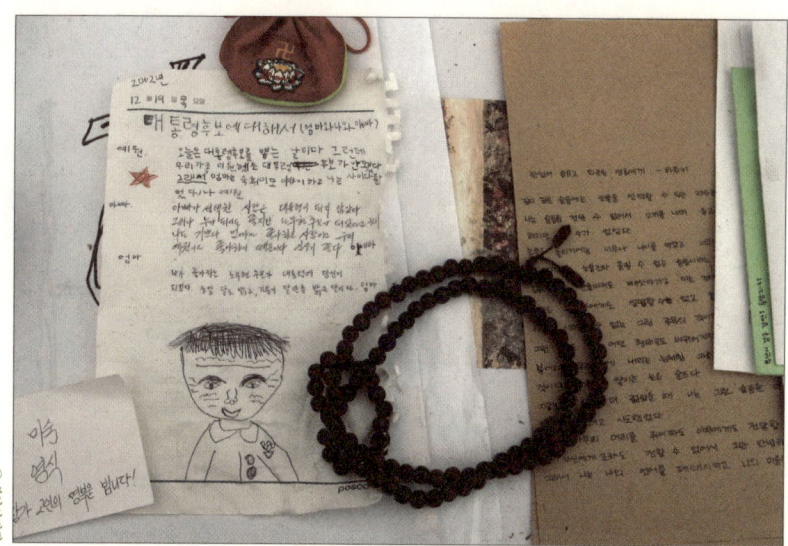

- 2009년 5월 25일 11:04, 봉하
- 2009년 5월 25일 18:34, 봉하

• 2009년 5월 24일 21:16, 대전
🌱 내 마음속 대통령 • 2009년 5월 25일 23:17, 봉하

- 2009년 5월 24일 21:24, 대전
- 2009년 5월 25일 23:14, 봉하
- 2009년 5월 27일 21:09, 봉하

다시 바람이 분다……

2009년 5월 26일 13:44, 여수

내 마음속 대통령   2009년 5월 26일 15:43, 봉하 | 5월 26일 18:18, 봉하

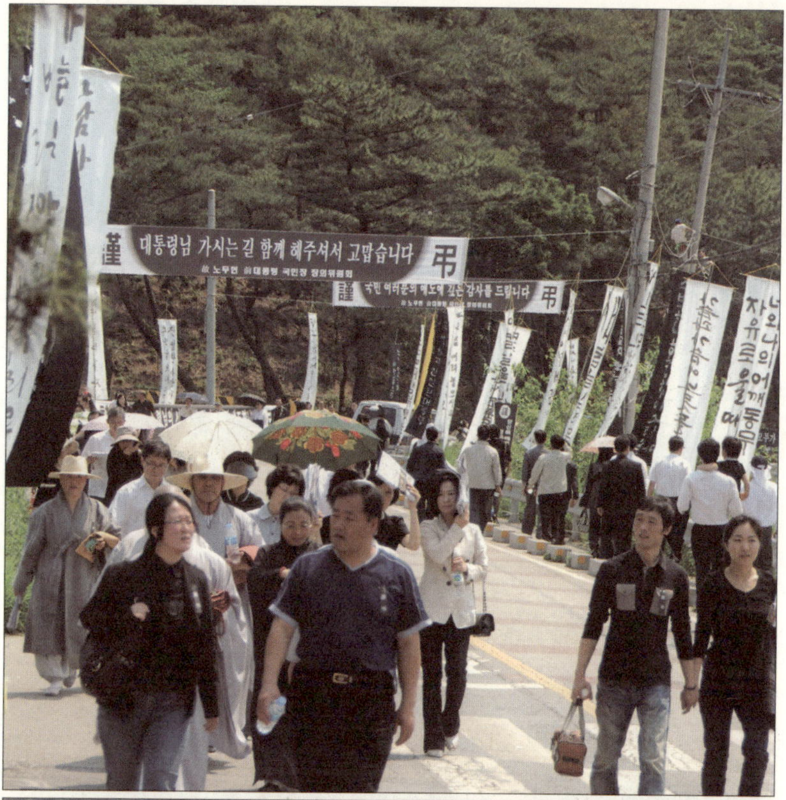

ⓒ 이태경

ⓒ 봉하사진관

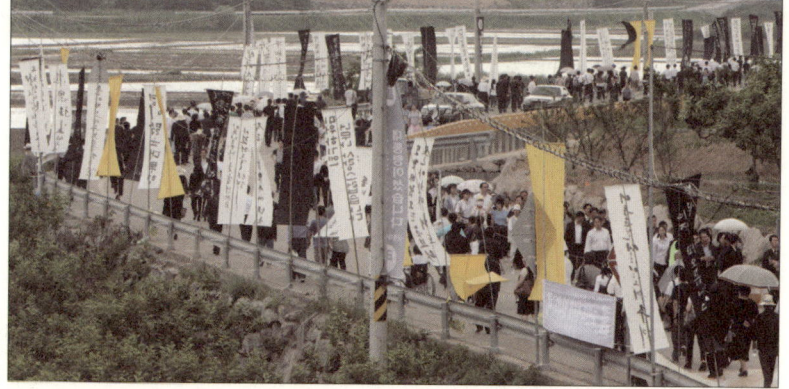

• 2009년 5월 27일 10:58, 봉하

• 2009년 5월 27일 15:16, 봉하

- 2009년 5월 27일 18:21, 봉하
- 2009년 5월 28일 17:06, 봉하

내 마음속 대통령

- 2009년 5월 28일 20:38, 대한문 앞

- 2009년 5월 28일 21:19, 서울 시청역

- 2009년 5월 28일 21:34, 서울 시청역

04 • 내 마음속 대통령 • 5월 29일 • 영결식

노무현 대통령 당신............죽어서도 죽지 마십시오.......우리는 당신이 필요합니다.......저승이 있는지 모르지만...저승이 있다면 거기서도 기어이 만나서....................지금까지 하려다 못한 이야기를 나눕시다................ 그동안 부디 저승에서라도...........끝까지 국민을 지켜 주십시오........ 김대중

2009년 5월 29일 14:01, 서울시청 앞

- 2009년 5월 29일 10:37, 반포 인터체인지 부근
- 2009년 5월 29일 12:58, 서울시청 앞

🌱 내 마음속 대통령　　2009년 5월 29일 14:42, 태평로

- 2009년 5월 29일 09:48, 경부고속도로 입장휴게소

- 2009년 5월 29일 10:59, 서울시청 앞

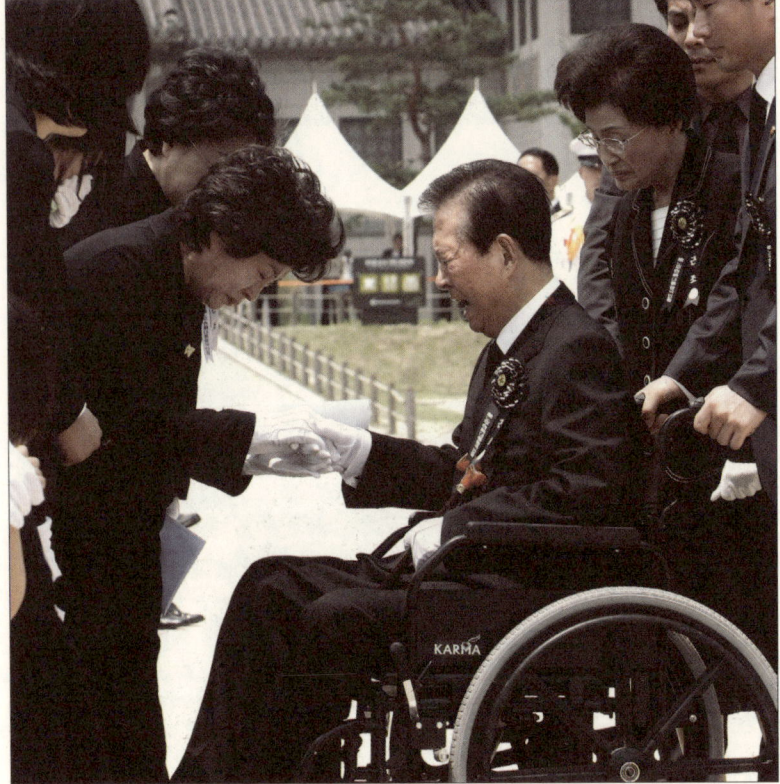

- 2009년 5월 29일 12:18, 경복궁
- 2009년 5월 29일 12:10, 경복궁

- 2009년 5월 29일 13:25, 서울시청 앞
- 2009년 5월 29일 13:34, 서울시청 앞
- 2009년 5월 29일 13:36, 서울시청 앞

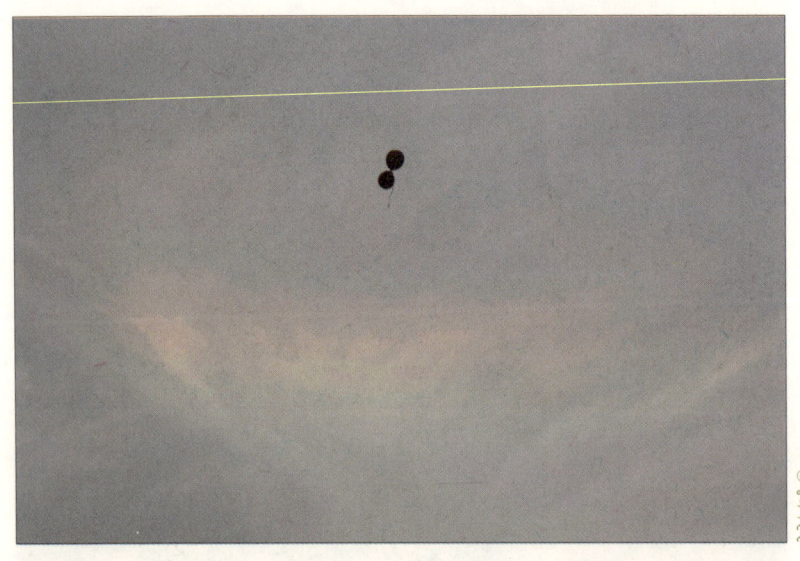

- 2009년 5월 29일 13:34, 서울 상공의 오색 채운
- 2009년 5월 29일 13:54, 서울시청 앞

내 마음속 대통령

- 2009년 5월 29일 14:09, 서울시청 앞

- 2009년 5월 29일 17:03, 용산 부근에서 장의행렬을 따르는 시민들을 막아선 경찰

- 2009년 5월 29일 18:10, 수원 연화장 입구

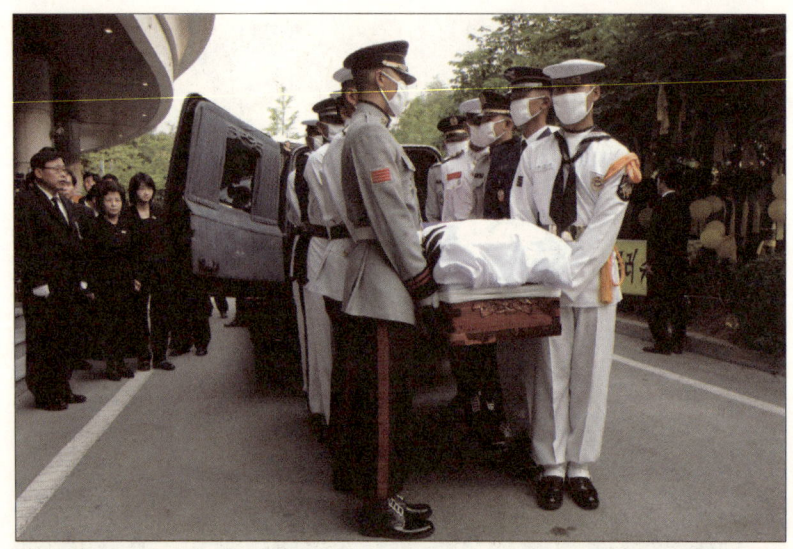

· 2009년 5월 29일 18:21, 수원 연화장
· 2009년 5월 29일 20:58, 수원 연화장

내 마음속 대통령

2009년 5월 29일 17:35, 수원 연화장

멀리서겠지만, 가끔 그렇게 우릴 지켜봐 줘요.

2008년 6월 7일, 봉하